SPIEGEL
BUCH

W0072033

Buch

Was ist aus dem Land geworden, das als »Modell Deutschland« Vorbild sein wollte für ökonomische Vernunft, soziale Gerechtigkeit und kulturelle Vielfalt? Eine Republik der Krämer, Rechthaber und Zauderer, denen nichts mehr am Herzen liegt als die Bewahrung des Status quo, eine Fahrgemeinschaft deklassierter Bürger, entproletarisierter Arbeiter und verwirrter Intellektueller, die sich um die Aufteilung des Kilometergeldes streiten. Während alle von der Notwendigkeit der »inneren Einheit« reden, tritt jeder gegen jeden an. Die Ossis trauern den guten alten Zeiten nach, da jeder genau wußte, was erlaubt und was verboten war; die Wessis möchten die Mauer wieder aufbauen, statt den Osten zu sanieren. Immer neue Aktenfunde belegen, daß die DDR kein Unrechtsstaat, sondern eine deutsche Form der Beteiligungsgesellschaft war, die jedem eine Möglichkeit zum Mitmachen bot, keine Diktatur des Proletariats, sondern der durchgeknallten Kleinbürger. Das neue Deutschland ist ein historischer Kompromiß: Berlin wird Hauptstadt, aber viele Ministerien bleiben in Bonn. Der toten Juden soll mit einer Mega-Grabplatte gedacht werden, aber die letzten noch lebenden Wehrmachtsdeserteure werden zögernd rehabilitiert.

Autor

Henryk M. Broder, geboren 1946 im polnischen Katowice, lebt in Berlin und Jerusalem. Er ist Reporter des Nachrichten-Magazins DER SPIEGEL.

HENRYK M. BRODER

Volk und Wahn

D 400

GOLDMANN

*Für Hanna,
die Nachdenkliche*

Umwelthinweis:
Alle bedruckten Materialien dieses Taschenbuches
sind chlorfrei und umweltschonend.

Der Goldmann Verlag
ist ein Unternehmen der Verlagsgruppe Bertelsmann

Vollständige Taschenbuchausgabe Mai 1998
Wilhelm Goldmann Verlag, München
© 1996 der Originalausgabe SPIEGEL-Buchverlag
und Hoffmann und Campe Verlag, Hamburg
Bei den Texten auf S. 15–56, 65–75, 78–86, 95–102,
108–113, 183–190, 229–234, 237–250 handelt es sich um
adaptierte Beiträge aus »Profil«, »Die Woche« und »Der Spiegel«
Umschlaggestaltung: Design Team München
nach einem Entwurf von Thomas Bonnie
unter Verwendung eines Fotos von Herbert Schlemmer
Druck: Presse-Druck Augsburg
Verlagsnummer: 12958
KF · Herstellung: Sebastian Strohmaier
Made in Germany
ISBN 3-442-12958-3

1 3 5 7 9 10 8 6 4 2

Inhalt

LAND UNTER! – LAND IN SICHT!

Volk und Wahn

Willkommen an Bord! Es ist ein Tag der offenen Tür auf dem Dampfer Deutschland. Das Schiff liegt fest vertäut im Hafen, der Kapitän hat sich zur Fastenkur an Land begeben, der Erste Offizier das Kommando übernommen. Die Mannschaft vertreibt sich die Zeit mit den üblichen Arbeiten. Die einen lesen Anträge für Bausparverträge, die anderen vergleichen die Tarife der Haftpflichtversicherungen; der Koch hat gerade eine Beteiligung an einem koreanischen Frachter erworben und erzählt, wieviel Steuern er in den nächsten Jahren sparen wird.

Zum Tag der offenen Tür hat man das Schiff ein wenig umgebaut. Wie auf der Kölner Anuga, der Frankfurter Buchmesse oder der Berliner Ostpro gehen die Besucher von einem Stand zum nächsten und schauen sich die Angebote an. Nur sind es keine Waren, die hier von den Herstellern präsentiert werden, sondern die Aussteller stellen sich selber aus. Das Ganze steht unter dem Motto: »Deutschland – das sind wir alle!«

Auf dem Sonnendeck hat Hans Mayer einen der schweren Liegestühle so hingerückt, daß er beim Sprechen nicht in die Mittagssonne schauen muß. Er erzählt, wie er 1955 den DDR-Nationalpreis verliehen bekam, »in demselben Jahr und derselben Zeremonie, wie auch Ernst Bloch den Nationalpreis erhalten hat«, und daß er 1995 »als erster« den Heinrich-Mann-Preis der vereinigten Berlin-Brandenburgischen Akademie der Künste in Empfang nehmen konnte.

Neben ihm hat Markus Wolf Platz genommen. Er trägt eine legere Freizeitjacke aus grauem Mischgewebe und eine dunkle Pilotenbrille unter einer weißen Schirmmütze. Wolf erzählt von seinem letzten Besuch in Rußland, wen er getroffen, was er gegessen und wie er die politische Lage erlebt hat: »In Moskau hat dieses totale Zerschlagen, diese Ausgrenzung nicht stattgefunden. Man pflegt dort noch die Traditionen. Vor meiner Ankunft wurde der 75. Geburtstag des KGB gefeiert, in einer Form, wie ich es eigentlich nur von früher kannte, und dann ist auch der erste Band einer sechsteilig geplanten Geschichte des russischen Nachrichtendienstes erschienen, so daß also diese Tätigkeit in Rußland an sich noch nichts Kriminalisierendes hat. Zudem ist es logisch, daß Leute, die beim KGB gearbeitet haben, mit ihren analytischen Fähigkeiten und ihren Erfahrungen durchaus erfolgreich sind.«

Wenn Markus Wolf sich etwa um 90 Grad nach rechts dreht, dann schaut er einem Landsmann ins Gesicht, den er in der DDR nie getroffen hat: Rudolf Bahro. Man merkt dem Systemtheoretiker die Strapazen der schweren Krankheit, die er gerade durchgemacht hat, noch an. Mit gebeugtem Oberkörper und schwacher Stimme spricht er zu drei Oberschülern, die sich vor ihm aufgebaut haben: »Ich glaube, daß der Marxismus die letzte lebendige Religion Europas gewesen ist, säkularisiert zwar und daher in sich selbst auch gebrochen. Trotzdem war da Glaube in dem eigentlichen Sinne, nicht bloß an Buchstaben.« Er selbst, erinnert sich Bahro, habe erst Mitte der sechziger Jahre seinen Glauben verloren, »nicht an die Utopie, sondern daran, wir seien dabei, sie zu realisieren«.

Und während er das sagt, schaut er zu Hans-Christian Ströbele hinüber, der einer Gruppe älterer Frauen aus dem schwäbischen Raum gerade erklärt, wie Berlin zur »Solarhauptstadt« entwickelt werden könnte: »Man sollte ganz gezielt Branchen hierher holen, die in so eine Stadt reinpassen, zu den hiesigen Leuten, mit ihrer sehr hohen Ausbildung.

Also beispielsweise Solartechnik für eine Solarstadt Berlin, die alternative Energien massiv fördert, in Produktion und Absatz...« Ob das dann ohne weiteres machbar wäre, möchte eine der Frauen wissen; sie habe gehört, daß es in Berlin nur wenige Sonnentage im Jahr gebe, wie könne man da Solarenergie gewinnen, das wäre doch viel zu mühsam und zu teuer... – »Geld sparen«, erwidert Ströbele mit betonter Langsamkeit, könne man anderswo, »etwa durch Abschaffen des Geheimdienstes«. Die Frau nickt, die Antwort leuchtet ihr ein. Ströbele nimmt einen Schluck Kaffee aus einer indonesischen, in Handarbeit aus Bambusholz gefertigten Thermoskanne, schließt die Augen, faltet die Hände hinter seinem Kopf und lehnt sich zurück.

Ein paar Meter weiter haben die Techno-Fans ihren Stand aufgebaut. Die Musik, die sie machen, ist nicht nach seinem Geschmack, aber ab und zu geht er rüber, um sich mit »Dr. Motte« zu unterhalten, dem bekanntesten Berliner Diskjockey und »Vater der Love Parade«, an der 1996 etwa 700 000 Jugendliche teilnahmen. Ströbele ist noch nie mitgelaufen, aber er ist schwer beeindruckt. So viele Demonstranten würde er auch gern mal auf die Straße bringen. Er fragt »Dr. Motte«, ob er sich nicht ein wenig für die Grünen einsetzen könnte.

Der DJ schüttelt seinen kurzgeschorenen Kopf und zieht die Augenbrauen hoch: »Ich hätte am liebsten meine eigene Partei. Die Partei zur Verbesserung der Lebensqualität. Bei mir geht es nicht um die Masse, sondern um die Qualität. Nicht nur heute, sondern auch in der Zukunft. Ich bin im Tierschutzverein. Aus Überzeugung. Ich esse keine toten Tiere. Auch Tiere haben ein Bewußtsein... Unsere Eltern haben zwei Kriege erlebt, und unser Land ist noch sehr davon befangen. Weil wir nicht loslassen können, weil wir das nicht verarbeiten können und immer noch die alte Platte auflegen. Dies ist mein Aufruf an alle Juden der Welt, sie sollen doch mal eine neue Platte auflegen. Und nicht immer nur rumheulen.«

»Dr. Motte« ist sehr stolz darauf, daß der Berliner Senat die Love Parade als eine politische Demonstration anerkannt hat. Der Beschluß bedeutet u. a., daß der Müll, der bei der Love Parade anfällt – über hundert Tonnen –, von der Berliner Stadtreinigung kostenlos weggeschafft wird. Ohne die Anerkennung als »politische Demonstration« müßten die Veranstalter die Kosten, etwa eine halbe Million Mark, selbst tragen. So hat die Love Parade, wie es sich für eine politische Demo gehört, ein hochpolitisches Motto: »Peace on Earth«.

Im Zwischendeck hat sich Gregor Gysi mit seinen Anhängern niedergelassen. Er sitzt inmitten eines Arrangements von Aktenordnern und hat einen Text ausgearbeitet, den er zu jeder vollen Stunde vorliest: Er handelt davon, wie er alle seine Prozesse gegen seine ehemaligen Mandanten gewonnen hat.

In seiner Begleitung ist auch der Schriftsteller Gerhard Zwerenz. Er verteilt auf PDS-Papier eine Presseerklärung in eigener Sache: »Ich stehe zu Gregor Gysi.« Warum er zu Gregor Gysi und nicht zu Jägermeister steht, erklärt der parteilose PDS-Abgeordnete mit dem ruchlosen Treiben der »Rufmordkollektive« gegen Gysi: »Hitlers Kinder rächen sich an Hitlers Opfern. Der Delinquent entstammt einer kommunistisch-jüdischen Familie, die achtzehn Verwandte im Dritten Reich verlor. Der Kampf geht weiter. Das intrigante Zusammenspiel von Gauck, Bohley und rechten Bundestagsausschußmitgliedern weist... Parallelen zur Affäre Dreyfus auf. Wir werden die Umtriebe protokollieren für die nächste Wende. Sie kommt gewiß in diesem wendereichen Zeitalter.« Ab und zu zieht Zwerenz ein kleines schwarzes Notizbuch aus der Tasche und schreibt irgendwas hinein. Ob er schon die Umtriebe protokolliert, deren Urheber nach der nächsten Wende füsiliert werden, oder sich nur Notizen für den Einkauf auf dem Wochenmarkt macht, bleibt sein Geheimnis.

Unweit der PDS-Ecke kommt es immer wieder zu einem dichten Menschenauflauf. Hans Meiser moderiert eine Runde mit Jürgen Fliege, Margarethe Schreinemakers, Bärbel

10

Schäfer und Arabella Kiesbauer. Thema: »Die Verantwortung des Moderators für seine Gäste und gegenüber seinem Publikum.« Die Diskussion wird live in 3sat übertragen.

In einem Salon hinter dem Tanzsaal hat auch der ORB ein kleines Studio aufgebaut. Hier läuft ein »workshop« zum Thema: »Wie wurde ich ein IM?« Der Direktor des Deutschen Historischen Museums, Christoph Stölzl, befragt den ehemaligen »Frühstücksdirektor« des ORB, Lutz Bertram, wie aus ihm IM »Romeo« wurde. Bertram erzählt, die Hoffnung auf einen Paß, mit dem er hätte in den Westen reisen können, um sein Augenlicht zu retten, habe ihn in die Arme der Stasi getrieben. Er sollte über »westliche Einflüsse in der DDR-Unterhaltung« berichten, »Aufklärung gegnerischer Einflüsse auf die Rock-Musik« leisten. Doch der ersehnte Paß wurde ihm nicht gewährt. Als Blinder war er für die Stasi von hohem Nutzen. »Durch ihre Blindheit verfügt die Kontaktperson über eine besondere Art des Zuhörens, die es ihr ermöglicht, in kürzester Zeit ein Gespräch zu analysieren und spontan zu reagieren...«, urteilte die Stasi über ihr blindes Superohr.

Die Gespräche mit dem Führungsoffizier, sagt Bertram, waren »eine Art Öffentlichkeitsersatz«. Und irgendwann fing die Sache an, ihm sogar Spaß zu machen. »Diese Geheimniskrämerei kam meiner Vorstellung von James Bond sehr nahe.« Der Führungsoffizier habe ihn »rollen lassen wie eine Kugel und (...) geguckt, was kommt da am Ende raus«.

Im Juli 1987, inzwischen vollkommen und unheilbar blind, bekam Bertram seinen Paß und durfte in den Westen reisen. Er arbeitete an einem Buch über Peter Maffay und lernte dabei »sehr wichtige Leute kennen«, über die er »treulich berichtete«. Als er dem Führungsoffizier erzählte, daß ein Telefonanruf genügte, um einen Termin bei Oskar Lafontaine zu bekommen, »da kippte der Mann fast aus den Latschen, und wir kamen James Bond verdammt nahe«. Dann sagte der Führungsoffizier: »Das ist ja möglicherweise entwicklungsfähig, da muß man sich echt Zeit lassen.«

Bertram sitzt in einer Zeitmaschine und fährt vor und zurück: Als Lafontaine Kanzler-Kandidat der SPD wurde, da hatte er »die tollsten Visionen: In fünf Jahren ist der Kanzler, und der kleine Lutz sitzt da irgendwo im Büro ...« Lafontaine wurde nicht gewählt. Bertram kam nicht zum Einsatz. »Ich hätte das gemacht, das hätte ich hochspannend gefunden.« So blieb der Bundesrepublik eine zweite Guillaume-Affäre erspart. Die Zuhörer atmen auf.

Als nächstes sollten Fritz Rudolf Fries und Monika Maron befragt werden. Aber Frau Maron hat erklärt, was zwischen ihr und der Stasi war, sei ihre Privatsache, sie habe keine Lust, sich einem Verhör der »selbstgerechten Spitzeljäger« zu stellen, der »Heuchelei und Niedertracht« ihrer Verfolger entgegenzutreten. Im übrigen sei bekannt, daß ihre Mutter »für Mielke Schmalzstullen geschmiert« habe. Und Fritz Rudolf Fries, dessen Stasi-Mitarbeit als IM »Pedro Hagen« publik wurde, kurz bevor ihm der Hörspielpreis der Kriegsblinden übergeben werden sollte, hat eine Erklärung geschickt, die im »Neuen Deutschland« erschienen ist. Er habe »der Firma viele Jahre die kalte Stirn gezeigt« und »auf dumme Fragen dumme Antworten« gegeben. Dafür »rächten sich (die Genossen), indem sie ihm seine Akten vollschrieben«. Heute habe er »Besseres zu tun«, als sich »Asche aufs Haupt« zu streuen und den »Gang nach Canossa« anzutreten.

Die Statements werden verlesen, die Besucher sind enttäuscht. Zu gern hätten sie Monika Maron und Fritz Rudolf Fries live erlebt, ihnen Fragen gestellt, sich authentische Informationen aus erster Hand geholt, wie es möglich war, durch die Zusammenarbeit mit der Stasi die Stasi aufs Kreuz zu legen. Es tröstet sie nur wenig, daß Frank Castorf, der Intendant der Ostberliner Volksbühne, gekommen ist, um sich über seine Arbeit interviewen zu lassen. Denn er war kein IM. Dafür kann er sich genau erinnern, wie er vor Jahren in der Kantine des Theaters in Karl-Marx-Stadt saß und dachte: »Diese DDR, diese Nichtbewegung, diese Dekadenz:

Wir brauchen ein neues Stahlgewitter, wir brauchen faschistoide, vitale Gedankengänge, daß man sich sehnt nach etwas, was Bewegung heißt...« In einem »kleinbürgerlichen Geistesland« wie der Bundesrepublik stünden »Dadaismus und Expressionismus für die Sehnsucht nach Vitalität, nach Mut, nach Kraft, nach all den Sachen, die wahrscheinlich heute nur noch bei den Rechtsradikalen zu finden sind«; er wünsche sich manchmal, »daß eine Apokalypse bei uns hereinbricht, die Hunnen kommen oder der Amazonas uns überschwemmt«.

Aber die Apokalypse bleibt aus, und die Hunnen kommen nicht in ein Land, in dem sie nach 18 Uhr ihren Met nicht mehr kaufen können. Statt dessen nähert sich dem apokalypsesüchtigen Intendanten ein Mann, der schon an der Körperhaltung als progressiver Studienrat zu erkennen ist, ein Mitbegründer der Hannoveraner Bürgerinitiative, die in Berlin ein »Deutsches Zentralmuseum gegen Verbrechen wider die Menschlichkeit« errichten möchte, ein deutsches Pendant zu Yad Vashem in Jerusalem und zum Holocaust Memorial Museum in Washington. Ob Frank Castorf den Aufruf zur Gründung des Zentralmuseums nicht unterschreiben möchte? Hans Modrow, Oskar Lafontaine, Kurt Biedenkopf und Jürgen von der Lippe hätten bereits unterschrieben.

Castorf sagt, er wolle sich die Sache überlegen und geht rüber zum »NKFDDR«-Stand, wo »Rotkäppchen-Sekt« getrunken wird und »Cabinet«-Zigaretten geraucht werden. Im Oktober 1991 wurde das »Nationalkomitee Freie DDR« in Berlin gegründet, als »Organ der fortschrittlichen Kräfte der DDR«. Ein Dreizehn-Punkte-Programm legt die wichtigsten Forderungen des Komitees fest, u. a. den »DDR-Austritt aus der BRD«, den »Wiederaufbau der Betriebskampftruppen« und die »entschädigungslose Enteignung zunächst aller Groß- und Mittelbetriebe«. Ein Sprecher des Komitees ist auf einen Stuhl geklettert und hält eine Rede. »Bürger der DDR, der Zusammenbruch der DDR war keine Krise des

13

Sozialismus, sondern Ausdruck der Krise des Kapitals. Zwei Jahre Besetzung haben aus der DDR einen Trümmerhaufen gemacht. Wir sind keine Deutschen, sondern Bürger der DDR!«

Seine Zuhörer, etwa zwanzig Männer und Frauen im Rentenalter, heben die geballte Faust in Kopfhöhe und rufen: »Rot Front!«

Viel schneller als erwartet ist der Tag der offenen Tür auf dem Dampfer Deutschland vorbei. Während die Sonne langsam untergeht, verlassen die Besucher das Schiff. »Schade, daß wir nicht länger bleiben können«, sagt eine Frau zu ihrem Begleiter, »wir haben bestimmt noch nicht alles gesehen.« – »Nicht so schlimm«, antwortet der Mann, »die machen jetzt auch ohne uns weiter.«

Die Unfähigkeit zu feiern

Gut 74 Millionen Deutsche leben – friedlich miteinander vereinigt – zusammen mit sieben Millionen Ausländern in einem Staat, der seinen Einwohnern individuelle Freiheit, kollektiven Wohlstand und soziale Sicherheit in einem Maß garantiert, wie dies in einem deutschen Gemeinwesen nie zuvor der Fall war. Das Sozialprodukt wie das Pro-Kopf-Einkommen gehören zu den höchsten weltweit. Nirgendwo haben die Arbeitnehmer mehr Urlaubstage, geben die Verbraucher mehr Geld für Reisen, Körperpflege und Luxusgüter aus. In keinem Industrieland ist das soziale Netz dichter geknüpft, werden Umweltschutz und Datenschutz ernster genommen. Die Frage, welcher Feiertag zur Finanzierung der Pflegeversicherung geopfert werden sollte, hat die Parteien, die Sozialpartner und die Kirchen bewegt, als hätten sie über Krieg und Frieden im Atomzeitalter zu entscheiden gehabt. Keine Nation leistet sich mehr Theaterhäuser, Opernbühnen und Orchester, gibt mehr Geld für Kunst und Kultur aus. Und kein Volk hat in diesem Jahrhundert mehr Glück gehabt. Nach zwei verlorenen Kriegen ist Deutschland die nationale Einheit plötzlich und unerwartet in den Schoß gefallen, die Bonner Republik hat sich zur führenden europäischen Macht entwickelt, die ihre Nachbarn mit Qualitätsprodukten und guten Ratschlägen versorgt.

So hätten die Deutschen allen Grund, mit sich und dem Schicksal zufrieden zu sein. Sie könnten sich entspannt zurücklehnen, den Otto-Katalog auswendig lernen und darauf warten, daß die Dreißig-Stunden-Woche eingeführt und der Ladenschluß aufgehoben wird. Wenn da bloß nicht »die Vergangenheit« wäre, die »bewältigt« werden muß. Denn auch damit ist Deutschland im Übermaß gesegnet. Kein anderes Land hat gleich zwei Vergangenheiten, die nicht vergehen wollen und die miteinander so verflochten sind, daß die eine von der anderen nicht losgelöst werden kann.

Solange Deutschland geteilt war, ließen sich viele Anomalien des täglichen Lebens mit dem unnatürlichen Zustand der Teilung erklären. Dennoch war die Mauer für beide Seiten von hohem Nutzen. Sie garantierte das physische Überleben der DDR, und der alten Bundesrepublik diente sie als eine gigantische Projektionsfläche für alle unerfüllten Sehnsüchte: nach Einheit, Frieden in Freiheit und Selbstbestimmung. Doch als der Ernstfall, mit dem niemand mehr gerechnet hatte, eintrat, setzte nach einer kurzen Phase hysterischer Begeisterung eine schwere Depression ein, wie sie Menschen ereilt, die sich lange auf ein wildes Abenteuer gefreut haben, nur um hinterher festzustellen, daß Sex mit Fremden nicht immer so schön ist, wie man ihn sich beim Phantasieren vorstellt. Schon im ersten Jahr nach der Wiedervereinigung wurde die Frage gestellt, ob sich der ganze Aufwand denn lohnen würde, ob das ganze Projekt nicht zum Scheitern verurteilt wäre. Im fünften Jahr der Einheit war die »Mauer in den Köpfen« dann zur beliebtesten Metapher aller Politiker und Partygänger aufgestiegen. Im Ost-Berliner Kabarett »Die Distel« wurde die Lage der Nation so dargestellt: »Die sich im November 1989 unbekannterweise in den Armen lagen, liegen sich jetzt bekannterweise in den Haaren.«

Es scheint allemal einfacher, eine Diktatur zu etablieren, als sie wieder loszuwerden. Kaum war das Dritte Reich dahin, gab es die ersten postnazistischen Zirkel, die sich um eine »objektive Sichtweise« des untergegangenen Systems bemühten. 1989 meldeten sich die Gesundbeter schon im Laufe der Krise zu Wort. Der Schriftsteller Christoph Hein, der in der DDR zu denjenigen gezählt wurde, die auf eigene Verantwortung denken, gab dem »Spiegel« im Oktober 1989 ein Interview, in dem er darauf bestand, daß es bei den oppositionellen Gruppen, bei der Intelligenz und beim Volk einen allgemeinen Konsensus gäbe, »daß man den Sozialismus in der DDR verändern will« zu einem, »der wirklich den Namen verdient...«

Zu dieser Zeit versuchte die Regierung der DDR zu retten, was nicht mehr zu retten war. Während die Volkspolizei Demonstranten niederknüppelte, redete die Partei plötzlich von einem »Dialog«, den sie mit dem Volk führen wollte. In dieser Situation wurde Hein vom »Spiegel« gefragt, was er sich wünschen würde, wenn er drei Wünsche frei hätte. Ein gewöhnlicher Bürger der DDR hätte wahrscheinlich geantwortet: Bananen, Orangen und Schokolade, die diesen Namen verdient. Ein Intellektueller hätte gesagt: freie Wahlen, freie Presse, freies Reisen. Doch Christoph Hein wünschte sich etwas ganz anderes. Erstens: Die Bundesrepublik möge damit aufhören, Akademiker aus der DDR über die innerdeutsche Grenze zu locken. Zweitens: »Man hätte die Zeit nach dem Mauerbau dazu nutzen müssen, eine Gesellschaft aufzubauen, die langsam die Mauer überflüssig macht. Das ist nicht geschehen. Jetzt ist die Mauer am Zerbröckeln..., deshalb muß ein Programm gemacht werden, daß diese wirklich gefährliche Situation vorbeigeht. Denn da droht eine fürchterliche Destabilisierung des Staates...«

Das Bedauern, das Christoph Hein über die Mauer äußerte, galt nicht ihrem Bau und nicht den Opfern, die sie gefordert hatte, sondern dem Umstand, daß sie als Mittel der Volkserziehung nicht optimal genutzt wurde. Und was im Herbst 1989 drohte, war nicht das Ende einer Diktatur, sondern etwas noch Schlimmeres: die Destabilisierung des Staates. Schließlich verriet Hein dem »Spiegel« seinen dritten Wunsch: »Das nächste Interview mit mir, das der ›Spiegel‹ druckt, möge ein Nachdruck – oder auch Vorabdruck eines ›ND‹-Interviews sein.«

Zur selben Zeit, da Christoph Hein noch die Stabilität der DDR am Herzen lag und er sich nichts sehnlicher wünschte, als endlich vom Zentralorgan der herrschenden Partei interviewt zu werden, dachte sein westdeutscher Kollege Günter Grass bereits darüber nach, was alles schiefgegangen war. Nur eine Woche nach dem Fall der Mauer sagte Grass in einem Interview, Regierung und Volk der DDR hätten die korrekte Ordnung der Dinge nicht eingehalten: »Die Reihenfolge der Änderungen war falsch. Es hätte die innere Demokratisierung vorangetrieben, die Öffnung der Grenzen angekündigt werden müssen. Die Kommunalwahl hätte wiederholt werden müssen. Das wiederum hätte zu einer Umstrukturierung der DDR auf einer höheren Ebene führen können und auch den Oppositionsgruppen mehr Spielraum gegeben. Sie hätten die politische Praxis gewinnen können, die vielen fehlt.«

Wenn der Begriff »intellektueller Kolonialismus« irgendwo angebracht war, dann hier. Während die Ossis alles verkehrt machten, sagte ihnen Onkel Günter, wie der Prozeß der inneren Demokratisierung hätte vorangetrieben werden müssen. Daß eine Wiederholung der Kommunalwahlen so sinnvoll gewesen wäre wie ein Nachfüllen von Bremsflüssigkeit, nachdem ein Auto in voller Fahrt aus der Kurve geflogen ist, kam Grass dabei nicht in den Sinn, hatte er doch in vielen Jahren politischen Aktivismus jene Praxis erworben, die vielen im Osten fehlte. Es gäbe, sagte er, in der DDR Versuche, »einen demokratischen Sozialismus zu entwickeln«, und es sei »mit keinem Wort bewiesen, daß der Niedergang dieses Wirtschaftssystems, das sich zu Unrecht sozialistisch genannt hat, auch das Experiment eines demokratischen Sozialismus in Deutschland beendet hat«.

Auch ostdeutsche Intellektuelle hätten gern weiter in ihrem volkseigenen Labor experimentiert. »Freunde, Mitbürger!« rief Stefan Heym am 4. November auf dem Alexanderplatz aus, als wäre Danton wieder auferstanden, »heute habt ihr euch aus eigenem freien Willen versammelt, für

Freiheit und Demokratie und für einen Sozialismus, der des Namens wert ist..., der Sozialismus, nicht der stalinsche, der richtige, den wir endlich erbauen wollen zu unserem Nutzen und zum Nutzen von ganz Deutschland!« Christa Wolf sprach von einem Wechsel, der »die sozialistische Gesellschaft vom Kopf auf die Füße« stellen würde, und rief die Menschen dazu auf, »mit hellwacher Vernunft« einen Traum zu träumen: »Stell dir vor, es ist Sozialismus und keiner geht weg!« Christoph Hein, der immer noch nicht vom »ND« interviewt worden war, hatte bereits die Ärmel aufgekrempelt: »Es gibt für uns alle viel zu tun... Die Strukturen dieser Gesellschaft müssen verändert werden, wenn sie demokratisch und sozialistisch werden soll. Und dazu gibt es keine Alternative... Das wird für uns alle viel Arbeit geben, auch viel Kleinarbeit. Schlimmer als Stricken.«

Am 9. November, dem Tag, an dem die Mauer aufgemacht wurde, verlas Christa Wolf in der Sendung »Aktuelle Kamera« des DDR-Fernsehens einen Appell, den führende Intellektuelle des Landes unterzeichnet hatten, offenbar aus begründeter Sorge, ganz allein mit ihren Träumen zurückzubleiben: »Wir bitten Sie, bleiben Sie doch in Ihrer Heimat, bleiben Sie bei uns... Helfen Sie uns, eine wahrhaft demokratische Gesellschaft zu gestalten, die auch die Vision eines demokratischen Sozialismus bewahrt...«

Zwei Wochen später, am 26. November, erschien in vielen Zeitungen der DDR, auch im »ND«, der Aufruf »Für unser Land«, den diesmal nicht nur wieder die wortführenden Intellektuellen, sondern auch Egon Krenz und Hans Modrow unterschrieben hatten. In dem Aufruf hieß es, es drohe ein »Ausverkauf unserer materiellen und moralischen Werte«, den es zu verhindern gelte: »Noch haben wir die Chance, in gleichberechtigter Nachbarschaft zu allen Staaten Europas eine sozialistische Alternative zur Bundesrepublik zu entwickeln.«

Plötzlich hatten es alle sehr eilig. Als hätte die DDR nicht vierzig Jahre Zeit gehabt, eine sozialistische Alternative zu entwickeln, mußte nun, eine Minute nach zwölf, der Ausverkauf der materiellen und moralischen Werte gestoppt werden, eine Forderung, die von der leicht irrigen Annahme ausging, die DDR wäre im Herbst 1989 noch nicht bankrott gewesen. Der Weiterbestand der DDR als »eine Alternative zu dem Freibeuterstaat mit dem harmlosen Namen Bundesrepublik« (Stefan Heym) würde außerdem auch die Sicherheit in Europa garantieren, denn, so fragte Heym rhetorisch an: »Was für eine Stabilität würde das denn wohl sein mit einem neuen Großdeutschland, dieses beherrscht von Daimler-Messerschmitt-Bölkow-Blohm und der Deutschen Bank?«

Auch Heiner Müller stellte sich gegen den »drohenden Ausverkauf« der DDR und warnte: »Ohne die DDR als basisdemokratische Alternative zu der von der Deutschen Bank unterhaltenen Demokratie der BRD wird Europa eine Filiale der USA sein. Wir sollten keine Anstrengung und kein Risiko scheuen für das Überleben unserer Utopie von einer Gesellschaft, die den wirklichen Bedürfnissen ihrer Bevölkerung gerecht wird ...«

Die tollkühne Überschätzung der DDR als Garant der europäischen Stabilität ging einher mit einer gigantischen Überbewertung der eigenen Rolle als Ferment der revolutionären Veränderung. Im Dezember 1989 schrieb Stephan Hermlin: »Wir haben die Staatsmacht müde gemacht.« Und Christoph Hein, der eben noch für den Sozialismus stricken wollte, traute sich »zum erstenmal nach mehr als vierzig Jahren« ein Wort auszusprechen, das er bis dahin »nicht aussprechen konnte: Dieses Land hier wird mein Land. Es wird mein Land, wenn ich es nicht aufgebe.«

So versammelte sich Ende 1989 ein Nekrophilen-Kränzchen am Grab der DDR, um von der großartigen Zukunft der Verblichenen zu schwärmen. Man könnte auch sagen: Eine Runde von Ärzten, Heilpraktikern und Gesundbetern nahm sich des toten Patienten noch einmal an. »Wir haben dich zwar die ganze Zeit falsch behandelt«, sagten sie, »wir haben die falsche Diagnose gestellt, die falsche Therapie verordnet

20

und die falschen Mittel verschrieben, doch das alles kann nicht bedeuten, daß wir die Behandlung als gescheitert ansehen müssen. Wir versuchen es eben noch einmal. Diesmal sind wir schlauer, wir wissen, wie es nicht geht.«

Käme so etwas in der Schwarzwaldklinik vor, würde Professor Brinkmann das ganze Personal auf der Stelle feuern. Doch im politischen Alltag der Bundesrepublik bekommt noch jeder Quacksalber die Chance, eine neue Tunke anzurühren. Nachdem Günter Grass mit seinem Vorschlag, die Ossis sollten erst einmal die Kommunalwahlen wiederholen, bevor sie die Grenzen öffnen, kein Gehör gefunden hatte, hielt er im Februar 1990 die »Kurze Rede eines vaterlandslosen Gesellen«, in der er vor den Gefahren eines deutschen Einheitsstaates warnte, denn der war »die früh geschaffene Voraussetzung für Auschwitz«, und: »Wer gegenwärtig über Deutschland nachdenkt und Antworten auf die deutsche Frage sucht, muß Auschwitz mitdenken...«

Das tat auch Heiner Müller, als er Bedenken gegenüber dem Instrument der freien Wahlen äußerte und seine Haltung mit einem historischen Vergleich begründete: »Im Gegensatz zu Lenin konnte Hitler seinen Staatsstreich auf einen Wahlsieg gründen, insofern ist auch Auschwitz ein Resultat von freien Wahlen, und ich bezweifle, ob es in der BRD unter dem Diktat der Industrie freie Wahlen je gegeben hat.«

Und noch im Dezember 1990, nachdem die Wiedervereinigung gegen alle Warnungen vollzogen worden war, verfügte Walter Jens mit jener ungebrochenen Autorität, wie man sie in Deutschland nur bei Professoren und Parkplatzwächtern findet, eine Wiedervereinigung Deutschlands wäre »unmöglich, weil es das alte Deutschland nicht mehr gibt, das hat in Auschwitz Selbstmord begangen«. Was insofern interessant war, als man bis dahin angenommen hatte, daß in Auschwitz vor allem Juden und Polen vom Leben zum Tode befördert wurden.

Man konnte in jenen Tagen, die inzwischen Geschichte

sind, bei den Intellektuellen vieles finden, nur eines nicht: die einfache menschliche Freude darüber, daß ein totalitäres System, das seinen Bürgern die elementaren Rechte verweigerte, endlich zusammengekracht war. Mit Ausnahme von Martin Walser schüttelten sich so gut wie alle Großdenker vor Entsetzen bei der Vorstellung, die DDR könnte von der politischen Landkarte verschwinden; und als es dann tatsächlich soweit war, zogen sie ihre letzte Trumpfkarte aus dem Ärmel: Auschwitz. Wegen Auschwitz sollte die DDR bestehenbleiben, als Mahnmal und als Vorsorgemaßnahme, damit es nicht noch einmal ein Auschwitz gäbe.

So kamen, quer über alles Trennende hinweg, deutsche Denker aus Ost und West auf dem kleinsten gemeinsamen Nenner ihrer nationalen Identität zusammen, und so wurde Auschwitz als Maßstab in die Debatte eingeführt. Doch wo Auschwitz als Maßstab genommen wird, da gibt es keine Maßstäbe mehr, da kann jede Grausamkeit unterhalb dieser Latte als harmlos weggebucht werden. Niemand, der seine Sinne zusammen hat, wird die DDR mit dem Dritten Reich gleichsetzen. Aber auf ein paar systemimmanente Ähnlichkeiten und Unterschiede wird man hinweisen dürfen. War das Dritte Reich die perfekte Barbarei, ein durchorganisiertes System des Terrors nach innen und außen, so war die SED-Republik eine Art National-Sozialismus mit menschlichem Antlitz, eine Diktatur der Kleinbürger und Politiker-Darsteller, die sich untereinander darauf geeinigt hatten, die Fiktion von der Vision einer Utopie unter dem Titel »Arbeiter- und Bauernstaat im real existierenden Sozialismus« aufzuführen. Daß die SED zur Heimat vieler Ex-NSDAP-Genossen wurde, war ebenso natürlich wie die Konversion mancher SED-Genossen nach der Wende zu den Republikanern. Man blieb sich treu, indem man das Kostüm wechselte.

Inzwischen buhlen alle demokratischen Parteien um die Gunst der ehemaligen SED-Mitglieder, die sich ihrer politischen Vergangenheit nicht länger zu schämen brauchen. »Es

22

muß deutlich werden, daß Loyalität auch in einem Unrechtssystem nicht grundsätzlich als verwerflich angesehen werden kann«, sagte der Justizminister von Brandenburg, Hans Otto Bräutigam, womit er auf dem Umweg über die SED auch die Kader der NSDAP rehabilitierte. Egon Bahr, der wie Bräutigam für einen Schlußstrich unter die Geschichte der DDR eintritt, geht noch einen Schritt weiter. Er möchte auch die Stützen des Systems resozialisieren, so wie Konrad Adenauer es getan hat, als er den Kommentator der Nürnberger Gesetze, Hans Globke, zum Chef des Kanzleramts machte. Dies, sagt der Sozialdemokrat Egon Bahr, war »das äußere Symbol der Aussöhnung mit den Mitläufern der NSDAP« und »eine der großen staatsmännischen Leistungen Adenauers«. Die Vergangenheit, sagt Bahr, dürfe »nicht die Aussöhnung verhindern«, denn: »Wenn es ein allgemein akzeptiertes Ziel dieses Staates ist, Aussöhnung zu schaffen, dann müssen sich Minderheiten daran halten, selbst wenn sie es für falsch halten.«

Der SPD-Theologe Richard Schröder sagt es noch klarer: »Es geht eigentlich nicht, daß die Opfer in der Frage, wie mit den Tätern umzugehen ist, das letzte Wort haben.«

Bahr wie Schröder betreiben politische Falschmünzerei der feinen Art. Nur in totalitären Systemen kann der Staat »ein allgemein akzeptiertes Ziel« setzen, in demokratisch verfaßten Gesellschaften hat der Staat nur Aufgaben, zu deren Durchführung er Gebühren erhebt. Und in der Bundesrepublik haben die Opfer in der Frage, wie mit den Tätern umzugehen ist, weder das erste noch das letzte Wort, sondern immer nur das Nachsehen gehabt. Warum sollte es den Opfern der zweiten deutschen Diktatur da besser ergehen als den Opfern der ersten, zumal, wie wir inzwischen wissen, Bautzen, gemessen an Auschwitz, nur eine Art Ferienlager mit schlechter Verpflegung war? Während Bahr »Aussöhnung« anordnet, beschwert sich Schröder über einen nichtvorhandenen Zustand, um ihn als unhaltbar zu verwerfen. Ergänzt man seinen Satz um die unausgesprochene Hälfte, so ergibt er einen Sinn: Vielmehr geht es darum, daß die Täter in der Frage, wie mit ihnen umzugehen ist, mitreden und mitentscheiden sollen.

Und im übrigen, heißt es inzwischen allerorten, wenn von Stasi-Papieren die Rede ist, dürfe man nicht zu »aktengläubig« sein. Erhard Eppler, moralisches Gewissen der SPD und bis 1991 Vorsitzender der Grundwertekommission der Partei, macht dabei auf den entscheidenden Unterschied zwischen der Gestapo und der Stasi aufmerksam: »Das NS-Reich hat Berge von Leichen hinterlassen. Die SED hat Berge von Akten hinterlassen, unappetitliche oft, aber eben Akten.«

Darauf muß man im Zustand schwäbisch-protestantischer Vollnüchternheit erst mal kommen. Den nationalsozialistischen Leichenbergen gingen Aktenberge voraus; auch das Dritte Reich war ein fleißiger Aktenproduzent; ohne diese Akten wäre die Aufklärung der Nazi-Untaten unmöglich gewesen. Gewiß stellen sechs Millionen tote Juden eine andere Quantität des Horrors dar als die 600 Toten, die es allein an der Mauer gegeben hat. Nur: Müssen es gleich siebenstellige Zahlen sein, damit von einem »Leichenberg« gesprochen werden kann? Sind 600 Tote nur ein »Idiotenhügel«, von dem ein Moralist der SPD-Grundwertekommission auf dem Hosenboden runterrutscht, ohne die Miene zu verziehen?

Dieselben kritischen Geister, die sich dagegen wehren, die Verbrechen Hitlers mit denen Stalins zu verrechnen, betreiben dasselbe Spiel zum historischen Hausgebrauch und in umgekehrter Richtung: Das Dritte Reich war ein so gigantischer Mordapparat, daß die DDR sich dagegen wie eine illegale Schnapsbrennerei ausnimmt, sozusagen eine Ordnungswidrigkeit, gemessen an dem vorausgegangenen Kapitalverbrechen.

Da ist es kein Wunder, daß kluge Köpfe, die sich immer über die lasche Behandlung der NS-Verbrechen durch die deutsche Justiz empört haben, nun zur Milde und Nachsicht gegenüber den ehemaligen Repräsentanten der DDR aufrufen. Der Berliner Rechtswissenschaftler Uwe Wesel, zum Beispiel, schreibt in einem längeren Beitrag über »Siegerjustiz«, wie »notwendig und richtig« die Nürnberger Prozesse waren, um zwei Absätze später »die deutschen Prozesse gegen Verantwortliche der DDR« einen »Sonderfall« zu nennen, der mit einer anderen Elle gemessen werden muß: »Es gibt Unterschiede. Zunächst den zwischen Groß und Klein. Dort die großen Schurken und hier nur ziemlich kleine.«

Das mag Frau B., die achtzehn Monate eingekerkert war, weil sie einen Ausreiseantrag gestellt hatte, anders sehen. Und auch Frau G., deren Sohn an der Mauer verblutet ist, wird Wesels Definition von »Groß und Klein« nicht unbedingt zustimmen, weil es ihr kein Trost ist, daß Hitler in der Tat ein großer Schurke war und Honecker nur ein kleiner. Doch das macht dem Berliner Professor nichts aus, weswegen er in einer Fernsehrunde, an der auch DDR-Bürgerrechtler teilnahmen, mit zynischem Charme erklärte, er könne sich als Nichtbetroffener mehr Unbefangenheit leisten. Wirklich?

Taucher, die zu schnell aus großer Tiefe aufsteigen, erleiden einen Schock, der letal enden kann. Etwas Ähnliches scheint mit vielen deutschen Intellektuellen passiert zu sein: Die Geschichte ist wie eine Flutwelle über sie hinweggerollt, und nun grollen sie der Geschichte hinterher. Er habe sich am 4. November 1989 überlegt, vertraute Stefan Heym im Jahre 1993 einem Interviewer an, ob er nicht vom Alexanderplatz aus eine »Sozialistische Republik« ausrufen und die amtierende DDR-Regierung für abgesetzt erklären sollte. Doch »die Verantwortung wäre zu schwer gewesen«, und deshalb habe er »nichts gemacht«. Rückblickend bedauerte er, daß am 4. November 1989 eine Chance verschenkt wurde. »Die Revolution wurde von Leuten ohne Konzeption gemacht, von Dilettanten.« Vor den Revolutionären hatten sich schon die Vertreter der staatlichen Gewalt als ignorante Versager erwiesen: »Der Staat hat das Gegenteil von dem ge-

25

macht, was ich empfohlen habe, und dadurch hat er sich selbst zerstört.«

Diese Mischung aus historischem Größenwahn und politischer Impotenz disqualifiziert nicht etwa ihre Träger als somnambule Schwätzer, sondern verschafft ihnen einen Nimbus von desperater Intellektualität. Mochte Heiner Müller ganz im Ernst erklären, »daß die Terminologie der Nazis häufig jüdisch«, der National-Sozialismus »eigentlich die größte historische Leistung der deutschen Arbeiterklasse« gewesen sei und »das Problem dieser Zivilisation« darin liege, »daß sie keine Alternative zu Auschwitz hat«, niemand wagte es, an seiner Zurechnungsfähigkeit zu zweifeln oder seine skurrilen Exkurse als das zu bezeichnen, was sie waren: intellektuelles Bungee-Jumping. Seine Feststellung, die DDR sei »nach vierzigjähriger Zersetzungsarbeit einfach von der Bildfläche« verschwunden, schien so einleuchtend, daß sie einer im Westen verlegten »Bilanz der sozialistischen Utopie« vorangestellt wurde.

Ja, wenn der Klassenfeind nicht gewühlt und zersetzt hätte, könnten wir unsere Marlboros noch immer im Intershop an der Invalidenstraße kaufen und Plaste- und Elaste-Produkte aus Zschopau in alle Welt exportieren.

Deutsche Intellektuelle verzichten lieber zeitweise auf französischen Champagner, als daß sie eine Gelegenheit versäumen, sich vollmundig zu blamieren. »Mir muß niemand Nachhilfe in Demokratie geben«, sagt Günter Grass und beweist in einem Aufwasch, daß er auch von totalitären Systemen etwas versteht: »Im Vergleich mit Diktaturen, die es gegeben hat und die es immer noch gibt, ist die DDR eine kommode Diktatur gewesen.« Und weil die DDR, trotz Mauer, Stasi und Plattenbau, so »kommod« war, könne man »nicht einfach sechzehn Millionen Menschen ... per Federstrich an den Westen anschließen und ihr Leben wie ihre Industrie für Schrott erklären«.

Was aber ist mit den DDR-Bürgern, die den Staat, in dem sie lebten, nicht als »kommod« empfanden, die auch gern

26

mal nach Kalkutta statt nach Kap Arkona gefahren wären oder der »kommoden Diktatur« am liebsten für immer den Rücken gekehrt hätten, wenn man sie nicht zum Verbleib genötigt hätte? Darüber sagt Grass kein Wort; dafür erfahren wir, daß er Deutschland »als zunehmend anstrengend«, also gar nicht kommod, empfindet und »Auslandsaufenthalte« benötigt, um zu erleben, »daß das, was ich geschrieben habe, andernorts Respekt erfährt«, was in Deutschland »in der Regel« nicht der Fall ist.

Respekt also, die Droge der autoritären Seele. Das Verlangen nach Respekt treibt Grass nicht nur ab und zu ins Ausland; es läßt ihn, wie auch andere entortete Intellektuelle, um ein System trauern, das seine Dichter anerkannte, indem es sie entweder mit Preisen schmückte oder mit Publikationsverbot belegte. Was bedeuten schon die Schikanen, denen die einfachen Bürger täglich in einer »kommoden Diktatur« ausgesetzt sind, gemessen an dem Respekt, den die Repräsentanten von Staat und Partei ihren intellektuellen Helfern zollen? Welcher westdeutsche Dichter war so nahe an der Machtzentrale dran wie Hermann Kant in der DDR? Wem war es möglich, eine so staatstragende Rolle einzunehmen wie Johannes R. Becher als Kulturminister im Arbeiter- und Bauernstaat? Und mag die DDR in vielem unvollkommen gewesen sein – was »MRR« mit Grass angestellt hat, wäre »drüben« nicht möglich gewesen.

Melancholie und Resignation machen sich breit. Das Leben in der unkommoden Demokratie ist öd und fad. Keine Utopie verzaubert den Alltag. Er habe, sagte Heiner Müller kurz vor seinem Tod, den Niedergang von drei Systemen, Weimar, Nazideutschland, DDR, erlebt und finde es schade, daß es ihm »vermutlich nicht vergönnt sein wird, auch das vierte sterben zu sehen«.

Es war sein letztes Wort zur deutschen Frage.

27

Die Krux, ein Deutscher zu sein

Wären Jammern und Klagen olympische Disziplinen, käme alle vier Jahre ein warmer Medaillenregen über Deutschland und die Deutschen nieder. Denn nichts macht den Bewohnern der Bundesrepublik mehr Freude als die ständige Beschwörung ihrer Nöte und Sorgen. Wenn sie nicht gerade durch das soziale Netz fallen oder von einer Asylantenflut erdrückt werden, dann steht ihnen eine Umweltkatastrophe ins Haus: in Gorleben, bei der Anlieferung des Castor-Behälters, oder auf dem Mururoa-Atoll, wo Chiracs Leute Atombomben zünden, obwohl Greenpeace, Inge Meysel und Heidi Wieczorek-Zeul dagegen sind.

Nein, Zufriedenheit ist Sache der Deutschen nicht. Sie maulen und beschweren sich, daß sie ständig zu kurz kommen und von allen übervorteilt werden. Daß die Franzosen, wenn sie zuviel getrunken haben, wie selbstverständlich die ganze Marseillaise singen, wir uns aber mit der dritten Strophe des Deutschlandlieds bescheiden müssen; daß die Juden immerzu antisemitische Witze erzählen dürfen, wir aber nicht einmal den Kalauer vom SS-Mann, der auch im KZ ums Leben kam, als er besoffen vom Wachturm fiel; daß niemand den Amis nachträgt, daß sie die Indianer ausgerottet haben, wir aber uns noch immer Vorwürfe wegen Auschwitz anhören müssen; daß die anderen weniger in die EU-Kasse einzahlen, dafür aber mehr rausholen; daß kaum jemand im Ausland deutsche Filme sehen möchte, während hier immerzu ausländische Filme gezeigt werden; daß die Wildecker Herzbuben noch nicht nach Hollywood eingeladen worden sind und deutsche Autos von den Japanern nicht so oft gekauft werden wie japanische von den Deutschen.

Und wo doch mal ein Funken Lebensfreude durch das Jammertal unserer Depressionen bricht, da halten wir gleich erschrocken inne und fragen: Können wir uns gute Laune leisten, während Millionen in der Dritten Welt hungern? Tragen wir zur Vernichtung des Regenwaldes in Argentinien oder zur Ausrottung der Indianer in Brasilien bei, wenn wir uns einen Hamburger bei McDonald's kaufen? Belastet es nicht die Umwelt, wenn wir täglich frische Wäsche anziehen und weiter Einwegflaschen benutzen?

Fragen über Fragen. Und niemand da, der sie überzeugend beantworten könnte. Dabei fehlt es im Lande nicht an hauptberuflich guten Menschen, die den Sinn des Lebens darin sehen, anderen als Wegweiser zu dienen. Von Friedrich Schorlemmer bis Margarethe Schreinemakers, von Horst-Eberhard Richter bis Ulrich Wickert, von Christa Wolf bis Lea Rosh – alle wollen für ihre Mitmenschen nur das Beste. Während es in jedem Volk einen bestimmten Bodensatz von Ausbeutern, Betrügern und Scharlatanen gibt, die nur an sich und ihren Vorteil denken, hat sich das deutsche Volk geschlossen in ein gemeinnütziges Kollektiv verwandelt, das seinen Hausmüll gewissenhaft trennt, Umweltfrevel mit Boykott-Maßnahmen straft und Lastwagen voller Lebensmittel in Hungergebiete schickt. Man könnte annehmen, die Bundesrepublik sei von der Heilsarmee übernommen worden, wären da nicht noch ein paar Gestalten wie der Baulöwe Schneider und Schalck-Golodkowski, die aus dem Chor der Gutmenschen rausfallen. Edel sei der Deutsche, hilfreich und allzeit bestürzt, daß die Welt nicht so ist, wie sie sein sollte: friedlich, solidarisch und FCKW-frei.

Soll am deutschen Wesen wieder einmal die Welt genesen, diesmal im positiven Sinn? Soll das deutsche Reinheitsgebot für die Bierherstellung weltweit durchgesetzt werden, zugleich mit dem Verbot, territoriale Konflikte mit Waffengewalt zu lösen? Zwar ist die Bundesrepublik der zweitgrößte Waffenhändler der Erde, doch sind deutsche Panzer, Raketen und Haubitzen nicht der einzige Exportartikel nur echt »Made in Germany«. Es wird auch »Friedenspolitik« in alle Welt ausgeführt, eine praktische Arbeitsteilung, die sowohl dem Sozialprodukt der Nation wie dem guten Gewissen des einzelnen Deutschen zugute kommt.

Der Schriftsteller Wolfgang Pohrt hat das geniale Wort vom »Täter als Bewährungshelfer« in Umlauf gebracht, der darauf achtet, daß »seine Opfer nicht rückfällig« werden. Der Philosoph Hermann Lübbe spricht vom »Sündenstolz der Deutschen«, die zu ihren Untaten stehen wie andere zu sportlichen Leistungen. In der Tat konnte man gerade im Jubiläumsjahr 1995, zwischen der Befreiung von Auschwitz und dem Tag der Kapitulation, bei vielen Rednern den Eindruck gewinnen, als wollten sie nicht nur, mal wieder, »den Anfängen wehren«, sondern auch sagen: »Den Holocaust macht uns so schnell keiner nach!«

Wie man die Sache auch dreht und wendet: Es ist nicht leicht, ein Deutscher zu sein. Sprach man sich für ein militärisches Eingreifen in Jugoslawien aus, kam man sofort in den Verdacht, in den Spuren der Nazi-Armee marschieren zu wollen. Sprach man sich dagegen aus, wurde einem vorgehalten, man habe zwar aus der Geschichte gelernt, allerdings das Falsche. Als Deutscher hat man immer nur die Wahl zwischen Optionen, die wechselnde Anklagen begründen: entweder wegen irrationalen Aktionismus oder wegen unterlassener Hilfeleistung. Dazwischen macht sich schlechtes Gewissen breit und der Wunsch, im Kampf für das Gute und gegen das Böse in der Welt auf der richtigen Seite zu stehen.

Im kleinen Tagesgeschäft genügt es, das Adjektiv »menschenverachtend« in Verbindung mit Substantiven wie »Politik«, »Methode« und »Verhalten« gezielt einzusetzen und Briefe »mit lieben Grüßen« zu beenden. Geht es um mehr, fragt man am besten eine ausländische Kapazität nach den sozialen Ursachen der um sich greifenden Verrohung. »Barbarei ist überall Teil des menschlichen Lebens, Gesellschaften sind nun mal nicht hübsch und nett«, belehrte der amerikanische Sozialwissenschaftler Richard Sennett seine deutschen Interviewer, die von ihm wissen wollten, warum Menschen Menschen Böses antun.

Die Deutschen sind so fest von ihrer »Unfähigkeit zu trauern« überzeugt, daß sie zum hilflosen Nachweis des Gegenteils Begriffe wie »Trauerarbeit« und »Trauerarbeiter« gebrauchen, als sprächen sie von »Handarbeit« und »Facharbeitern«. Im Zusammenhang mit dem Bau eines zentralen Holocaust-Mahnmals in Berlin war sogar von »Trauerarbeitsräumen« die Rede – und niemand lachte.

Der Hang zum moralischen Größenwahn entspringt einem tiefen Unbehagen, vom Schicksal wider Erwarten verschont worden zu sein. »Was haben wir für ein Schwein gehabt«, müßten sich zumindest die Westdeutschen sagen, »zuerst haben wir uns selber versklavt, dann einen Kontinent verbrannt und geplündert, schließlich haben wir den Ast, auf dem wir tausend Jahre sitzen wollten, abgesägt, und als alles vorbei war, da hat es plötzlich Milky Way und Lucky Strike vom Himmel geregnet; wir bekamen die Demokratie und die D-Mark verpaßt; wir konnten lesen, was, und reisen, wohin wir wollten ... Wann ist es Verlierern schon mal besser ergangen?« Statt dessen sagen sie: »Uns geht's zu gut, da kann doch was nicht stimmen.«

Das zentrale deutsche Problem ist weder das Waldsterben im Allgäu noch das Ozonloch über der Antarktis, es ist die nicht erfüllte Bestrafungserwartung nach dem kollektiven Ausrasten von 1933 bis 1945. So weit haben die Nazis das moralische Fundament der Volksgemeinschaft doch nicht erodiert, als daß die gewesenen Volksgenossen nicht mehr wüßten – oder wenigstens ahnten –, daß dem Verbrechen die Strafe zu folgen habe. Die deutsche Teilung und der Todesstreifen in der Mitte des Landes konnten als der historische Denkzettel für Auschwitz verstanden werden, nur waren es

31

die Ostdeutschen, welche die gesamtdeutsche Rechnung praktisch allein zahlen mußten.

Einigen war das sogar recht. Sie sei »froh« gewesen, bekannte Christa Wolf, »in dem kleineren, ärmeren der beiden deutschen Staaten zu leben, der die Kriegsfolgen wirklich zu tragen, der viel länger dafür zu zahlen hatte als der größere, reichere deutsche Staat, welcher außerdem weniger radikal mit den Überresten der braunen Vergangenheit umging«.

Mit dem Gedanken »Strafe muß sein!« kann auch der Widerwille westdeutscher Kopfarbeiter gegen das Ende der deutschen Teilung erklärt werden. Von Günter Grass (»Wer... Antworten auf die Deutsche Frage sucht, muß Auschwitz mitdenken...«) bis Walter Jens (»Keine Wiedervereinigung! Schuld!«) waren diejenigen, die bis 1989 zwischen Bonn und Mutlangen das Gewissen der Nation verkörpert hatten, mit dem Kurswechsel der Geschichte nicht einverstanden. Gekränkt darüber, daß sie nicht um Rat gefragt wurden, zogen sie sich schmollend und grollend aufs Altenteil zurück, um sich gelegentlich wieder zu Wort zu melden und »Wir haben euch gewarnt!« in die Landschaft zu rufen.

Ein paar Stufen unterhalb des Olymps, den die Chefmoralisten besetzt halten, machen sich derweil apokalyptische Lustängste im Volk breit. »Irgendwann muß es uns doch noch erwischen!« Zur Zeit des Golfkriegs wurden Tausende weißer Laken aus Fenstern und Balkonen gehängt, als wären wieder alliierte Bomber auf dem Weg nach Deutschland. »Ab morgen Dritter Weltkrieg« konnte man überall an Wänden und Mauern lesen. »Wann sind wir dran?« fragten Demonstranten vor dem Hauptportal der Humboldt-Universität, und ein handgemaltes Plakat forderte die Autofahrer auf: »Hupt gegen den Krieg!«

Das unartikulierte, diffuse Gefühl, von der Geschichte nicht zur Verantwortung gezogen worden zu sein, verschafft sich in symbolischen Akten Erleichterung. Hier eine Lichterkette, da eine Mahnwache, dort eine Unterschriftenaktion – es muß nicht immer die Gewißheit sein, daß der Dritte

Weltkrieg direkt bevorsteht und nur durch eine Protestresolution verhindert werden kann. Auch kleinere Desaster taugen dazu, einen moralischen Anspruch zu demonstrieren, der keine Grenzen kennt und keine Peinlichkeit scheut.

Während der Massenmord in Jugoslawien wie ein Völkerballturnier beobachtet wurde, bei dem mal die eine und mal die andere Seite in Führung ging, traten alle Gutmenschen der Republik unter der Führung des »stern« zum »Protest gegen den Wahnsinn« an, um die Franzosen Mores zu lehren. »Prominente aus Politik, Wirtschaft, Kultur und Gesellschaft« – u. a. Thomas Koschwitz und Antje Vollmer, Ingrid Steeger und Alfred Biolek, Hans Meiser und Renate Schmidt, Jil Sander und Lothar de Maizière – wollten sich nicht »sagen lassen müssen, wir hätten nicht alles versucht, wenigstens diesen Wahnsinn zu verhindern«. Zwar liegen, wie der Chefredakteur der Illustrierten einräumt, »Zehntausende von Atombomben zur Endlösung der Menschheitsfrage bereit«, doch wen soll man dafür schelten?

Da kam uns Mururoa wie gerufen, zumal wir nur »die beigefügte Postkarte« unterschreiben und sie via »stern«/Hamburg an Jacques Chirac/Frankreich schicken mußten, um das wohlige Gefühl genießen zu können, daß wir »alles versucht« haben, um »diesen Wahnsinn« zu verhindern.

Protest zum Nulltarif, Moral als Massendrucksache. Eine Gastwirtin aus Dieburg legte 5000 Karten in ihrem Biergarten aus, eine Weinhändlerin aus Münster versprach, von jeder verkauften Flasche französischem Wein zehn Pfennig zur Unterstützung von Protestaktionen in Frankreich zu spenden. Und der »stern« verloste unter seinen Lesern zwei Tickets für einen Segeltörn nach Mururoa.

Symbolische Proteste können sinnvoll sein: als Provokation, Tabubruch, bewußte Regelverletzung. Nur müssen ihre Organisatoren wissen, daß es sich um symbolische Proteste handelt. Wo eine symbolische Handlung als reale Tat genommen wird, dient sie allein dazu, das eigene Gewissen zu beruhigen, ohne die Wirklichkeit auch nur anzukratzen. Die

33

Forderung, Deutschland zu einem Einwanderungsland zu erklären, war tugendhafter Schwindel menschelnder Freizeitpolitiker, die genau wußten, daß sie ebensogut hätten fordern können, die »FAZ« als grünes Supplement der »taz« beizulegen. Inzwischen bricht der Widerstand gegen die Abschiebung von sieben Sudanesen schon wie ein Kartenhaus in sich zusammen, sobald feststeht, daß es sich nicht bei allen um politische Asylanten handelt und der Innenminister ein Machtwort gesprochen hat.

Dennoch hält die Konjunktur des Guten an, neue Protagonisten treten mit neuen Angeboten an und provozieren neue Zweifel. Ist Ulrich Wickert wirklich ein Moralist, dem es um Tugenden im Dienst der Allgemeinheit geht? Ist Jens Reich ein apokalyptischer Hysteriker, oder hat er mit seinen Warnungen vor einem »ökologischen Kollaps« recht, der »nicht nur das Klima und die gesellschaftliche Stabilität gefährdet, sondern auch das Überleben der Menschheit«?

Und wo nicht weniger als das Überleben der Menschheit auf dem Spiel steht, da wird man bei der Wahl der Rettungsmittel nicht zimperlich sein dürfen. Auf einen globalen Notstand muß mit globalen Gegenmaßnahmen reagiert werden. Jens Reich möchte, »daß wir uns rechtzeitig wehren und nicht warten, bis vielleicht ein Wunder geschieht«. Schon macht das Wort von der »Ökodiktatur« die Runde, als Ultima ratio im Kampf um die Zukunft des bedrohten Planeten.

»Brent Spar« und »Mururoa« waren nur kurze Zwischenkapitel im großen Buch der Katastrophen. Wenn eines nicht allzu fernen Tages Dagmar Berghoff, die 1995 zur »glaubwürdigsten Frau im Lande« gewählt wurde, als Regierungssprecherin unter Bundeskanzler Jens Reich bekanntgeben wird, der Minister für allgemeine Ethik und öffentliche Moral Ulrich Wickert habe Annemarie Schimmel zu seiner persönlichen Beraterin in Fragen des interkulturellen Dialogs ernannt, dann werden alle begreifen: Das Überleben der Menschheit ist noch nicht gesichert, aber den größtmöglichen Unglücksfall haben wir schon hinter uns.

Ostalgie: Die DDR ist wieder da

Der geographische Mittelpunkt der DDR liegt bei 12 Grad 31 Minuten östlicher Länge und 52 Grad 12 Minuten nördlicher Breite in der Nähe der Ortschaft Verlorenwasser im Landkreis Potsdam-Mittelmark auf halber Strecke zwischen der Gaststätte »Zur Hirschtränke« und der Pension »Jagdhaus Weitzgrund«. Bis zur Wende war die durch ein Schild im Wald markierte Stelle ein beliebtes Ausflugsziel. Vor allem an Christi Himmelfahrt, in der DDR »Herrentag« genannt, wurde rund um den »Mittelpunkt« gezecht und gebechert – wenn auch auf eine beinah dissidentische Art. »Nach der Abschaffung von Christi Himmelfahrt als Feiertag«, erinnert sich Klaus Nichelmann, »mußten wir ein halbes Jahr im voraus Urlaub beantragen, bevor die Betriebsleitung merkte, um welchen Tag es ging.«

Mit dem Ende der DDR kehrte auch am »Mittelpunkt der DDR« Stille ein, bis Klaus Nichelmann, Sprecher der Bürgerinitiative »Pro Belzig«, aktiv wurde. Nur ein paar Meter von der Originalstelle entfernt, ließ er einen achteckigen, offenen Holzpavillon errichten und gleich daneben ein neues Schild aufstellen: »Achtung: Hier ist der Mittelpunkt der ehemaligen DDR!« Zu Christi Himmelfahrt 1995, noch immer »Herrentag« genannt, wurde wieder gefeiert, mit Wernesgrüner Bier und Suppe aus der Gulaschkanone. Außerdem hatte Nichelmann einen vierzehn mal vier Zentimeter großen Stempel mitgebracht, mit dem jedem Teilnehmer der Fete auf einer Urkunde bescheinigt wurde, daß er »den

Mittelpunkt der ehem. DDR« besucht hat. Einige ließen sich den Stempel in ihren alten DDR-Personalausweis drücken.

Ein seltsames Phänomen macht sich zwischen Kap Arkona im Norden und Apolda im Süden breit: Die DDR ist wieder da. Den Arbeiter- und Bauernstaat gibt es nicht mehr, doch dreht sich das Land noch immer (oder: schon wieder) um seinen eigenen Mittelpunkt. Ähnlich geht es den Menschen, die plötzlich heimatlos wurden, ohne ihre Wohnstuben zu verlassen. »Ich hab' hier gelebt, es war nicht alles schlecht«, sagt Klaus Nichelmann und setzt gleich hinzu, daß er um nichts in der Welt die SED und das Politbüro zurückholen möchte. »Man hat die Wende eigentlich nicht mitbekommen, danach hat jeder mit der Umstellung zu tun gehabt. Jetzt erst kommen wir zum Nachdenken.«

Nichelmann, 1943 in Ostpreußen geboren, hat mit seiner Bürgerinitiative dafür gekämpft, daß Belzig Kreisstadt wurde. Nun steckt der Heizungsingenieur, der sich nach der Wende selbständig gemacht hat, seine ganze Freizeit in die Pflege des »Mittelpunktes«. Das sei, sagt er, »erlebte Geschichte«. Zur Tausendjahrfeier Belzigs soll es ein großes Volksfest geben. Bis dahin, hofft Nichelmann, wird der reaktivierte »Mittelpunkt der ehem. DDR« als Attraktion für Touristen über die Grenzen der Kreisstadt Belzig hinaus bekannt sein.

Zwischen dem Waldstück bei Verlorenwasser und der Steinwüste Prenzlauer Berg liegen Welten, doch scheinen die Menschen dort wie hier vom gleichen Bedürfnis getrieben: in ihre Geschichte einzutauchen, um sie noch einmal zu erleben.

Jeden Freitag um 22 Uhr geht in der alten Kantine der »KulturBrauerei« die »ost rock test the west disco« ab. Auch hier wird die DDR im Verhältnis 1:1 für ein paar Stunden rekonstruiert. »Die Musik kommt aus dem Osten, die Eintrittspreise sind original Ost und die Getränke auch«, sagt Uwe, 33, gelernter Elektromonteur, der zusammen mit seinem Freund Peter, 32, einem Konditor, seit einem Jahr einmal in

36

der Woche hinter der Theke steht und Kneipier spielt. Der Eintritt kostet, wie früher in der DDR, 3,10; ein Glas Wodka-Cola (zubereitet mit der volkseigenen Club-Cola) 3,–, wer lieber Bier trinken möchte, greift zu den Original-Ost-Marken Radeberger, Wernesgrüner und Bürgerbräu. Die Diskjockeys Axel und Udo mischen die Musik, entsprechend einer alten Order aus dem DDR-Kulturministerium, 60:40; das heißt, 60 Prozent der gespielten Titel müssen DDR-Produktionen sein, »Musik, die wir früher gern gehört haben«, sagt Uwe und stellt den Gast aus dem Westen auf die Probe, indem er ein paar Namen nennt: »Pankow, Karat, Holger Biege, Ute Freudenberg«. Eben hat der DJ das »Gänselied« von Klaus Renft aufgelegt. »Es ist nicht nur die Musik, es ist die gemeinsame Erinnerung. Wenn das ›Gänselied‹ läuft, schauen sich alle an und wissen Bescheid, ohne was zu sagen.«

Uwe und Peter gehören mit ihren über dreißig Jahren zu den Senioren in dem überfüllten, zugedröhnten und vollgequalmten Raum. Die meisten Besucher der freitäglichen »ost rock disco« in der »KulturBrauerei« sind bis 25 Jahre alt. Vor ein paar Jahren haben diese Kids noch einen Wochenlohn für eine echte Wrangler hingelegt, sie hätten ihren FDJ-Ausweis für eine alte CD von Udo Lindenberg getauscht, und heute kann es ihnen nicht »zonig« genug zugehen.

Uwe versteht nicht, worüber der Gast staunt, und empfiehlt, wiederzukommen, wenn im »Kesselhaus« alte DDR-Filme gezeigt werden: »Heißer Sommer« oder »Die Legende von Paul und Paula«. »Dann sitzen alle still da, halten sich fest und heulen.«

»Je länger die Wende zurückliegt, um so schöner wird die DDR«, sagt auch Ralf Scherff, 32, der mit seinem Bruder Andreas, 33, in Berlin Mitte den »Kaufmannsladen« betreibt. Die beiden führen noch ein paar Original-DDR-Artikel im Sortiment, zum Beispiel Grabower Küßchen (»Negerküsse mit kakaohaltiger Fettglasur«) und Dr. Quendt ABCD Russisch Brot (»Qualität, die man schmeckt«); auch die Club-Cola, sagt Ralf, »schmeckt genau wie früher«, obwohl das alte

Etikett neu gestaltet wurde. Es komme immer öfter vor, daß Kunden in den Laden kommen, eine alte Marke sehen und rufen: »Der Osten ist wieder da! Klasse!«

Hinter der Theke hat Ralf eine »Preistafel Preisstufe II« aus einer ehemaligen HO-Gaststätte hingestellt, Erinnerung an die Zeiten, als ein »Deutsches Pilsener 0.25« genau 51 Pfennig, ein »Weizendoppelkorn 2 cl« 73 Pfennig und ein »Kräuterbitterlikör« 60 Pfennig kostete. Ralf hat Karosseriebaufacharbeiter gelernt, war dann als Kleindarsteller am Deutschen Theater gemeldet, hat aber »immer eigene Sachen« gemacht, zum Beispiel alte Firmenschilder und Lederjacken in der Provinz eingekauft und in Berlin verkauft. Irgendwie hat er sich durchgeschlagen. »Die DDR war das Land der Ausnahmegenehmigungen, das Leben hat die Leute krank gemacht. Und wer sich nicht die Zeit nimmt, zu genesen, der bleibt krank.« 1988 hat er den Wehrdienst verweigert und wäre »mit Sicherheit in den Knast gekommen, wenn die Wende nicht passiert wäre«; dennoch sagt er: »Ich möchte keinen Tag von der DDR missen, wir haben so viel Spaß, so viele schöne Sachen erlebt.«

Und weil ihm die Arbeit im Laden nicht reicht, organisiert er Veranstaltungen, zuletzt das »Schwalbe Festival Berlin«, ein Treffen der Liebhaber von DDR-Motorrollern der legendären Marke Simson. »Wir wollen uns nicht von den Westlern an der Hand führen lassen. Das ist *unsere* Vergangenheit.«

Der Ossi, das rätselhafte Wesen: Zuerst kann er die DDR nicht schnell genug loswerden, dann klagt er darüber, daß sie ihm abhanden gekommen ist, schließlich versucht er, sie aus ein paar Bruchstücken wieder zusammenzusetzen. Während im Westen von der Notwendigkeit der »inneren Einheit« gesprochen wird, setzt sich der Osten um so stärker vom Westen ab, je mehr sich die Lebensbedingungen angleichen. Als man den Ossi noch mühelos daran erkennen konnte, daß er »Hamse...?« und »Plaste« statt »Plastik« sagte, wollte er unbedingt so sein wie sein westdeutscher Cousin: cool, wendig und abgebrüht. Nun, da er Benetton von Ralph Lauren und

38

Nike von Reebok unterscheiden kann, besinnt er sich auf seine eigene, unverwechselbare Identität. Er fährt wieder Trabbi, raucht F6 und Club, trinkt Goldbrand und Nordhäuser Doppelkorn. Und wenn er in die seit 1995 wiedereröffnete »Mokka Milch Eisbar« in der Ostberliner Karl-Marx-Allee geht, bis 1990 *die* Eisdiele der DDR-Hauptstadt, dann bestellt er am liebsten den Eisbecher »Pittiplatsch« (Fruchteis, Sahne, Pfirsich und Kakaostreusel) oder den »Schwedenbecher« (Vanilleeis, Sahne, Eierlikor und Apfelmus), zwei DDR-typische Delikatessen. Unter den richtigen Speisen führen ebenfalls zwei Klassiker der DDR-Gastronomie die Hitliste an: Soljanka und Würzfleisch. »Neulich haben wir Avocado-Creme-Suppe angeboten, die wollte keiner haben«, sagt der Freund der Betreiberin, die nach zwei Jahren Haft in Niederschönhausen wegen versuchter Republikflucht 1981 die DDR verlassen durfte und seitdem in West-Berlin lebt. Zum akustischen Ambiente der »Mokka Milch Eisbar« gehört auch ein Schlager, der in den siebziger Jahren im DDR-Radio oft gespielt wurde: »In der ›Mokka Milch Eisbar‹ hat sie mich gesehen, in der ›Mokka Milch Eisbar‹, da ist es geschehen.« Zur Wiedereröffnung im März 1995 kam auch Thomas Natschinski, der das Lied vor über zwanzig Jahren mit seiner Gruppe aufgenommen hatte.

»Plötzlich war 1990 überall Westen«, sagt die 24jährige Ostberlinerin Petra, »wir hatten keine Zeit, uns von der DDR zu verabschieden, es dauerte eine Weile, bis wir begriffen hatten, was passiert ist.«

Fünf Jahre später begeben sich viele ehemalige DDR-Bürger in eine virtuelle DDR-Realität, um sie noch einmal, diesmal bewußt und ohne Hektik, zu erleben. Die Galerie »Stufe 85« im vierten Stock eines Ostberliner Fabrikgebäudes zeigt »Raritäten, Kitsch und Kurioses aus der DDR«, eine schaurig schöne Sammlung politischer Plakate (»Wie wir heute arbeiten, werden wir morgen leben«), Wimpel (»Wir kämpfen um den Ehrentitel Kollektiv der sozialistischen Arbeit«) und Losungen (»Überholen ohne einzuholen«,

»Trinkgelder sind unerwünscht!«), ergänzt um Artefakte des sozialistischen Alltags: u. a. einen niedlichen Teddybären in NVA-Uniform, ein gigantisches Wandgemälde aus dem Zentralrat der FDJ, Bastelarbeiten für einen antiimperialistischen Solidaritätsbasar, ein Schild, das auf deutsch, englisch, französisch und russisch »Grenzgebiet« verkündet und auf dessen Rückseite jemand »Frische Eier abzugeb.« gemalt hat; ein Einkaufsnetz, gefüllt mit einer Tüte Spee-Vollwaschmittel, einem Pfund Magdeburger Eiermakkaroni, einem Paket Verbandwatte und einer Packung Pfefferminzbonbons aus dem VEB Kombinat Süßwaren Oschersleben. An einer Wand hängt eine Campingliege aus sowjetischer Produktion (»Von der SU lernen, heißt liegen lernen!«); in einer Ecke steht ein Staubsauger der Marke Steppke; daneben liegt ein NVA-Teppich (»Für unsere Sicherheit«), auf dem ein Mädchen in der Uniform der Jungen Pioniere einem Kalaschnikow tragenden Soldaten einen Strauß roter Rosen überreicht – lauter Teile aus dem Fundus eines geschlossenen Staatstheaters.

Zur »Finissage« kommen etwa hundert Besucher, um über das Motto der Ausstellung »Zum Abschied bleibt keine Zeit« zu diskutieren. Doch zuerst liest Ilona Seffner, 40, die im Rahmen eines ABM-Projekts »Soziokultur« die Galerie »Stufe 85« führt, einige selbstgeschriebene Gedichte vor. Es wären, sagt sie, »weniger Gedichte als Beschreibungen von Befindlichkeiten«. Eines ihrer Poeme heißt »Meine DDR« und geht so:

> DDR mein Heimatland,
> ach wie bist du mir bekannt,
> deine Mauern, deine Türme,
> alte Männer, viel Gewürme.
> Fühl mich hin und her gerissen,
> seh dich mit der Zeit verbissen,
> denn du gibst mir keine Chance,
> schlimmer noch,
> du machst mir angst.

40

Dann erzählt Ilona Seffner vom Tag, an dem die Mauer fiel, wie eine Nachbarin zu ihr kam und sagte: »Die Grenze ist offen«, wie sie dann beide dasaßen und heulten, wie sie mit ihrem Sohn zum ersten Mal in den Westen fuhr, wie ihr an der Grenze die Knie weich wurden und wie sie vor Aufregung fast kotzen mußte. »Es war wie im Zeitraffer, eine ungeheure Intensität.«

Danach liest Ilona Seffner, die in der DDR als Erzieherin gearbeitet hat, nach der Wende ein Projekt für gefährdete Jugendliche im Prenzlauer Berg leitete und dann anderthalb Jahre arbeitslos war, noch ein paar selbstgeschriebene Gedichte vor, darunter eines mit dem Titel »Volkes Entscheid«:

> Nun ist es geschafft,
> durch des Volkes Kraft.
> Der Sozialismus erschlagen,
> die SED begraben.
> Jetzt haben wir endlich das Paradies.
> Doch mir geht es damit ganz schön mies.

In einem Gedicht mit dem Titel »Identitätskrise« beklagt sie die »Schwere des Verlustes«, den sie erfahren hat, »zwangsvereinigt auf dem Müllhaufen des Westens«. Im »Abschied von meinem Land« heißt es:

> Ich zeig meine Trauer,
> auch wenn es euch kratzt,
> denn es ist eine große Chance geplatzt.

Die anschließende Diskussion geht nicht, wie man annehmen könnte, um die Qualität der Gedichte von Ilona Seffner, sondern um das Motto der Ausstellung: »Zum Abschied bleibt keine Zeit«. Es soll »aus dem Wirrwarr herausführen«, sagt Peter Finke, ehemals wissenschaftlicher Mitarbeiter am Institut für pädagogische Psychologie an der Akademie der pädagogischen Wissenschaften der DDR, einer der Leihgeber der Ausstellung. »Man muß schließlich versuchen, rauszukommen aus den Dingen, die wir erlebt haben, und da hilft die Erinnerung und das Loslassen von Erinnerungen.«

»Stop!« ruft daraufhin eine Frau. »Sprich nicht in der Mehrzahl, sag nicht: ›wir‹. Ich will da nicht rauskommen, das ist ein Teil meines Lebens, und der hat Bestand.«

Ihm sei »politische Propaganda im Alltagsleben nicht begegnet«, sagt ein Mann, der sich als Musiker und Texter von Schlagern vorstellt; wenn ein Westdeutscher in die Ausstellung käme, würden alle seine Vorurteile gegen die DDR bestätigt. Es habe doch auch »Antikulturen« in der DDR gegeben, und die kämen in der Ausstellung nicht vor.

Wenn es nicht zum Heulen gewesen wäre, hätte man über den Alltag in der DDR lachen können, sagt eine gewesene DDR-Bürgerin. »Das hab ich damals schon so empfunden, von solchen Dingen hab ich mich gern verabschiedet, die vermisse ich nicht.«

Die Ausstellung wäre einseitig, beschwert sich eine junge Frau, sie habe »die zweite Seite der DDR vermißt«, die Darstellung positiver Dinge, die es auch gegeben habe: »Ich brauch kein Partei-Banner und kein FDJ-Banner, ich trauere dem nicht nach.«

»Ihr suhlt euch im Sumpf eurer Erinnerungen! Warum macht ihr das?« ruft ein männlicher Besucher aus dem Hintergrund. Worauf Peter Finke ein wenig ungehalten reagiert: »Das kann ich nicht annehmen, wir haben als ganz normale Bürger hier gelebt. Wir haben ein relativ normales Leben gehabt, das zu vergleichen ist mit dem Leben eines Bürgers in der Bundesrepublik, wenn man bestimmte Freiheiten wie Reisefreiheit oder Konsumfreiheit mal wegläßt. Von Sumpf kann keine Rede sein!«

An dieser Stelle greift ein Besucher aus dem Westen mit dem Hinweis ein, von einem normalen Land und einem normalen Leben könne doch wohl keine Rede sein, »wenn ich nicht die Möglichkeit habe, mich über etwas anderes zu informieren als die offizielle Meinung«. Worauf sich die Reihen der Ossis wieder fester schließen. Mit dem Freiheitsbegriff müsse man »etwas vorsichtig sein«, wird der Gast aus dem Westen von Renaldo Tolksdörfer belehrt, einem ehemaligen hauptamtlichen FDJ-Sekretär, der heute »DDR-Devotionalien und Bücher« verkauft, die er gleich nach der Wende eingesammelt hat, etwa in der Bibliothek der SED-Parteischule und im Geschenkelager des DDR-Ministerrates. »Wenn ich in der DDR gesagt hätte, Honecker ist blöd, wäre ich nach Bautzen abgegangen. Dafür konnte ich sagen, mein Betriebsleiter hat nicht alle Tassen im Schrank, weil er für die Nachtschicht kein warmes Essen bereitgestellt hat. Heute ist es umgekehrt. Sie können sagen, Herr Kohl ist nicht ganz richtig im Kopf, aber sagen Sie das mal Ihrem Chef, dann sind Sie gleich auf der Straße.« Er habe, bekennt Tolksdörfer, bis zum November 1989 das Gefühl gehabt, »in der DDR gut zu leben«. Das wäre doch keine Frage der Gefühle, setzt der Gast aus dem Westen nach, es ginge um »objektive Möglichkeiten, die man hat oder nicht hat« und die »auch objektiv feststellbar« wären.

»Wir haben alles gehabt, was ihr gehabt habt«, stellt Peter Finke kategorisch fest, »es war bloß alles ein bißchen kleiner. Das Auto, die Waschmaschine, der Kühlschrank, der Fernseher.« Und er zeigt keine Spur von Irritation, als eine Frau dazwischenruft: »Das stimmt überhaupt ganz und gar nicht!«

Es sind therapeutische Diskussionen, die ehemalige DDR-Bürger über ihr Leben in der ehemaligen DDR führen. Sie fangen bei einer Mitropa-Tasse oder einem FDJ-Wimpel an und führen geradewegs in die »Befindlichkeit« einer Existenz voller Widersprüche, Kränkungen und Kompromisse. Die Reaktionen der Besucher, sagt Ilona Seffner, reichen von »Ich möchte die DDR wiederhaben, da war alles besser!« bis »Das ist ja nicht auszuhalten, warum tun wir uns das an?« Eine SED-Parole, ein Abzeichen der Gesellschaft für deutsch-sowjetische Freundschaft, eine Plaste-Vase aus dem Soli-Basar bringen Erinnerungen hervor, »die viele verdrängt und verleugnet haben«. Niemand im Westen könne nachvollziehen, »was sich bei uns abgespielt hat«, diese »Mischung aus Fürsorge und Schwachsinn, Ordnung und Improvisation«.

Diese Art der Auseinandersetzung mit der eigenen Geschichte funktioniert nur da, wo Ossis unter sich bleiben. Ein Auftauchen von Wessis ruft sofort Trotz- und Abwehrreaktionen hervor. Kaum haben sich Ossis untereinander darauf verständigt, daß der »DDR-Mief« eigentlich unerträglich war, bringt sie die Wessi-Frage »Wie habt ihr es da nur ausgehalten?« dazu, die »guten Seiten« der DDR hervorzukehren, etwa das Sozialversicherungsbuch, das jeder Bürger der DDR hatte und »wo alles drin stand, was man für die Rente brauchte«.

Was im Westen ein wenig voreilig »Ostalgie« genannt wird, spielt sich auf Flohmärkten ab, wo DDR-Fahnen, Spielzeug-Trabbis und SED-Anstecknadeln verkauft werden. Im »Neufünfland« hat »Ostalgie« sehr oft ganz praktische, nachvollziehbare Gründe. »Ich hab auf das Auto zwölf Jahre gewartet, das schafft Bindung«, sagt eine Brandenburgerin auf die Frage, warum sie noch immer einen Trabbi fährt, obwohl sie sich längst ein richtiges Auto leisten könnte.

»Die Leute müssen den Zusammenhang zwischen Einkaufen und Arbeitsplätzen begreifen, wenn sie nur Westprodukte kaufen, dürfen sie sich nicht wundern, daß Ostbetriebe zumachen«, sagt Pierre Gedalge, der zusammen mit seinem Partner Harald Kujus im Ostberliner Stadtteil Friedrichshain einen Supermarkt mit dem Namen »Zurück in die Zukunft« aufgemacht hat. Die beiden erzielen über fünfzig Prozent ihres Umsatzes mit Ostprodukten, wobei als Ostprodukt alles gilt, was im Osten hergestellt wird, auch wenn viele Betriebe inzwischen Unternehmen im Westen gehören. Das Sortiment reicht von Elmenhorster Fruchtsäften aus Rostock und Rhöntropfen Magenbitter aus Meiningen über Pasewalker Konserven und Möwe Feine Eiernudeln aus Waren a.d. Müritz bis zu Würzner Corn Flakes, Burger Knäcke und Werra-Krepp-Toilettenpapier aus Wernshausen in Thüringen.

44

»Ich habe zwei Kinder, einen Hund, ein Grundstück und einen Kredit – es geht auch um meinen Arbeitsplatz«, sagt Gedalge, der zwei Wochen nach dem Bau der Mauer geboren wurde und sich Anfang 1990 mit einem Obst- und Gemüseladen selbständig gemacht hat. Den Namen seines Geschäfts erklärt er mit einer logischen Überlegung: »Zurück zu den alten Produkten und damit in die Zukunft!«

Tatsächlich gleicht die ostalgische Beschäftigung mit der DDR einer Zeitreise in Vergangenheit und Zukunft zugleich. Kein Mensch hätte zur Zeit der Wende angenommen, daß ausgerechnet der Trabbi, das Symbol für Mangelwirtschaft und kärglichen Komfort, zum Kultauto der neunziger Jahre avancieren würde, das von Sammlern als Wertobjekt angesehen wird, mit dem sich Spekulationsgewinne erzielen lassen.

Und niemand hätte vorausgesehen, daß Ostberliner Jugendliche, die im November 1989 massenweise in den Westteil der Stadt strömten, heute am liebsten unter sich bleiben. Zum Beispiel in der »Tagung« in der Wühlischstraße, wo eine Marchlowski-Büste als Barhocker dient, der Kaffee in echten Mitropa-Tassen serviert wird und blaue Speisekarten vom 12. FDJ-Parlament ausliegen (»Guten Appetit wünscht das Kollektiv der Tagung!«). Die Gäste werden schon vor dem Betreten des Lokals mit einem Aushang darauf hingewiesen, was sie erwartet: »Mo: Warenannahme, Di: Urlaub oder Krankheit, Mi: Inventur, Do: Frisör und KWV, Fr: Komme gleich wieder, Sa: Brigadefeier, So: Ruhetag.«

Oder im Café »Mauerblümchen« in der Wisbyer Straße. Da hängt über der Theke ein Stück Mauer aus Styropor, gleich daneben ein blauer Pappkoffer, der einem Delegierten des 10. Parlaments der FDJ im Juni 1976 diente. Auf zwei der vielen Exponate sind die beiden Besitzer besonders stolz, ein dunkles Metallschild, das es nur einmal gibt: »Magistrat von Berlin – Hauptstadt der DDR«, und die letzte »Urkunde über die Entlassung aus der Staatsbürgerschaft der Deutschen Demokratischen Republik« vom 13. November 1989. Natürlich gibt es Soljanka (»der Wochenrückblick«) und Griletta (»König der Cheeseburger«) zu essen und »Sekt mit Ananas« zu trinken. »Es ist erstaunlich, wie schnell man vergißt, wie das Leben mal war«, sagt »Mauerblümchen«-Mitbesitzer Jens Rammelt, »hier können die Ossis über sich selber lachen und die Wessis was über die DDR lernen.«

Das könnte auch die didaktische Absicht von Peter Sodann sein, wenn er eine hätte. Der Intendant des Neuen Theaters in Halle hat gleich nach der Wende eine »Revue 60« aufgeführt, die seitdem viele Male vor ausverkauftem Haus gespielt wurde. Es ist die Re-Inszenierung der DDR der sechziger Jahre in Form einer historischen Collage. Was früher bitterer Ernst und amtliche Wahrheit war, wird nun als Originalton mit ironischer Hand serviert. Die Helden des Arbeiter- und Bauernstaats warten nur darauf, als Komiker geoutet zu werden.

Walter Ulbricht erklärt noch einmal, niemand habe die Absicht, eine Mauer zu bauen, und bald darauf, nach erfolgtem Mauerbau, berichtet er, in den »ereignisreichen Tagen« sei »weit weniger passiert als bei einer Rock-'n'-Roll-Veranstaltung in Berlin«; dann verspricht er, im sozialistischen Lager werde bis 1965 »ein Überfluß an Lebensmitteln erreicht werden«; der FDJ-Chor singt »Wir sind überall auf der Erde«; Ulbricht tanzt mit Chruschtschow, während zwei junge Pioniere »Wir wollen niemals auseinandergehen« singen; die Vertreter der Blockparteien preisen die führende Rolle der SED; der Arbeiterchor des VEB Chemische Werke Buna singt »Aus den Öfen, aus Kolonnen, haben wir das Glück gewonnen!«; Bauern einer LPG im Bezirk Halle schreiben an Walter Ulbricht, er könne sich beim Aufbau des Sozialismus auf sie verlassen; ein Aktivist ruft: »Ist dir unsre Zukunft lieb, sei Gagarin im Betrieb!«; beim »Hafenkonzert von Konstanza« macht das ganze Ensemble mit; Arbeiterinnen führen Kleider »für den sozialistischen Alltag unserer Frauen« vor; Bauern, Künstler und Arbeiter geben Verpflichtungserklärungen ab; ein Mädchenchor trällert: »Wir lieben die Heimat, die schöne, und wir schützen sie, weil sie dem Volke gehört.«

Für die Vorstellung wird das Theater in eine Parteitagshalle verwandelt. Die »Delegierten« sitzen an langen, weißgedeckten, mit roten Fähnchen dekorierten Tischen, die Wände des Saals sind mit Fahnen der DDR, der SED, der FDJ, des FDGB und der Gesellschaft für deutsch-sowjetische Freundschaft geschmückt. Darunter hängen Porträts der Mitglieder des Politbüros. So authentisch wie bei der »Revue 60« im Neuen Theater in Halle haben die Bürger und Bürgerinnen ihre DDR lange nicht mehr erlebt. Zwei Stunden lang erwacht die Ulbricht-Ära wie ein Zombie zu neuem Leben.

»Erinnern wir uns, wie ES damals war, wie WIR damals waren. Lassen Sie sich einladen zu einem großen Parteitag über zehn Jahre real existierenden Sozialismus. Diesmal aber zur Unterhaltung und nicht zur Belehrung«, heißt es im Zentralorgan des Neuen Theaters, »Der Hammer«.

Bei den ersten Vorstellungen bald nach der Wende wollten sich manche Gäste nicht einmal unterhalten lassen. »Die sind rausgerannt, weil sie die Show als eine Verarschung der DDR verstanden«, erinnert sich Peter Sodann, seit 1981 Schauspieldirektor in Halle. Inzwischen rennt niemand mehr mitten in der Vorstellung aus dem Saal. »Das Interesse an der Vergangenheit ist gewaltig. Wir wollen wissen, wie es war. Und wie blöd waren wir eigentlich? Was haben wir uns alles bieten lassen?« Doch als eine Distanzierung von der DDR will Sodann die »Revue 60« auch nicht verstanden wissen. »Es ist doch so, daß wir verschiedene Dinge in unserem Leben auch als angenehm empfunden haben. Das Leben in der DDR war mühevoll, aber witzig, der Lebensweg hier war der interessantere. Ich hänge an nichts. Aber ich hänge an meinem Leben. Und hier hab ich gearbeitet, früher hätte man gesagt: gekämpft. Hier war ich eingesperrt, und daran hänge ich auch – irgendwie.«

1961 saß Sodann neun Monate in U-Haft, nachdem er im Leipziger Kabarett »Rat der Spötter« ein Programm mit dem

Titel »Wo der Hund begraben liegt« inszeniert hatte. War die DDR eine Art Abenteuerspielplatz für Künstler und Intellektuelle? »Vielleicht. Aber einer, wo man sich sehr schnell verletzen konnte.«

Nun können die Abenteuer ohne Verletzungsrisiko noch einmal durchlebt werden. Sodann erzählt, wie er im Knast mit zwei weiteren Gefangenen eine Parteigruppe gründete, wie er nach dem 17. Juni aus der Gesellschaft für deutsch-sowjetische Freundschaft austrat und später wieder eintrat, weil er sonst nicht in der Gesellschaft für Sport und Technik hätte Motorrad fahren können, wie man in der DDR mit Hilfe eines »Russentöter« genannten Geräts die Störsender zu überlisten versuchte. Und er erinnert sich, wie zu DDR-Zeiten junge Leute zu ihm kamen und sich über die Langeweile in der DDR beschwerten. »Denen hab ich gesagt: Geh zu deinem Parteisekretär und sag ihm, du möchtest in die Partei eintreten. Dann nehmen sie dich auf. Und anschließend sagst du alles, was du denkst. Dann schmeißen sie dich wieder raus. Und dann wird das Leben interessant.«

Erfahrungen, die kein Wessi nachvollziehen kann. Und auch ein echter Ossi wie Peter Sodann, 1936 in Meißen geboren, gelernter Werkzeugmacher, Absolvent der Dresdener Arbeiter- und Bauernfakultät, Schüler von Helene Weigel am Berliner Ensemble, denkt an die vergangenen Zeiten mit einer Mischung aus Wehmut und Erleichterung zurück. »Ich bin froh, daß es so gekommen ist, daß die DDR inzwischen Geschichte ist.«

Und damit er »nicht falsch verstanden« wird, macht er schnell noch was klar: »Niemand will die DDR wiederhaben. Aber keiner will sie sich nehmen lassen.«

Zum Grundrecht auf den Feierabend

Ein Volk am Abgrund. Hinter sich die fetten Jahre, vor sich die Aussicht auf Entbehrungen. »Ich fahre seltener weg, höchstens noch zwei Urlaube im Jahr«, sagt Martina Z. »Ich trage meinen alten Mantel noch ein weiteres Jahr«, klagt Bruno H. »Ich habe meine Ausgaben für Kosmetika halbiert«, bekennt Ulrike L. Andere gehen seltener ins Theater, verzichten auf den Besuch im Fitneß-Studio, kaufen weniger Bücher. »So sparen die Deutschen«, zumindest laut einer »Bild«-Umfrage. »Berliner müssen den Gürtel jetzt noch enger schnallen«, titelte die Berliner »Morgenpost« Anfang März 1996. Und legte gleich am nächsten Tag eine weitere Horrormeldung nach: »Der Tourismus boomt: Jeder zweite Deutsche fährt 1996 in Urlaub.«

Sogar das »Neue Deutschland«, nie um einen Beweis verlegen, daß der Kapitalismus nicht gesiegt hat, sondern nur übriggeblieben ist, stellt eine arbeitslose Frau in einer sächsischen Kleinstadt vor, die »schon in Spanien« war und »dieses Jahr nach Tunesien« will, weil es dort »Sonne und Sand und Kamele« gibt. »Obwohl sie noch keinen Job wieder hat, kann sie sich das leisten.«

Es scheint, als wäre die Wahl des richtigen Urlaubsortes für viele Bundesbürger das größte Problem. Dicht gefolgt von der Frage, ob die Ehe von Gerhard und Hillu Schröder wirklich an der fleischlosen Schonkost kaputtgegangen ist.

Glückliches Deutschland! Wie uns die Welt um unser Glück beneidet! In Deutschland gebe es die ältesten Studenten, die jüngsten Rentner, die kürzesten Arbeitszeiten und die meisten Urlaubstage weltweit, schreibt der Korrespondent der »Washington Post«, Marc Fisher. Und das amerikanische Magazin »Newsweek« staunt: »Die Arbeitslosigkeit ist auf Rekordhöhe, und man kann sonntags immer noch keine Milch kaufen.«

Eines Tages werden Historiker die Bundesrepubklik der späten neunziger Jahre etwa so beschreiben: Es war ein Land, in dem die Geschäfte immer zur selben Zeit schlossen und am Sonntag gar nicht erst aufmachten, ein Land, in dem es kein allgemeines Tempolimit auf der Autobahn gab, dafür aber ein Ladenschlußgesetz, das von Gewerkschaftern, Unternehmern und Politikern wie ein Elftes Gebot gehütet wurde: Ihr sollt nicht einkaufen, wann es Euch gefällt. Tatsächlich läßt sich das Drama der erstarrten Republik an keinem Beispiel so anschaulich vorführen wie am Gesetz über den Ladenschluß, einer vierzig Jahre alten, längst überholten Regelung, die den »mündigen Bürger« zum Diener eines sinnlosen Prinzips macht.

Der real existierende Sozialismus ist zusammengebrochen, die DDR in den Kulissen der Geschichte verschwunden; der Schwulen-Paragraph wurde abgeschafft, das Eherecht reformiert, die Preisbindung aufgehoben, demnächst sollen sogar uneheliche Kinder den ehelichen gleichgestellt werden – nur das Ladenschlußgesetz von 1956 hat alle Wirren der Zeit überstanden, bis 1996 praktisch unverändert, 1989 nur um einen »Dienstleistungsabend« erweitert, wie der lange Donnerstag im Amtsdeutsch heißt. Verbleibende Unklarheiten werden, wie in Deutschland üblich, auf dem Gerichtswege geklärt.

So hat das Berliner Kammergericht 1979 entschieden, der Verkauf einer Schachtel Zigaretten an einer Tankstelle während der allgemeinen Ladenschlußzeiten verstoße gegen das Ladenschlußgesetz, während der Erwerb einer Packung Kaugummi an einer Tankstelle während der allgemeinen Ladenschlußzeiten »nach der allgemeinen Verkehrsanschauung« keinen Verstoß gegen das Ladenschlußgesetz bedeute. Zwei Jahre später korrigierte das Kammergericht »angesichts eines Wandels der Verkehrsanschauung« sein eigenes Urteil und erklärte den Verkauf von Zigaretten und alkoholfreien Getränken »in kleinen Mengen« an Tankstellen innerhalb der allgemeinen Ladenschlußzeiten für zulässig. Vorher schon hatte das Bundesverfassungsgericht entschieden, das Ladenschlußgesetz sei mit dem Grundgesetz vereinbar, und der Bundesgerichtshof verfügt, der Slogan »Wenn Sie bis 18.29 Uhr unser Haus betreten haben, können Sie noch in aller Ruhe ohne jede Hetze einkaufen« stelle einen Verstoß gegen das Ladenschluß- und das Wettbewerbsgesetz dar – alles getreu dem Tucholsky-Wort: »Wenn der Deutsche hinfällt, dann steht er nicht auf, sondern schaut, wer ihm schadenersatzpflichtig ist.«

Das Ladenschlußgesetz war nicht nur sakrosankter als das Grundgesetz, sondern offensichtlich auch der Garant jener Art von Zivilisation, die in Deutschland »Volksgemeinschaft« genannt wird. Sprecher des Einzelhandels und der Gewerkschaften warnen in seltener Eintracht vor den schrecklichen Folgen einer Freigabe der Ladenschlußzeiten: Millionen von Familien würden ihr Grundrecht auf den gemeinsamen Feierabend verlieren, das soziale Gefüge der Gesellschaft bräche zusammen. Abgesehen davon, daß nicht nur Verkäufer und Verkäuferinnen, sondern auch Polizisten, Busfahrer, Kellner und Drucker Familien haben, fragt man sich, wieso Gesellschaften, die keinen Ladenschluß kennen, noch nicht in Chaos und Anarchie versunken sind, wie es zum Beispiel die Franzosen schaffen, abends und sonntags einkaufen zu dürfen und trotzdem ein Familienleben zu haben. In Deutschland dagegen, wo die meisten Gewaltverbrechen an langen Wochenenden unter Familienangehörigen passieren, wurde sogar ein wenig Klassenkampf inszeniert, um den gesetzlichen Ladenschluß zu rechtfertigen. Aktivisten der Gewerkschaft stellten sich mit Fahnen und Transparenten (»18.30 Uhr ist spät genug!«) Besuchern von Ladenpassagen in Hamburg in den Weg, die eine Ausnahmeregelung zum abendlichen Einkauf ausnutzen wollten. Der Chef der Gewerkschaft Handel, Banken und Versicherungen lehnte jede Änderung des Ladenschlußgesetzes mit dem Argument ab: »Nur damit es ein paar Yuppies bequemer haben, müssen doch nicht Hunderttausende bis spät in die Nacht strammstehen!«, und warnte vor den Folgen einer Reform: »Wenn wir es nicht schaffen, den freien Feierabend zu verteidigen, wird bald auch an anderen Tagen und in anderen Branchen spätabends oder nachts gearbeitet.«

So spielt auch bei der Diskussion um den Ladenschluß der deutsche Dreisatz eine entscheidende Rolle: »Haben wir schon immer so gemacht, wo kämen wir hin, wenn..., da könnte ja jeder kommen!« Ende 1989 wollte Arbeitsminister Blüm die Ladenschlußzeiten bis zum Jahre 1992 »europäisieren«, er wurde zurückgepfiffen. Ein Gesetzentwurf, der es Familienbetrieben erlaubt hätte, ihre Öffnungszeiten selbst festzulegen, versackte 1993 im Bundestag. 1995 kündigte Wirtschaftsminister Rexrodt eine Neuregelung an. Er stützte sich dabei auf ein Gutachten des Münchener Instituts für Wirtschaftsforschung, das 50000 neue Arbeitsplätze und ein zusätzliches »Marktpotential« von zwanzig Milliarden Mark für den Einzelhandel bei einer Lockerung des Ladenschlusses errechnet hatte. Die Koalition arbeitete eine »kleine Lösung« aus – die Geschäfte sollten ihre Öffnungszeiten an Werktagen zwischen 6 und 20 Uhr selbst festlegen –, doch dann meldeten die Abgeordneten von CDU und CSU »weiteren Diskussionsbedarf« an und brachten den Regierungsentwurf zu Fall. Die Debatte um den Ladenschluß dreht sich im Kreis, während ratlose Experten sich die Köpfe zerbrechen, wie man neue Arbeitsplätze schaffen und die Verödung der Innenstädte aufhalten könnte.

Ende Juni 1996 schien die Quadratur des Kreises geglückt. Der Bundestag beschloß nach einer aufgeregten Debatte mit knapper Mehrheit, 327 zu 322 Stimmen, eine Reform des Ladenschlusses: Vom 1. November an sollten die Geschäfte montags bis freitags von 6 bis 20 Uhr aufmachen können, an Samstagen bis 16 Uhr. Dafür sollten der Dienstleistungsdonnerstag und der lange Samstag entfallen. Alle, die sich schon auf eine anständige Alternative zu Barbara Eligmann und Peter Bond gefreut hatten, mußten freilich erfahren, daß die Freude verfrüht war. Die SPD, die dem Asylkompromiß zugestimmt hatte, wollte diesmal Rückgrat zeigen und kündigte eine »Kampagne« gegen längere Öffnungszeiten an. Die Gewerkschaften riefen zum »Widerstand« auf. Selbst wenn das Gesetz alle Hürden im Bundestag und Bundesrat nehmen sollte, könnte es praktisch an den Tarifverträgen scheitern: Die gelten bis Ende 1996 und in den neuen Ländern zum Teil bis Ende 1997. Und niemand kann die Gewerkschaften hindern, bei Verhandlungen über neue Tarifverträge auch über Ladenschlußzeiten zu sprechen.

»Die Lebensqualität in den Städten, eine Belebung der Straßen ist doch viel eher möglich, wenn die Autofahrer aus ihren Blechbüchsen geholt werden und sich die Menschen wieder auf den Bürgersteigen begegnen und miteinander sprechen können«, schlug ein »taz«-Leser vor, der sich über einen »taz«-Kommentar aufgeregt hatte, in dem die Rede davon war, daß es für Millionen von Menschen »ein Gewinn an Lebensqualität wäre, wenn sie länger einkaufen könnten«. Ebenso gut hätte der »taz«-Kommentator anregen können, die Kitas aufzulösen und mit dem eingesparten Geld Kaviar-und-Hummer-Geschäfte zu subventionieren: »Sagt mal, ›tazzen‹, die Scham ist vorbei. Ihr macht ein Yuppie-Blatt und steht dazu? Lebensqualität mit Einkaufsmöglichkeiten für Millionen gleichzusetzen – da gibt's keine Hemmungen mehr?«

Die absurde Klamotte um den Ladenschluß ist das schönste, aber nicht das einzige Beispiel dafür, wie eine verkrustete, übersättigte und unterforderte Gesellschaft es vorzieht, auf hohem Niveau zu verelenden, statt sich dem begrenzten Risiko von Reformen auszusetzen. Nachdem der hessische Kultusminister Hartmut Holzapfel vorgeschlagen hatte, die hessischen Lehrer sollten zum Ausgleich fehlender Planstellen eine bis zwei Unterrichtsstunden mehr pro Woche arbeiten, sprach die Gewerkschaft Erziehung und Wissenschaft von einer »Frechheit« und einem »Horror-Katalog«, gingen die hessischen Lehrer statt in den Unterricht auf die Straße. Mit Empörung reagierten der Deutsche Beamten-Bund und der Philologenverband auf die Pläne einiger Kultusminister, Gymnasiallehrer bis zu einem Jahr an Hauptschulen unterrichten zu lassen. Der Sprecher des Philologenverbands sagte: »Wenn im Bad die Fliesen verlegt werden, dann soll das doch auch ein Handwerker machen und kein Diplomingenieur.« Der Sprecher des bayerischen Kultusministers rang sich eine noch schönere Metapher ab: »Das wäre so, als würde man einen Chirurgen die Arbeit eines Metzgers machen lassen.«

In Berlin ist es mehrfach vorgekommen, daß die Polizei festgenommene Tatverdächtige laufenlassen mußte, weil kein Richter im Bereitschaftsdienst aufzutreiben war, der einen Haftbefehl hätte ausstellen können. Nachdem die Justizsenatorin das konsequente Feierabend-Verhalten der Richter kritisiert hatte, wurde ihr erwidert, sie greife in die richterliche Unabhängigkeit ein. Andererseits ist es auch passiert, daß eine Frau, die versucht hatte, in einem Lebensmittelladen zwei Taschenflaschen Schnaps im Wert von 5,58 DM zu klauen, festgenommen und neun Tage in U-Haft gehalten wurde, weil sich niemand für sie verantwortlich fühlte.

Wie soll eine Gesellschaft, der ein geordneter Feierabend heilig ist, deren Erzieher vor Standesdünkel platzen, deren Beamte auf keines ihrer zahlreichen und unverdienten Privilegien verzichten wollen, mit vier Millionen Arbeitslosen fertig werden? Ganz einfach: indem immer mehr sinnlose, unproduktive und überflüssige Jobs geschaffen werden. Noch mehr Experten, die sich vollzeitlich mit der Lenkung von Müllströmen befassen, noch mehr Kontrolleure, die nach nicht angemeldeten Radios und Fernsehern fahnden, noch mehr uniformierte Fummler, die Flugreisende auf versteckte Waffen absuchen. Während man auf jedem Postamt aufgefordert wird, auf »Diskretion« zu achten und im gebührenden Abstand zum Vorkunden zu verharren, muß man sich als Fluggast von wildfremden, schlecht gelaunten und oft ungut riechenden Menschen betasten lassen, »körperdeckend einschließlich Intimbereich«, wie es in einer Anordnung des Bonner Innenministeriums heißt. Überall in der Welt, sogar in Israel, reicht es, wenn die Passagiere durch eine Schleuse gehen, die metallische Gegenstände anzeigt – nur nicht in Deutschland, wo dank der ABM-Philosophie über tausend Security-Agenten einen Job gefunden haben.

Für diese Großzügigkeit müssen nicht nur die Reisenden eine »Luftsicherungsgebühr« bezahlen, die Arbeitsverwalter und Verteiler halten sich andernorts schadlos. Einem Berliner Restaurantbesitzer, der für sein Thai-Lokal der gehobenen Klasse Köche aus Thailand einfliegen wollte, wurde vom zuständigen Beamten im Arbeitsamt gesagt, es gäbe genug arbeitslose deutsche Köche, die er einstellen könne. Der Berliner hat sein Thai-Personal im ständigen Kampf gegen das Arbeitsamt durchgebracht. Den Rest besorgte ein glücklicher Zufall. Kurz bevor die dreijährige Arbeitserlaubnis des Chefkochs ablief, verliebte er sich in eine Berlinerin und heiratete sie, sehr zur Freude der Stammkunden.

Den meisten Bundesbürgern ist es nicht einmal bewußt, in welchem Ausmaß ihr Leben reglementiert wird, wieviel Zeit und Mühe beamtete und angestellte Sadisten darauf verwenden, Vorschriften zu erfinden und durchzusetzen, die nur einem Zweck dienen: einen parasitären Kontrollapparat am Leben zu erhalten. Es wird nicht nur festgelegt, wann man einkaufen, den Rasen mähen und duschen darf, Gerichte entscheiden darüber, ob ein echt bayerischer Leberkäs eine Kruste haben muß oder nicht, der »Schutzverband Dresdner Stollen« geht mit Justitias Hilfe gegen Hersteller von Stollen vor, die nicht in Dresden ansässig sind und ihre Produkte trotzdem »Dresdner Stollen« nennen,

Mitarbeiter der Bundespost filzen Büchersendungen darauf, ob sie nicht auch Verlagsprospekte enthalten, denn es ist laut Postordnung verboten, Büchersendungen Verlagsprospekte beizulegen. Den Sinn einer solchen Vorschrift sieht jeder ein, der ein Buch von einem Ziegelstein unterscheiden kann.

Die Telekom schreibt ihren Kunden noch immer vor, wie sie ihre Anrufbeantworter zu besprechen haben, nachdem die Bundespost jahrelang erfolgreich die Verbreitung der Geräte zu verhindern verstand, indem sie deren Preis durch ein Zulassungsverfahren künstlich hochschraubte.

Und ist es Wahnsinn, so hat es doch Methode. Damit alles bleibt, wie es ist.

Daß eine Gesellschaft am selbstverschuldeten Chaos zugrunde geht, ist ganz normal. Die Bundesrepublik geht den deutschen Sonderweg: Sie unternimmt alles, um an der eigenen Ordnung zu ersticken.

Ein Haus für alle

Demnächst wird der SPD-Bundesvorstand die »Baracke« in Bonn verlassen und das neugebaute Hauptquartier in Berlin beziehen. Das Haus, postmodern, doch nicht häßlich, steht in Kreuzberg, unweit der alten Sektorengrenze, und trägt den Namen eines großen Berliners: Willy-Brandt-Haus.

Wenn man davon ausgeht, daß Parteizentralen, Flughäfen und Sportstadien nach öffentlichen Persönlichkeiten benannt werden, hatte die SPD keine andere Wahl als den Namen des ersten sozialdemokratischen Kanzlers der Bundesrepublik. Die Bonner »Baracke« heißt Erich-Ollenhauer-Haus, und alle, die nach 1960 geboren wurden, fragen: »Erich wer...?« Helmut Schmidt lebt noch und hofft wohl darauf, so ist anzunehmen, daß es lange dauern wird, bis nach ihm ein Panzerübungsplatz in der Lüneburger Heide benannt wird.

Willy Brandt zu ehren ist noch aus anderen Gründen richtig. Weil er ein Emigrant war, der sich mit den Nazis nicht arrangieren wollte, weil er von rechten Schwachköpfen als »Herbert Frahm« geschmäht wurde, weil das halbe Land über ihn herfiel, als er vor dem Warschauer Denkmal für die ermordeten Juden in die Knie ging. Die Frage ist nur, ob Willy Brandt es verdient hat, von der SPD geehrt zu werden. Und ob es nicht viel angemessener wäre, wenn die SPD den Bezug ihres Neubaus dazu nutzen würde, ein paar verdiente Parteigenossen zu ehren, die für das aktuelle Erscheinungsbild der Partei charakteristischer sind als »W. B.«.

Statt einen Namen für das ganze Haus zu wählen, sollte der mehrstöckige Bau parzelliert werden, um Platz für viele Ehrungen zu haben. Im Keller könnte es die Egon-Bahr für Entspannung geben. Im Erdgeschoß den Oskar-Lafontaine-Rotlicht-Salon, in dem verdiente Genossen beim Ausfüllen ihrer Rentenanträge beraten werden. Die Cafeteria im Hof sollte einfach »Schröder's« heißen: Wer einen Doppelkorn bestellt, bekommt ein Tofu-Schnitzel gratis dazu. Der erste Stock ist groß genug, um gleich zwei gestandene Sozialdemokraten zu verewigen: Manfred Stolpe und Karl Wienand, beide haben sich mit dem Teufel an einen Tisch gesetzt, der eine hatte Glück, der andere Pech. Im zweiten Stock wäre Platz für Heide's Hutshop und Heidi's Reiseboutique, Spezialität Last-Minute-Trips in die Südsee. Der dritte und vierte Stock sollten vorerst unbenannt bleiben, die Partei ist mit ihrer Geschichte noch nicht am Ende. Wer weiß, vielleicht tritt Markus Wolf eines Tages der SPD bei, und der wäre sicher beleidigt, wenn man nur die Kantinenküche nach ihm nennen würde.

Im besonderen Einsatz

Seltsame Dinge passieren im vereinten Deutschland, Phänomene der dritten, vierten und fünften Art, für die es keine natürliche Erklärung gibt. Der Vorsitzende des Zentralrats der Juden in Deutschland, Ignatz Bubis, hält bei einer Feier zur Erinnerung an die »Kristallnacht« eine Rede, die schon einmal gehalten wurde, von Philipp Jenninger, dem Präsidenten des Bundestags. Doch während Jenninger nach seinem Auftritt vor dem Bundestag zum Rücktritt gezwungen wurde, da er »mit geistigen Knobelbechern durch die Geschichte marschiert« sei, sind alle von Bubis' Vorstellung begeistert. Die Begeisterung steigert sich zum donnernden Applaus, als Bubis enthüllt, bei wem er sich bedient hat. »Jenninger hat eine über weite Strecken hervorragende Rede einfach nur rhetorisch miserabel gehalten.« Und: »Das Experiment hat mir Spaß gemacht. Vor allem, daß es niemand gemerkt hat.«

Vermutlich deswegen, weil zwischen der Rede von Jenninger und der Rede von Bubis genau ein Jahr lag, genug Zeit, Erinnerung mit Erinnerungsverlust zu verbinden.

Auf die Frage »Wovor haben Sie Angst?« antwortet der Pressesprecher der PDS, Hanno Harnisch, nicht etwa, irgendein betrunkener Strolch könnte ihm seinen roten Trabant klauen oder die CDU auf die Idee verfallen, der PDS eine Koalition in Sachsen-Anhalt anzubieten, nein, er sagt: »Nach meiner Israelreise habe ich wieder Angst, daß doch jemand auf den Atomknopf drücken könnte.« Jemand? Oder vielleicht doch wieder der bekannte Weltbrandstifter, der schon beim Ersten und Zweiten Weltkrieg auf den Knopf gedrückt hat? In der ehemaligen Sowjetunion und in der Ukraine lagern Hunderte von Atomwaffen. Sie werden von Politikern kontrolliert, die, wie man u. a. in Tschetschenien gesehen hat, wenig Hemmungen haben, Knöpfe zu drücken und ganze Landstriche zu verwüsten. Einige dieser Politiker würde man sich zudem lieber in einer Selbsthilfegruppe der Anonymen Alkoholiker als am Drücker wünschen. Doch Hanno Harnisch, der Pressesprecher der PDS, packte ausgerechnet nach einer Israelreise die Angst, jemand könnte auf den Atomknopf drücken. Frage und Antwort erscheinen im »Neuen Deutschland« unter dem Rubrum: »Weltschmerz«.

Vor dem Gebäude des Potsdamer Landtags wurde im Juni 1995 ein Mahnmal errichtet: »Im Gedenken an die 188 Kinder, die im Land Brandenburg 1990–1994 dem Autoverkehr geopfert worden sind« oder, wie es in einer ehemals führenden DDR-Zeitung heißt: »... die in den ersten fünf Jahren nach der Wende auf Brandenburgs Straßen ihr Leben lassen mußten.« Die eine wie die andere Formulierung weist, mit unterschiedlichen Akzenten, auf dieselbe makabre Zwangsläufigkeit hin: Ohne die Wende wären die 188 Kinder noch am Leben. Nun sind die Kinder nicht »dem Autoverkehr« auf einem imaginären Altar geopfert worden, und sie »mußten« auch nicht ihr Leben lassen, weil VW und Ford ein Blutopfer verlangten; sie sind von durchgeknallten, mehrheitlich ostdeutschen Autofahrern getötet worden, die beim Übergang vom Trabbi auf Manta aus der »Nischengesellschaft« in die große weite Welt der Vierzylinder ihre Kräfte ein wenig überschätzt haben. Aber ein solcher Einwand dürfte bereits als Zeichen westlicher Arroganz, als geistiger Kolonialismus verstanden werden. Während die Ossis sogar dann, wenn sie ihre Kinder totfahren, nichts dafür können. So wie sie nichts dafür konnten, daß vierzig Kinder an der Mauer erschossen worden sind, an die niemand mit einem Mahnmal erinnert.

Das Dritte Reich war eine One-man-Show. Zwar hat Hitler von der »Endlösung« nichts gewußt, doch sonst kümmerte er sich eigenhändig um alles. Dies hat noch einmal der ehemalige Oberst der Wehrmacht Dietrich Beelitz im Prozeß gegen den ehemaligen SS-Offizier Erich Priebke bestätigt. Priebke muß sich vor einem Gericht in Rom verantworten, weil er im März 1944 bei einer Vergeltungsaktion 335 Italiener erschießen ließ. Das Massaker in den Ardeatinischen Höhlen bei Rom sei, so der Ex-Oberst in einem Schreiben an das Gericht, »von Adolf Hitler persönlich angeordnet worden«.

Wie es der Zufall will, der in Deutschland der historischen Wahrheit so oft auf die Sprünge hilft, ist in derselben Woche, in der Hitlers Alleinverantwortung glaubhaft und einleuchtend festgestellt wurde, auch die alleinige Zuständigkeit Honeckers für die DDR zu Protokoll gegeben worden. Im Prozeß gegen den ehemaligen DDR-Unterhändler Wolfgang Vogel trat der ehemalige DDR-Devisenbeschaffer Alexander Schalck-Golodkowski vor einem Berliner Gericht als Entlastungszeuge auf. Natürlich kann und darf der eine Prozeß mit dem anderen nicht verglichen werden, doch weisen sie gewisse strukturelle Ähnlichkeiten auf. Nicht nur, weil in beiden Fällen ein Ehemaliger für einen Ehemaligen Zeugnis ablegte, sondern vor allem, weil dort wie hier am Ende derselbe Fakt im Raum stand: Über die Ausreise von DDR-Bürgern habe, so Schalck-Golodkowski, »allein Erich Honecker entschieden und sonst niemand«.

Ein paar Wochen zuvor war Alexander Schalck-Golodkowski wegen Waffenschmuggels für die DDR zu einem Jahr Haft auf Bewährung verurteilt worden. Nach dem Prozeß erklärte der frühere Chef des DDR-Außenhandelsbereichs »Kommerzielle Koordinierung«, er nehme das Urteil zur Kenntnis, akzeptieren könne er es nicht, weswegen er Revision beim Verfassungsgericht einlegen werde. Doch egal, wie die »Siegerjustiz« schließlich entscheiden wird, der raschen Resozialisierung des ehemaligen »Offiziers im besonderen Einsatz (OibE)« der Stasi stand der Richterspruch jedenfalls nicht im Wege. Drei Monate vor Prozeßende gab ihm das Gericht eine Woche frei, damit Schalck-Golodkowski mit einer Gruppe deutscher Investoren nach China reisen konnte, wo er mit Vertretern der chinesischen Politik und Wirtschaft Gespräche über Projekte von gemeinsamem Interesse führte. Um »seinen Wiedereintritt ins berufliche Leben nicht zu erschweren«, hatte das Gericht den Reiseantrag genehmigt. Schalck-Golodkowskis besonderer Einsatz für die deutsche Wirtschaft dürfte auch bei der Urteilsgestaltung eine Rolle gespielt haben.

Seit über fünfzig Jahren wird das berühmte »Bernsteinzimmer« gesucht, das die Sowjets angeblich irgendwo vergraben haben. Und seit der Wende werden Unsummen gesucht, die im Zuge der Wiedervereinigung verschwunden sind. Kein Mensch kann genau sagen, wieviel wertloses DDR-Geld auf krummen Wegen in DM umgebucht und beiseite geschafft wurde, nur darüber, daß es Milliarden sein müssen, sind sich die Experten einig.

Manchmal taucht aus dem Abgrund der Geschichte ein Geldkoffer auf, zu dem es sogar einen Träger gibt. Nach dem mißglückten Versuch, 107 Millionen DM Ende 1990 aus der PDS-Kasse ins Ausland zu verschieben, kam es zu einem Prozeß gegen vier ehemalige Funktionäre der Partei wegen »Untreue« – nicht etwa zum Nachteil des Steuerzahlers, sondern der PDS! Die vier wurden zu Bewährungsstrafen verurteilt, das Urteil vom Bundesgerichtshof wegen formaler Mängel aufgehoben. Im wiederaufgerollten Prozeß sagten die Funktionäre aus, es sei bei dem Geldtransfer darum gegangen, »die Lebensfähigkeit der Partei« zu erhalten, der »drohenden Enteignung« zuvorzukommen. Sie hätten mit Wissen und Zustimmung der Parteigremien gehandelt. Der Chef der PDS-Gruppe im Bundestag, Gysi, gab vor Gericht eine überzeugende Erklärung ab: »Ich kann nicht ausschließen, daß Äußerungen von mir im Jahre 1990 von den Angeklagten als Animierung zu entsprechendem Denken und Handeln verstanden bzw. mißverstanden werden konnten.«

Die vier Angeklagten wurden freigesprochen. Der Versuch, 107 Millionen DM dem Zugriff der Treuhandanstalt zu entziehen, erfülle nicht den Tatbestand der Veruntreuung von Parteigeldern. Die »Unabhängige Kommission zur Überprüfung der Vermögen der Parteien und Massenorganisationen der DDR« übergab Anfang 1996 an den Untersuchungsausschuß »DDR-Vermögen« des Bundestages einen Bericht, in dem festgehalten wurde, daß die PDS zur Zeit der Wende »Darlehen« von insgesamt 210 Millionen DM vergeben hat, an »juristische« wie auch »natürliche« Personen, das heißt an Organisationen, Firmen, Vereine und auch normale Menschen. Die Kommission stellte fest, die Darlehen an »juristische Personen« seien grundsätzlich ohne Sicherheiten gegeben worden, und auch »natürliche Personen« hätten in vielen Fällen solche ungesicherten Darlehen mit einer Laufzeit von hundert Jahren und zu niedrigen Zinsen, teilweise auch zinslos, erhalten. Einige der so bedachten Firmen sind inzwischen in Konkurs gegangen.

Wenn es der PDS nicht darauf ankam, ihr Vermögen an sicheren Orten zu parken, dann kann es für so viel Großzügigkeit bei der Darlehensvergabe nur eine Erklärung geben: Die PDS ist der wohltätige Arm der Heilsarmee. Und ihre Funktionäre denken an sich selbst zuletzt. Auch der heutige Vorsitzende der Partei, Lothar Bisky, und der frühere Leiter der PDS-»Arbeitsgruppe zur Sicherung des Parteivermögens«, Pelikan, haben zur Zeit der Wende von der SED/PDS ein Darlehen über 14,4 Millionen DM erhalten, um als Gründungsgesellschafter eine Medienproduktionsgesellschaft aufzuziehen. Die PDS bestätigte den Sachverhalt, bestritt aber, daß Bisky das Geld persönlich erhalten habe. Er sei wenige Monate nach der Gründung aus der Firma ausgeschieden. »Von da an hatte die Firma mit der PDS nichts mehr zu tun«, erklärte ein Sprecher der Partei, und niemand fragte nach, wo und bei wem das Geld geblieben ist. Es weiß auch niemand, wohin exakt 48 Millionen 920 Tausend 765 DM und 91 Pfennige von einem Konto der »Kommerziellen

Koordinierung« bei der Deutschen Handelsbank zwischen dem 1. und dem 4. Dezember 1989 verschwunden sind. Daß Schalck-Golodkowski am 3. Dezember 1989 völlig mittellos aus der damals noch existierenden DDR in die Bundesrepublik floh, dürfte einer jener Zufälle sein, wie sie in der Geschichte immer wieder vorkommen und an denen Forscher und Untersuchungsausschüsse so lange herumwürgen, bis genug frisches Gras über das alte Unkraut gewachsen ist.

Was bleibt? Die Moral und die Überzeugung, daß nichts für die Katz, umsonst oder vergeblich war. »Was mir am Christentum gefällt«, ruft Oberhirte Gysi seiner Gemeinde zu, »ist die Ausdauer, die Geduld. Seit 2000 Jahren warten die auf die Erfüllung der Bergpredigt. Da kann man doch nach siebzig Jahren mit der sozialistischen Idee nicht gleich aufgeben!«

Kann man wirklich nicht. Man muß sich nur gut überlegen, wie man die restlichen 1930 Jahre gestaltet. »In welcher Partei sind einstige SED-Mitglieder besser aufgehoben – in der SPD oder in der PDS?« fragt das »Neue Deutschland« und gibt damit eine klare Alternative zu Soljanka und Würzfleisch vor.

In einem Offenen Brief an Bundespräsident Herzog protestierte der »Rat der Alten« der PDS im September 1994 gegen das Benehmen von Kanzler Kohl, der im Wahlkampf PDS-Leute als »rotlackierte Faschisten« bezeichnet hatte. Die vierzehn Unterzeichner des Offenen Briefes erklärten, sie wären jüdischer Herkunft und nur durch glückliche Umstände der Vernichtung im nationalsozialistischen Deutschland entgangen. »Wir alle haben uns geschworen, unsere Kraft dafür einzusetzen, daß in Deutschland der Faschismus nie wieder sein scheußliches Haupt erheben kann.«

Doch als bald darauf der bekannte Trinker und Antifaschist Alfred Hrdlicka im »Neuen Deutschland« Wolf Biermann die »Nürnberger Gesetze an den Hals« wünschte, da schwiegen die Doofen von Zion im »Rat der Alten« in nobler Zurückhaltung. Denn Faschisten, das sind in Deutschland immer nur die anderen.

WENDEHÄLSE UND LEBENSLÜGEN

2001 – Odyssee in Marburg

Zweimal im Laufe seiner Geschichte, die am 2. September 1945 begann, hat das Marburger Schauspielhaus überregional von sich reden gemacht. Mitte der fünfziger Jahre, als Erwin Piscator Stücke wie »Dantons Tod«, »Hexenjagd« und »Nathan« in Marburg inszenierte, und im Frühjahr 1993, als in »Theater heute« ein Bericht »Marburg, ein Landestheater in Fahrt« erschien, das »mit seinem Spielplan nicht nur für die Provinz Vorbild sein« könnte. 1995 ist die moralische Anstalt der nordhessischen Universitätsstadt wieder ins Gerede gekommen, diesmal allerdings nicht so positiv wie bei den vorausgegangenen Gelegenheiten.

Der Intendant des Hauses, Ekkehard Dennewitz, hat in der DDR nicht nur als Oberspielleiter gearbeitet, er hat auch als IM Kollegen bei der Stasi angeschwärzt. Jetzt ist dicke Luft in Marburg, und der Bürgermeister und Kulturdezernent Gerhard Pätzold, der Dennewitz eingestellt hat, denkt mit Wehmut an die schöne Zeit gleich nach der Wende zurück: »Wir sind 1990 ganz stolz gewesen, daß wir in der Bundesrepublik das erste Theater waren, das sich einen Intendanten aus der DDR geholt hat.« Dennewitz war Oberspielleiter in Plauen, er meldete sich auf eine öffentliche Ausschreibung und wurde unter vierzig Bewerbern ausgewählt. Damals, sagt Bürgermeister Pätzold, »war die Stasi kein Thema, es gab die Gauck-Behörde noch nicht, und wer von uns wußte schon, was ein IM war?« Und er nennt prominente Namen – »Christa Wolf, Heiner Müller, Lutz Bertram, Monika Maron« –, als wollte er sagen: Nicht nur wir haben uns getäuscht, andere waren genauso naiv. »Jetzt ist das Problem auch bei uns angekommen, und wir müssen versuchen, damit fertig zu werden.«

Keine leichte Aufgabe für einen Kommunalpolitiker, dem das Wohl seiner Stadt am Herzen liegt. Unbestritten ist, daß Dennewitz das verschnarchte Provinztheater kräftig aufgemischt hat. Die Zahl der Besucher ist in der letzten Spielzeit auf 88 000 gestiegen, die der Abonnenten hat sich, seit er als Intendant amtiert, verdoppelt. Er inszeniert Lessing, Dario Fo, Sartre, Ibsen, Werner Schwab, Shakespeare, Brecht und Achternbusch; daneben spielt er »Jedermann« auf dem Rathausplatz und »Winnetou« auf dem Gelände des Marburger Reitervereins. »Der Mann hat Ideen, und er versteht es, sie umzusetzen«, sagt Richard Laufner, Chefredakteur des Marburger Stadtmagazins »Express«, »die Leute lieben ihn, weil er das Theater als einen Ort bürgerlicher Kultur wieder etabliert hat.« – Und das alles mit einer Truppe von neunzehn Schauspielern, von denen sechzehn wie Dennewitz aus der ehemaligen DDR kommen, und einem Etat von 4,7 Millionen DM, wovon knapp vier Millionen von der Stadt und vom Land Hessen bezahlt werden.

»Dennewitz war für Marburg ein Glücksfall«, sagt Christa Perabo, Vorsitzende der Fraktion Bündnis 90/Die Grünen im Stadtparlament. Und sie betont das »war«, denn inzwischen geht es nicht darum, was Dennewitz, dessen Vertrag im März 1995 für weitere fünf Jahre verlängert wurde, seit 1990 getan hat. Die Zeit *vor* der Wende hat den Marburger Intendanten eingeholt.

Anfang des Jahres 1975 legt die Bezirksverwaltung Cottbus des MfS einen IM-Vorlauf »Ekke« an. Der Kandidat sei »im Theater der Stadt Cottbus in verantwortungsvoller Position eingesetzt« und für »den Einsatz als inoffizieller Mitarbeiter objektiv geeignet«. Die Mühlen der Stasi setzen sich in Bewegung. Bevor IMS »Ekke« andere ausspionieren darf, wird er erst einmal selbst durchleuchtet. Die Stasi interessiert sich

66

für die Familienverhältnisse, die Charaktereigenschaften und die soziale Lage des Kandidaten, seine bisherige politische Entwicklung und die Verbindungen »in das kap. Ausland«. Nach acht Monaten, im Dezember 1975, ist ein fünfseitiger »Ermittlungsbericht« fertig. Er fängt mit der nach Lage der Dinge überraschenden Feststellung an: »Der Ermittelte hat den Beruf eines Diplomtheater-Wissenschaftlers erlernt, er arbeitet am Theater der Stadt Cottbus als Regisseur.« Obwohl der Kandidat keiner Partei oder Massenorganisation angehört und sich auch nicht am gesellschaftlichen Leben beteiligt, stellt ihm die Stasi dennoch ein glänzendes Führungszeugnis aus: »Die Lebensweise des Ermittelten ist untadelig. Er zeigt eher eine bürgerliche Lebensweise künstlerischer Intelligenz als etwa die ungebundene Lebensweise mancher Künstler. Er ist intelligent und vielseitig gebildet. Hinzu kommt ein sehr liebenswürdiger und freundlicher Charakter. Er ist in keiner Weise überheblich.«

Auch über die »Ehefrau des Ermittelten« wissen die Ermittler nur Positives zu berichten: »Sie gilt als sauber und ordentlich.«

Ein halbes Jahr später, im Juni 1976, erfolgt ein »Vorschlag zur Verpflichtung des Kandidaten«, er soll »im Abwehrbereich der Theaterschaffenden, sowie der freischaffenden Künstler im Bezirk Cottbus eingesetzt werden« und dabei Einschätzungen abgeben, »welche Schauspieler als politisch zuverlässig gelten«. Für diese Aufgabe bringt er die nötigen Voraussetzungen mit: »Seine Inszenierungen zeigen deutlich, daß er einen festen Klassenstandpunkt besitzt.«

Damit der Kandidat die ihm gestellten Aufgaben gewissenhaft erfüllen kann, werden »besondere Schulungen und Qualifizierungen« vorgeschlagen, ihm soll »spezifisches tschekistisches Wissen vermittelt werden«, allerdings soll der angehende IM »nur so viel wissen, was er zur Erfüllung der Aufgaben benötigt«. Eine Verpflichtung soll nur »mit Handschlag« erfolgen; ein solches Verfahren sei »hinsichtlich der Psyche des Kandidaten ... wirkungsvoller und erfolgversprechender als die schriftliche Form«, schließlich erfolge die Gewinnung des Kandidaten »auf der Grundlage der Überzeugung«.

Die Verpflichtung wurde am 25. Juni 1976, wie vorgesehen, mündlich durchgeführt, in einem Pkw, »da der IM wenig Zeit hatte«. Bei dieser Gelegenheit wies der frischgebackene IM seinen Führungsoffizier darauf hin, »daß bei Bekanntwerden dieser Zusammenarbeit ... er es im künstlerischen Bereich sehr schwer haben wird«.

In der Folgezeit melden die Führungsoffiziere mal »schleppende Zusammenarbeit«, mal heißt es, IM »Ekke« erfülle seine »Aufträge mit Elan und Eifer«. Doch im Mai 1979 ist die symbiotische Beziehung zwischen dem IM, der auch »seine privaten Sorgen und Probleme« mit seinem Führungsoffizier besprach, und dem MfS vorbei. Die Bezirksverwaltung Cottbus schreibt einen »Abschlußbericht zum IMS-Vorgang ›Ekke‹«. Der IM habe Cottbus verlassen, sei inzwischen am »Theater der Jungen Generation« in Dresden als Oberspielleiter tätig, trotz mehrerer Versuche einer »telefonischen Kontaktaufnahme« sei es zu keinem Treff gekommen, »da er jedesmal andere Ausreden vortrug«. Die Arbeit mit dem IM werde »auf Grund seiner Unzuverlässigkeit, seines Desinteresses, mit unserem Organ zusammenzuarbeiten«, eingestellt.

Die Berichte, die »Ekke« im Laufe seiner inoffiziellen Mitarbeit dem MfS lieferte, zeichnen sich durch die übliche Mischung von Banalität, Bosheit und kleinkarierter Wichtigtuerei aus. Er »verurteilte« die Republikflucht eines Schauspieler-Kollegen, »informierte« das MfS über einen Besucher aus der BRD, gab eine »pol.-ideol. Einschätzung« über ein Plakat für eine »Nachtasyl«-Aufführung ab und lieferte »Kurzeinschätzungen einiger Personen am Theater der Stadt Cottbus«: X sei »ein äußerst schwatzhafter Mensch ... und verfügt über die zahlreichsten Verbindungen zu bürgerlichen Kreisen«; Y »verkörpert gegenüber dem Kollektiv die Form des Einzelleiters«; Z zeichne sich durch »organisatorische Fähigkeiten« aus, »welche insbesondere bei der Beschaffung eines Zimmers in Berlin sichtbar wurden«, außerdem sei er »kein sonderlich starker Trinker und Raucher«.

Ende August 1981 wurde IMS »Ekke« als IMVA »Rolf Fink« reaktiviert und nach einigen »Kontaktgesprächen« im April 1982 zum IMS »Bergner« umregistriert, diesmal von der Bezirksverwaltung Neubrandenburg des MfS, da er gerade am Theater in Neustrelitz als Oberspielleiter beschäftigt war. »Bis Anfang 1984 entwickelte sich eine kontinuierliche Trefftätigkeit«, heißt es in einem »Beschluß über die Archivierung des IM-Vorgangs« vom Dezember 1985, »der IM realisierte gewissenhaft und zuverlässig die ihm gestellten Aufgaben«, dann nahm die Zusammenarbeit den gleichen Kurs wie schon einmal im Fall IM »Ekke«. IM »Bergner« verließ Neustrelitz, um als freier Regisseur in Dresden und Leipzig zu arbeiten, und stellte den Umgang mit dem MfS ein. »Es wurde deutlich, daß dem IM die Bindung und Motivation für die Zusammenarbeit fehlen.«

Doch anders als IM »Ekke« gab IM »Bergner« eine schriftliche Verpflichtungserklärung ab. »Ich erkläre mich bereit, das MfS bei seiner verantwortungsvollen Tätigkeit auf freiwilliger Grundlage zu unterstützen«, versicherte er handschriftlich im März 1982 und gelobte, »über diese Form der Zusammenarbeit« mit niemandem zu sprechen, nicht einmal mit seinen Familienangehörigen.

Bevor IM »Bergner« die Motivation ausging, lieferte er eine Reihe von Berichten, die um einiges substantieller waren als die »Einschätzungen« von IM »Ekke«. Es sei ihm bekannt geworden, »daß zwischen dem X mit der Y ein Verhältnis bestehen soll«; der Intendant des Neustrelitzer Theaters kümmere sich »mehr um sein Haus« als um das Theater, er mache »pünktlich um 16 Uhr Feierabend, um auf seinem Grundstück zu arbeiten«; der IM übergab »auftragsgemäß zwei schriftliche Einschätzungen zu den Personen ABCD«, die von seinen Auftraggebern »als objektiv und sachlich« beurteilt wurden. Das MfS schätzte die Dienste von IM »Bergner«, auch wenn es gleichzeitig seine Post kontrollierte. So könnte sich IM »Bergner« mit einiger Berechtigung darauf berufen, auch ein Opfer der Stasi zu sein, obwohl er 1988 zum dritten und letzten Mal in die Dienste der Firma trat.

Anfang Januar 1988 macht die Bezirksverwaltung Neubrandenburg des MfS einen »Vorschlag zur Aktivierung eines AIM«, eines archivierten inoffiziellen Mitarbeiters. IM »Bergner«, inzwischen Lehrbeauftragter an der Schauspielschule Rostock, tritt wieder in Aktion. Er versorgt die Abteilung XX mit »mündlichen Informationen« nach »Gesprächen mit Theaterleuten in Rostock und Berlin« über aufmüpfige Künstler, denen »eine Bedeutung beigemessen wird, die ihnen nicht zukommt«, philosophiert über »die Einflüsse von draußen (Gorbatschow)« auf die Kunst und Kulturschaffenden in der DDR und stellt nach einer Reise in die Bundesrepublik Vergleiche über das Leben in der BRD und der DDR an: »Der Durchschnitts-DDR-Bürger lebt vermutlich auf viel größerem Fuß, als sich dies die Mehrzahl der BRD-Bürger je leisten kann.« Die letzte »Information zu einigen Einzelproblemen sowie Gesprächsthemen unter Berliner Kunst- und Kulturschaffenden« datiert vom 23. Dezember 1988.

Am 22. Mai 1989 legt die Bezirksverwaltung Neubrandenburg des MfS einen »Abschlußbericht« zu IMS »Bergner« an. Zwar sei die »angestrebte operative Zielsetzung nur teilweise erreicht« worden, dennoch »kann eingeschätzt werden, daß der IM ehrlich und objektiv informierte«.

Ein halbes Jahr später kracht die DDR in sich zusammen. IM »Ekke«, IM »Rolf Fink«, IM »Bergner«, inzwischen Oberspielleiter am Theater der Stadt Plauen, zeigt auch im Untergang Sinn fürs Praktische. Er setzt sich in den Westen ab – als Intendant in Marburg.

Fünf Jahre später, im Februar 1995, bekommt der Bürgermeister, Kulturdezernent und Vorsitzende des Verwaltungsrates des Marburger Theaters Post aus Schwerin. Klaus Kriese, von 1973 bis 1992 Schauspieler am Theater in Neustrelitz, teilt dem »sehr geehrten Herrn Pätzold« mit, er habe bei der »Einsicht in unsere Stasi-Akten« zwölf auf ihn und seine Frau Gabriele angesetzte IMs entdeckt, darunter einen, der »die infamsten, verleumderischsten und bösartigsten« Berichte schrieb. Die Klarnamenaufdeckung durch die Gauck-Behörde habe ergeben, daß es sich bei diesem IM um den damaligen Oberspielleiter am Friedrich-Wolf-Theater in Neustrelitz und jetzigen Intendanten des Marburger Schauspiels handeln würde. Klaus Kricse beendet seinen Brief mit den Worten: »Das weitere Handeln liegt in Ihrem Ermessen.«

Kulturdezernent Pätzold nimmt die Aufforderung an. Zwar spricht er von »undifferenzierten Beschuldigungen«, doch bittet er den ehemaligen Bundesjustizminister Gerhard Jahn, sich der Sache als Gutachter anzunehmen. »Ich schätze die Position von Herrn Jahn in Marburg so ein, daß er ein großes moralisches Ansehen hat.« Jahn scheint für den Auftrag noch aus einem anderen Grund qualifiziert: Er berät den brandenburgischen Ministerpräsidenten Manfred Stolpe. Er sagt: »Ich nehme die Sache sehr ernst.« Allerdings, noch bevor er die Akten eingesehen hat, bezeichnet er sie als »nichtssagende Papierchen«.

Intendant Dennewitz reagiert so, wie viele andere vor ihm in gleicher Lage reagiert haben. »Ich habe nie als IM gearbeitet«, sagt er der »Oberhessischen Presse«. Als die Zeitung seine handgeschriebene Verpflichtungserklärung aus dem Jahr 1982 abdruckt, räumt er ein: »Diese Erklärung ist von mir, aber ich habe sie drei Tage später widerrufen.« Er habe »weder wissentlich noch willentlich« anderen Schaden zugefügt, versichert er dem Kulturdezernenten. Die Gespräche mit der Stasi hätten immer »offiziellen Charakter« gehabt. An Einzelheiten könne er sich freilich nicht mehr erinnern. Er klagt, »eine umfassende Aufklärung der Vorwürfe« werde durch die Gauck-Behörde verhindert, er werde sich aber »umfassend äußern, sobald Herr Jahn seinen Bericht vorgelegt hat«.

Uta Dennewitz, die Frau des Intendanten, schreibt in ei-

71

nem Brief an die Gauck-Behörde, sie finde es »unerträglich«, »wie mit diesen Unterlagen umgegangen wird«. Ihr Mann, der Intendant, werde »als ›IM‹ aussortiert und zum Abschuß freigegeben«. Dabei sei doch der Fall geklärt. Herr Jahn, »ein unabhängiger Gutachter«, habe die Akten eingesehen und »keine Hinweise gefunden, daß E. D. irgend jemand geschadet hat«. Wo bleibe da die Würde des Menschen? »Zu DDR-Zeiten wußte ich immer, wie ich mich wehren kann. Nun bin ich ratlos.«

Inzwischen hat der Kulturdezernent einen weiteren Brief bekommen, in dem es um »Bergner« geht. Susanne Toelcke, von 1980 bis 1983 Dramaturgin am Friedrich-Wolf-Theater in Neustrelitz, hat den IM auch in ihrer Stasi-Akte entdeckt. Er berichtete u. a. über die Absichten der »Toelckes«, »Antiquitäten zu erwerben, um diese mit in die BRD zu nehmen«. Daraufhin legte die Stasi in einem »Operativplan« fest, wie man die Ausreisepläne der Familie Toelcke mit quasi gesetzlichen Mitteln vereiteln könnte: »Erarbeitung und Verdichtung von Hinweisen, die kriminelle Handlungen... im Zusammenhang mit dem Erwerb von Antiquitäten... beinhalten...« – Jeder habe in der DDR gewußt, schreibt Susanne Toelcke nach Marburg, daß der »Schmuggel von Kulturgut der DDR mit hohen Strafen belegt wurde, auch wenn man die Antiquitäten rechtmäßig erworben hatte«. »Bergner« habe gewußt, »daß er Leute, über die er so etwas sagte, einer Verfolgung aussetzte«.

Nicht nur Frau Dennewitz ist ratlos, die übrigen Marburger sind es auch. Sie möchten ihren tüchtigen Intendanten behalten, fürchten aber weitere peinliche Aktenfunde. Dennewitz wird gedrängt, eine Erklärung abzugeben, »eine Geste des Bedauerns«. Doch der Theatermann »weiß gar nicht, wofür er sich entschuldigen sollte«, wie es ein in die Affäre verwickelter Marburger sagt.

»Eigentlich wollte hier niemand so genau wissen, was Dennewitz als IM gemacht hat«, sagt Christa Perabo von der Fraktion Bündnis 90/Die Grünen, »uns fehlt auch die Erfahrung, was es bedeutet, in einer Diktatur zu leben.« Die weitere Beschäftigung des Intendanten »müßte abhängen von der Zustimmung derjenigen, die durch ihn Schaden erlitten haben«. Am besten wäre es, wenn »Dennewitz und die Betroffenen an einem runden Tisch zu einer öffentlichen Diskussion« zusammenkämen, um Nichtbeteiligten »das ganze Problem klarzumachen«. Die Einsetzung von Gerhard Jahn als Gutachter diene dazu, »Dennewitz die Verantwortung abzunehmen«.

Jürgen Rehlich, der Vorsitzende der CDU-Fraktion im Marburger Stadtparlament, meint, sollte sich herausstellen, »daß Personen zu Schaden gekommen sind«, müßten Konsequenzen gezogen werden. Freilich: »Es kann sich nur um Schäden handeln, die man konkret feststellen kann, nicht im Bereich der Psyche, denn das ist ein weites Feld.«

So wird der Fall Dennewitz wie ein Versicherungsschaden behandelt, bei dem die Frage der Haftung erst geklärt werden muß. Er würde, sagt Kulturdezernent Pätzold, nur »strafrechtlich relevante Tatbestände« zu den konkreten Schäden rechnen, zum Beispiel Nötigung, Erpressung, Körperverletzung, Freiheitsberaubung. »Wo erkennbar ist, daß jemand derartigen Schaden genommen hat«, sollte der dafür ursächliche »Informant« belangt werden.

Doch wie steht es mit Schikanen unterhalb von Nötigung und Körperverletzung, wie sie in der DDR üblich waren? »Schikanen?« wiederholt der Kulturdezernent und legt die Stirn in Falten. »Ich beurteile das aus meiner Sicht, denken Sie mal an die Berufsverbote, die es bei uns gegeben hat...« Dennoch habe er »großes Verständnis dafür, daß die Leute in der ehemaligen DDR den Fall Dennewitz anders sehen, als ich ihn sehe, weil sie eine andere Lebensweise hinter sich haben«.

Das Gutachten von Gerhard Jahn fällt, wie erwartet, zugunsten von Dennewitz aus. Er habe »eigenhändige Berichte nicht angefertigt«; der Anstoß zur Zusammenarbeit mit der Stasi sei »in keinem Falle von Herrn Dennewitz ausgegangen«, er habe sich »den Umständen, unter denen er im staatlichen System der DDR leben und arbeiten mußte, gefügt«. Und außerdem, so Gerhard Jahn in seinem »Gutachten«, dürfte »bei der Beurteilung von Herrn Dennewitz seine Tätigkeit seit 1991 in Marburg nicht außer Betracht gelassen werden«. Man könnte diesen Satz auch so interpretieren, als wollte der Sachverständige sagen: Dennewitz hat seit 1991 keine IM-Berichte mehr geschrieben. Doch führt der Gutachter nicht die gelungene Resozialisierung des Ex-IM, sondern dessen »berufliche und künstlerische Leistungen« als mildernden Umstand an, man habe es mit einem Menschen zu tun, »der seine bisherige Lebensarbeit erkennbar dem Theater zugewandt hat«.

Jahn empfiehlt, »von Maßnahmen gegen Herrn Dennewitz abzusehen, die über die stattgefundene Überprüfung hinausgehen«. Der Aufsichtsrat des Theaters macht sich die Empfehlung zu eigen, Bürgermeister Pätzoldt gibt am 8. September 1995 das abschließende Ergebnis der Ermittlungen bekannt: »Der Vertrag mit Dennewitz bis zum Jahr 2001 bleibt uneingeschränkt bestehen.«

Zwei Wochen vor dem administrativen Abschluß des Falles Dennewitz meldete sich der stellvertretende Intendant und Oberspielleiter des Marburger Theaters, Peter Radestock, in einem längeren Gespräch mit der »Oberhessischen Presse« zu Wort, um seinem Freund und Chef Ekkehard Dennewitz solidarisch beizustehen. »Es liegt nachweislich nichts auf dem Tisch, das mir Veranlassung geben könnte zu sagen: Hier sind Dinge passiert, die nicht verantwortbar, nicht tragbar sind und durch die Dennewitz nicht mehr tragbar wäre.« Und: »Im Fall Dennewitz vermisse ich die Fakten, die belegen, daß er jemandem mit seiner IM-Tätigkeit geschadet hat.«

Außerdem, so der solidarische Oberspielleiter, den sein Intendant aus der Ex-DDR nach Marburg mitbrachte, werde hier »eine Sache pauschal verurteilt«; es werde ignoriert, »daß es ›Schindlers Liste‹ im übertragenen Sinne auch in der DDR gegeben hat«.

Die realsozialistische Variante vom anständigen Nazi sah in der DDR so aus: »Viele Intellektuelle haben aufrichtig geglaubt, daß sie mit der Stasi spielen und vielleicht sogar in ihrer kritischen Sicht Verbündete finden können. Da ist Dennewitz nicht der einzige. Er befindet sich in einem erlauchten Personenkreis, von Heiner Müller bis Monika Maron.«

Es muß an der ausgeprägten Bescheidenheit des Oberspielleiters und stellvertretenden Intendanten gelegen haben, daß er seinem Chef die Schau nicht stehlen und den »erlauchten Personenkreis« von Müller bis Maron nicht durch Beitritt erweitern wollte. Keine vier Wochen nach seinem mutigen Eintreten für Dennewitz und alle Schindler der DDR wurde bekannt, daß Peter Radestock in den Jahren 1980/81 als IM »Hein« Schauspielkollegen am Rostocker Theater bespitzelt hatte. Im Gegensatz zu Dennewitz gab Radestock sofort zu, daß er in Rostock nicht nur als Schauspieler und Regisseur, sondern auch als Inoffizieller Mitarbeiter der Stasi gewirkt hatte, und trat als Oberspielleiter und stellvertretender Intendant zurück. Er blieb aber dem Marburger Ensemble als Schauspieler und Regisseur erhalten.

Und so konnte der reguläre Spielbetrieb am Marburger Theater fortgesetzt werden, engagiert, couragiert und maßvoll modern.

Noch im September 1995 wurde Lessings »Nathan der Weise« aufgeführt, im Februar 1996 Arthur Millers »Hexenjagd«. Die Inszenierung der Stücke lag in den besten Händen. Bei »Nathan« führte IM »Ekke« die Regie und bei der »Hexenjagd« IM »Hein«.

Seine Ehre heißt Treue

Schon öfter ist Stephan Hermlin durch eine originelle Wortmeldung aufgefallen. Nachdem er 1988, zum erstenmal nach Jahrzehnten, einen Artikel im »Neuen Deutschland« schreiben durfte, da wählte er sich ein ganz wichtiges und aktuelles Thema: die Reichskristallnacht im Jahre 1938. Anschließend bedankte er sich bei dem Staats- und Parteiblatt, daß man in seinem Beitrag kein Wort verändert habe.

Später, als es mit der DDR vorbei war, suchte er eine neue ideologische Heimat und überlegte, ob er nicht der evangelischen Kirche beitreten sollte, dies wäre schließlich die Kirche des revolutionären Bauernführers Thomas Münzer. Bald darauf hat er bei einem Dichtertreffen in Wien die Bildung einer Volksfront gegen Rechts angeregt, aus der freilich nichts wurde, weil die anderen Dichter mehr an Millirahmstrudel und Topfenknödeln interessiert waren. Doch was immer Stephan Hermlin sagt oder vorschlägt, er hat stets festen Boden unter den Füßen, und sein Blick in die Zukunft wird von keiner Reminiszenz getrübt.

Auf der Leipziger Buchmesse 1995 hat sich Hermlin zu Ernst Jünger geäußert, und wie nicht anders zu erwarten, war auch diese Äußerung eine zu sich selbst. Ein aufrechter Rechter, sagte Hermlin, sei ihm lieber als ein verlogener Linker. Er fühle sich Jünger näher als »solchen Renegaten« wie Wolf Biermann, Sarah Kirsch oder Günter Kunert. Ein Renegat, sagt uns der Große Duden aus dem VEB Bibliographisches Institut Leipzig, Ausgabe 1990, ist ein »Verleugner seines bisherigen Glaubens oder seiner bisherigen politischen Überzeugung«, im Volksmund kurz Verräter oder Wendehals genannt. Und das ist Stephan Hermlin, im Gegensatz zu Biermann und Kunert, nun wirklich nicht. Er lebt noch immer in der DDR, körperlich und geistig, und er klammert sich noch immer an Lebenslügen, von denen sich Renegaten wie Biermann und Kunert längst verabschiedet haben. Noch im Oktober 1990 beklagte sich Hermlin in einem Interview über die schlimme Behandlung, die er in der DDR erleiden mußte. Weder Hermann Axen noch Erich Honecker hätten »jemals daran gedacht, mich etwa zu sich einzuladen oder gar bei mir auf einen Kaffee vorbeizukommen«. Und in der Partei galt er schon deshalb »als ein Übel, weil ich immer proklamierte, daß es zwischen Marxismus und Christentum eine enge Verwandtschaft gibt ... «

Das alles könnten wir noch akzeptieren und unter dem Rubrum »Wie vergolde ich meine Irrtümer« abbuchen, wenn er sich heute zur Rechtfertigung seiner eigenen Unbeweglichkeit nicht ausgerechnet auf Ernst Jünger beriefe. Da gäbe es viel bessere Beispiele. Die aufrechten Männer und Frauen der NSDAP, die auch nach 1945 ihren Glauben und ihre Überzeugungen behalten haben, die noch heute dem Führer die Stange und Auschwitz für eine Propagandalüge der Sieger halten. Wer das Festhalten an einer Idee schon für eine Tugend hält, dem darf es auf die Inhalte nicht ankommen. Und wer Menschen, die dazugelernt und ihre Ansichten geändert haben, als Renegaten, Verräter, bezeichnet, der war, ist und bleibt ein totalitärer Kopf, dessen Ehre sich auf Treue reimt.

Die Zukunft des Butterbrots

Seit Markus (»Mischa«) Wolf, der langjährige ehemalige Chef der Spionageabteilung des Ministeriums für Staatssicherheit der DDR, Bürger der Bundesrepublik wurde, fragen wir uns: Wer ist dieser geheimnisumwitterte Mann, von dem es heißt, er kenne die Biographien, die Stärken und die Schwächen der Bonner Prominenz besser als den Inhalt seiner Hausbar? Immer wieder tauchten Gerüchte auf, Wolf wolle sich offenbaren, sein Wissen gegen einen angemessenen Preis, vielleicht einen Job beim BND, auf den Tisch legen. Doch Wolf schwieg, und wenn er gelegentlich in einer Fernsehrunde auftauchte, dann nur, um eine gute Figur in einem Mysterienspiel abzugeben: ein Abenteurer wie aus einem Buch von Konsalik, ein Idealist wie aus dem Direktorium der Heilsarmee, ein Schöngeist wie aus einem Prospekt von Hugo Boss. Und vor allem: ein loyaler Diener seines Staates, dem er über dessen Untergang hinaus die Treue hält.

Doch dann hat sich Markus (»Mischa«) Wolf selbst geoutet. Er hat ein Buch über sein Leben als Kundschafter des Friedens geschrieben. Keine Biographie und keinen Schlüsselroman. Wolf, ein Meister der Camouflage, hat für seine literarische Selbstenthüllung eine unverfängliche Form gewählt, die eines Kochbuchs über »Geheimnisse der russischen Küche«. Schon der Titel sagt eigentlich alles, man muß ihn nur richtig lesen: »Geheimnisse« steht für »Innenleben«, »Küche« für »Nachrichtendienst«, den KGB bzw. dessen deutschen Ableger, das Ministerium für Staatssicherheit. Wem das nicht sofort auffällt, der wird gleich in der »Einleitung« entsprechend aufgeklärt: »Unter dem Begriff ›Küche‹ kann alles nur Mögliche verstanden werden«; »Kochkunst und Nachrichtendienst« seien so alt wie das Menschengeschlecht; »zum Geheimnis des Erfolges auf beiden Gebieten« gehöre Kreativität; und: »Die Inspiration eines Meisters beider Küchen hängt selbstverständlich mit seiner Persönlichkeit zusammen.« Er habe es nicht verantworten können, das Wissen um die an ihn gegebenen »kulinarischen Geheimnisse« für sich zu behalten. Und so erfahren wir, worin Wolfs Tätigkeit als Leiter des Spionageapparats der DDR bestanden hat. Er sammelte Rezepte und tauschte sie mit den Freunden aus der russischen »Küche« aus.

Damit setzte er eine Familientradition fort: Schon die Mutter war »eine begnadete Köchin«, welche »die hohe Kunst beherrschte, aus Wenigem köstliche Mahlzeiten zu bereiten«, während der Vater mit »fast fundamentalistischer Strenge über die Einhaltung der vegetarischen Regeln wachte«. Auch diese Sätze enthalten verschlüsselte Botschaften. Die Mutter steht für den Umgang mit der Mangelwirtschaft da, der Vater für Prinzipienfestigkeit in schweren Zeiten. So verkörpern die Eltern die Partei, die den Sohn in ihrer »Küche« einige Gerichte ausprobieren läßt: Fisch auf Moskauer Art, Petersburger Baba, Sülze nach Art der Iwanows, Ukrainische Warenniki, Zander à la Diplomat.

Freilich – die fünf Dutzend Rezepte für Vorspeisen, Suppen, Hauptgerichte und Nachspeisen und die detaillierten Anleitungen zu ihrer Umsetzung sind nur eine kulinarische Nebelwand, um von Erfahrungen zu sprechen, mit denen Wolf offenbar nicht fertig wird. Es bleibe »eines der nicht gelösten Geheimnisse«, wie er »vermutlich nicht ohne sowjetischen Segen 33 Jahre lang der Leiter des Nachrichtendienstes« der DDR sein konnte, obwohl er ein »Halbjude« und gleich nach dem Krieg »in die Fänge des Klassenfeindes geraten war«, als er sich von Amerikanern während des

Nürnberger Prozesses verköstigen ließ. In solchen Passagen, bei denen Wolf mit Andeutungen auskommt, wird die stille Tragik seiner Biographie deutlich.

Wie schrecklich muß er unter seiner geteilten Identität leiden, daß er den Nazi-Begriff »Halbjude« bedenkenlos aufgreift, wobei er offenläßt, welcher Teil seiner Persönlichkeit jüdisch und welcher arisch ist; wie sehr macht ihm der Gedanke zu schaffen, daß er nicht aufgrund seiner Begabung, sondern nur dank sowjetischer Protektion zum volkseigenen Chefspion aufsteigen konnte. In einem Alter, in dem andere Pensionäre überlegen, ob sie eine Kreuzfahrt in die Karibik buchen oder mit ihren Enkeln eine Kremserfahrt durch die märkische Schweiz unternehmen sollen, quält er sich mit Überlegungen zur Rassenschande und zum Ursprung seiner Karriere. Da hilft ihm auch die Erinnerung an »manchen feuchtfröhlich-geselligen Abend« mit sowjetischen Kollegen und der »reizenden Dolmetscherin Nina« nicht über die nagenden Zweifel hinweg.

Wo Wolf über seine Befindlichkeit und seine Vorlieben berichtet (»Portwein ist nicht gerade mein Fall«), tut er es auf eine subjektiv empfindsame Art. Wo er Erfahrungen aus dem Alltag wiedergibt, erweist er sich als ein genauer Beobachter mit Sinn für Details.

Die meisten russischen Frauen, schreibt er, hätten »zwei Hauptprobleme: zu wissen, wo etwas zu besorgen ist und wie sie ihr überflüssiges Gewicht loswerden«. Auf einem Markt in Sansibar fällt ihm auf, daß dies nicht nur der Ort ist, »an dem Ware und Geld den Besitzer wechseln«, denn: »Männer und Frauen, Arme und Reiche, Alte und Junge geben sich dem Geschäft und dem Feilschen mit einer Leidenschaft hin, die unsereins beim Einkaufen nicht kennt.« Und auf einem Volksfest der Eingeborenen fällt ihm sofort auf, daß »eine der scheinbar in Trance versunkenen Frauengruppen unschwer als Gruppe hochschwangerer Frauen auszumachen« war. Hätte der zuständige Lektor an dieser Stelle das Wörtchen »scheinbar« gegen »anscheinend« ausgetauscht, wäre Markus Wolf eine perfekte völkerkundliche Miniatur gelungen.

Ein Kapitel in Wolfs Buch heißt »Diplomatie und Sülze«, ein anderes »Über weibliche Güte und Fisch in Aspik«. Die poetischen Überschriften täuschen ein wenig. Denn zwischen Rezepten für Fischsalat und Fisch in Marinade stellt Wolf wichtige Fragen, u. a. die, ob »das große Menschheitsideal, an das zu glauben wir trotz der enttäuschenden Realität nie aufgehört haben«, überdauern würde. Die Antwort fällt auch »dem erfahrenen Aufklärer«, wie Wolf sich selbst charakterisiert, nicht leicht, denn: »Die Weltgeschichte bewegt sich vorwärts, gerade oder in Spiralen.«

Wie es auch sein mag, im Alltag sollte alles seine Ordnung haben. Als er im September 1991 vorübergehend verhaftet wurde und eine Zeitung daraufhin berichtete, er würde »Hähnchen vom Wienerwald« in die Zelle bekommen, forderte er die Anstaltsleitung auf, von der Zeitung eine Gegendarstellung zu verlangen. Wie alle anderen Häftlinge bekam auch der Promi-Gefangene nur »drei Stück Margarine, ein Dreieck Schmelzkäse, drei Scheiben Brot, Malzkaffee« zum Frühstück.

Die Sparkost regte immerhin zum Nachdenken an. »Wie viele Kämpfer haben für Freiheit und Gerechtigkeit die eigene Freiheit und das Leben geopfert, für eine Utopie, im Glauben an eine gute Sache.« Fand Wolf noch Trost bei Thomas Münzer, der sich ebenfalls für eine gute Sache geopfert hatte, so trieb ihn der Gedanke an die ehemaligen Freunde zur Verzweiflung: »Haben aber unsere Niederlagen nicht auch mit der russischen Küche zu tun, der anderen russischen Küche?« Das ist nun vollkommen eindeutig, und nur ein paar Zeilen weiter, eingeflochten in ein Rezept für Hähnchen auf georgische Art, steht ein weiterer Schlüsselsatz: »Das Herauslösen des Rückgrats will geübt sein.«

Wolf plaudert sich kochend durch Raum und Zeit. Mal diskutiert er mit einem westdeutschen Politiker, den er diskret »Dieter« nennt, am Ufer der Wolga »über gemeinsames Handeln zur Überwindung der Konfrontation der Machtblöcke und der Adenauer-Politik«, mal konvertiert er einen Benediktinerpater »zur Weltanschauung des wissenschaftlichen Sozialismus« als Vorbereitung »zu der gemeinsam angestrebten Tätigkeit beim Vatikan«, mal stellt er eigenhändig »Pelmeni« her, Teigtaschen mit Fleischfüllung, wenn er »einem unserer Kundschafter aus dem Westen eine besondere Aufmerksamkeit erweisen« möchte. Auch Agentin Gaby, »die in die oberen Etagen des BND eingedrungen war«, konnte sich noch nach jahrelanger Haft an die »unter konspirativen Bedingungen genossenen Pelmeni« erinnern.

So tritt uns hinter der Uniform des Stasi-Generals der Mensch Markus Wolf entgegen, der seine Agenten bekocht und den »der lebendige Kontakt zu Menschen« mehr interessiert als die »Arbeit am Schreibtisch«. Eine Einstellung, die sich bezahlt macht. Wenn er mal Granatapfelsirup für seine Küchenabenteuer benötigt, dann besorgt ihm ein Kollege aus dem KGB die Spezialität »als Freundschaftsdienst aus Aserbeidschan«. Zufrieden stellt Wolf fest, die Kundschaftertätigkeit habe »zum multinationalen kulinarischen Austausch beigetragen«.

Eines Tages verläßt er die Internationale der Leckermäuler, zumindest teilweise. Obwohl er »keinen zarteren und wohlschmeckenderen Braten als den von einem guten Stück Wildschwein« kennt, gibt er »das Waidwerk« auf. Seiner Frau Andrea zuliebe, »denn sie will nicht, daß ein Tier aus Schießwut oder für die Genußsucht des Menschen getötet wird«.

Haben wir es hier mit einem chiffrierten Hinweis auf sein Ausscheiden aus dem MfS zu tun? Hat ihn seine Frau zum Rückzug in die private Küche überredet? Oder hat ihn plötzlich das Mitleid mit zweibeinigen Kreaturen gepackt? Möglich wäre es schon, denn obwohl er selbst nicht mehr jagen geht, bestellt er noch immer beim Fleischer sein bevorzugtes Stück Wildschwein – »den Rücken von einem frisch erlegten Überläufer«.

Dieser Satz wird sicher von manchen, die einen Geheimdienst nicht nur für eine Vereinigung von Feinschmeckern halten, mißverstanden werden. Einige werden sich auch fragen, ob das Wolfsche Kochbuch nicht ein letzter, postmortaler Streich der Stasi ist, um die Amnestie-Debatte zu beeinflussen: Darf man Menschen verfolgen, die sich zum Zweck eines multinationalen kulinarischen Austauschs zusammengetan haben, um sich gegenseitig mit Granatapfelsirup, Buchweizenplinsen und Parasolpilzen zu versorgen? Ein paar hartgesottene Prinzipienreiter werden bemerken, daß Wolfs Kochbuch in einem Verlag erschienen ist, der auch Hannah Arendt verlegt, die von Fischsoljanka und anderen Geheimnissen der russischen Küche keine Ahnung hatte, dafür aber das Wesen totalitärer Systeme genau beschrieben hat.

Macht nichts! Nörgler, Querus und Übelnehmer wird es immer geben. Wir aber, die wir Markus Wolf immer für einen großen Spion gehalten haben, wollen uns darüber freuen, daß er inzwischen kleine Brötchen backt und statt über die Aussichten der Revolution in der Welt über die Zukunft des Butterbrots nachdenkt: »Die Menschheit wird mehr fliegen und unterwegs weniger essen. Aber das belegte Brot in seiner deutschen, russischen, dänischen oder sonstigen Gestalt wird bleiben!«

Allein für diese Vorhersage haben sich 33 Jahre Dienst an der Spitze der Hauptverwaltung Aufklärung des MfS mehr als gelohnt.

Happy-End mit Sahra

Wer sich noch an die in graues Tuch gekleideten, notorisch schlechtgelaunten, nach Mottenkugeln und Kernseife riechenden weiblichen Angehörigen der DDR-Grenztruppen erinnert, die ihr Bestes gaben, damit der Reisende nicht leichtfertig annahm, er wäre in der DDR willkommen gewesen, wer noch die handverlesenen und bezopften FDJ-Mädchen vor Augen hat, die dem Partei- und Staatsratsvorsitzenden Blumen übergeben durften, wer die Frauen in der DDR-Werbung nicht vergessen hat, die so aussahen, als würden sie alle mit Vornamen »Margot«, »Plaste« und »Elaste« heißen – wem all das noch gegenwärtig ist, der wird zugeben müssen, daß sich frauenbildmäßig in der DDR einiges zum Guten geändert hat.

Sahra Wagenknecht ist uns zuerst aufgefallen, weil sie einen Druckfehler im Namen hat. Normalerweise wird Sarah mit einem H am Ende geschrieben, doch bei Frau Wagenknecht ist der stimmlose Konsonant in die Mitte gerutscht. Und schon hatte sie ein Markenzeichen, obwohl es sich vermutlich nur um die Nachlässigkeit eines Standesbeamten handelte.

Neugierig geworden, fragen wir uns seitdem: Wer ist diese Frau, die sich wie eine Kopie von Rosa Luxemburg stilisiert? Was macht sie? Wie lebt sie, wenn sie nicht gerade den Klassenkampf predigt und die Diktatur des Proletariats plant? Wir geben zu, daß unser Interesse an Sahra Wagenknecht nicht nur mit dem Druckfehler in ihrem Namen zu tun hat und nicht allein von politischen Überlegungen genährt wird. Die Haltung, die Kleidung, der Blick, die Art, wie sie spricht und schweigt, setzen unsere Disziplin einer schweren Belastungsprobe aus.

Sahra Wagenknecht ist die Wunderwaffe der PDS. Es ist völlig gleichgültig, ob sie in den Vorstand gewählt oder aus dem Vorstand abgewählt wird, es kommt nur darauf an, daß mit ihrer Hilfe die PDS libidinös aufgeladen wird. Geben wir es zu: Wir können Antje Vollmer nicht mehr hören, Rita Süssmuth nicht mehr sehen, und wenn Claudia Nolte im Fernsehen erscheint, möchten wir amnesty international um Hilfe bitten. Und da ist eine Erscheinung wie Sahra Wagenknecht eine optische Freudenstrecke, egal, was sie tut oder sagt. Und es macht Spaß zuzusehen, wie eine 25 Jahre junge Studentin alte Taktiker wie Bisky, Gysi, Modrow und Heym Mores lehrt, indem sie einfach sagt, was sie denkt, ein Luxus, den sich die Parteioberen allenfalls allein in einem schalldichten Keller erlauben.

Was Wunder, daß wir mehr über Sahra Wagenknecht wissen, daß wir ihr bei ALDI begegnen möchten, und sei es nur, um ihr die Einkaufstaschen bis zum geparkten Trabbi zu schleppen. Denn alles, was wir über Sahra Wagenknecht erfahren, ist, daß sie eine Stalinistin sein soll. Das sagen nicht nur ihre politischen Gegner bei den Grünen und der CDU, das sagen auch ihre Parteifreunde in der PDS. Und das macht uns stutzig. Wenn es nicht ein PR-Gag ist, was ist es dann? Sahra Wagenknecht hält die DDR noch immer für den besseren deutschen Staat, Walter Ulbricht für einen großen Denker und die Revolution für noch nicht endgültig gescheitert. Doch solche Ansichten kann man auch gelegentlich im Westen hören, ohne daß deren Verbreiter als Stalinisten enttarnt würden. Da gibt es in der PDS ganz andere Altlasten aus dem Wachsfiguren-Kabinett des letzten Zentralkomitees: Grufties, welche die DDR noch immer als »Rechtsstaat« verteidigen und von »Siegerjustiz« sprechen, wo staatlicher Terror geahndet werden soll. Sie gelten nicht als Stalinisten. Warum dann Sahra Wagenknecht? Nur weil sie den eiskalten Charme einer gutgefüllten Tiefkühltruhe hat und den Schmusekurs der Parteiführer ablehnt, die sich um jeden Preis als koalitionsfähig präsentieren wollen?

Zwischen dem Genossen Stalin und der Stalinistin Wagenknecht liegen vierzig Jahre mit vielen dramatischen Ereignissen. Da war der 17. Juni, der Aufstand in Ungarn, der Bau der Mauer, die Kuba-Krise, der Prager Frühling, der Zerfall der Sowjetunion, der Fall der Mauer und das Ende des Sozialismus. Wenn Sahra Wagenknecht alles ist, was vom Stalinismus übrigblieb, dann hat die Geschichte ein Happy-End gehabt. Und dann verzeihen wir Sahra das alberne H in der Mitte und danken ihr dafür, daß sie in der PDS für einen Hauch von Erotik im Klassenkampf sorgt, ein Gefühl, das wir in der alten DDR immer vermißt haben.

IM – das bekannte Unwesen

Im Sommer 1990 sattelten zwei junge DDR-Bürger, der eine aus Sachsen, der andere aus Thüringen, ihre Räder Marke Mifa und brachen zu einer Reise rund um die Welt auf. Zum Zeitpunkt ihres Aufbruchs war die Mauer schon gefallen, aber die DDR gab es noch. Die Volkskammer tagte, die Regierung de Maizière regierte, die Volkspolizei regelte den Verkehr, die Reichsbahn ließ die Züge rollen, die Interflug die Tupolews fliegen, Heinz Rennhack moderierte »Ein Kessel Buntes« im Deutschen Fernsehfunk, und Helga Hahnemann sorgte im »Friedrichstadtpalast« für Bombenstimmung.

Die beiden Radler durchquerten fünf Kontinente, besuchten 58 Länder und legten über 80 000 Kilometer zurück. Als sie nach fünf Jahren, im Juli 1995, zurückkamen, erkannten sie das Land, das einmal die DDR war, nicht wieder. Die HO- und Konsumläden waren verschwunden, die Klassenkampfparolen auf den Autobahnbrücken abmontiert, in den Speisegaststätten roch es nicht mehr nach alten Kohlrouladen, auf den Straßen nicht mehr nach Zweitaktgemisch. Und wo man früher den Oberkellner bestechen mußte, um einen Platz im »Gastmahl des Meeres« zu bekommen, da konnte man sich an derselben Stelle bei »Nordsee« sowohl den Platz wie auch das Essen selber aussuchen. Nur die gute alte SED gab es noch, sie hatte sich allerdings in PDS umbenannt.

Und dann war da noch was, das die beiden Weltreisenden erst nach ihrer Heimkehr in die Ex-DDR lernten: das Kürzel IM.

87

Dabei hatte es in der Arbeiter- und Bauernrepublik mehr IMs als Ärzte, Klempner oder Schreiner gegeben, zum Schluß etwa 110 000, im Laufe aller DDR-Jahre über eine halbe Million. IM war kein anerkannter Lernberuf, doch konnte nicht jeder IM werden. Die IMs waren eine Art geheimer Orden, quasi eine staatlich geförderte Untergrundbewegung zum Schutz des Staates.

Wie so viele sozialistische Errungenschaften, vom grünen Pfeil bis zur Sekundärrohstoffverwertung, war auch das IM-System ein DDR-typisches Produkt von Planung und Improvisation, ein Versuch, menschliche Ressourcen vernünftig zu nutzen und materielle Mängel gerecht zu verwalten. Ende Februar 1994 haben »ehemalige Mitarbeiter des MfS« in der Zeitung »Neues Deutschland« ein lange und sorgfältig gehütetes Geheimnis enthüllt: Wer waren die IMs, und was taten sie? Aus Betroffenheit über die »indifferenzierte und unobjektive Verdammung nahezu aller Personen, die mit der Staatssicherheit verstrickt waren«, und die gängige »Schwarzweißmalerei« wollten sie zeigen, »wie bunt das Leben eigentlich war«: »Die Masse der IM (ca. 70 bis 75 Prozent) waren überwiegend zu Sicherungsaufgaben, also nicht zur Personenbearbeitung, im Staatsapparat, auf vielen Gebieten der Volkswirtschaft in Schwerpunktbetrieben und Kombinaten, in Bereichen der Wissenschaft und Technik, der Forschung eingesetzt. Sie hatten präventive Aufgaben zu erfüllen, die sichern sollten, daß ruhig und gefahrlos gearbeitet, Brände und Havarien vorbeugend verhindert werden konnten ... Um Ruhe und Ordnung an den Grenzen des Landes zu sichern, waren ebenfalls IMs tätig. Ihr Beitrag bestand darin, eine Annäherung an die Grenzanlagen und damit eine Schußanwendung zu verhindern ...«

Folgt man dieser Definition, waren die IMs menschliche Wachhunde, Feuermelder auf zwei Beinen, die Brände und Havarien »vorbeugend verhinderten«. Doch ganz kann diese Darstellung der ehemaligen Mitarbeiter nicht stimmen, denn es ist noch kein Fall bekanntgeworden, da ein enttarnter ehemaliger IM nach seiner Enttarnung aufgestanden und gerufen hätte: »He, ihr blöden Aktenschnüffler, was wollt ihr von mir? Ich hatte präventive Aufgaben zu erfüllen, ich sorgte dafür, daß ruhig und gefahrlos gearbeitet werden konnte, ich habe Brände und Havarien vorbeugend verhindert... Was war schlimm daran?«

Im Gegenteil, jeder IM, dessen Akte gefunden und bekannt wird, schwört tausend Eide, er sei es nicht gewesen, er habe sich niemals mit der Stasi eingelassen, und wenn, dann sei er »abgeschöpft« und »benutzt« worden, habe »unwissentlich« Informationen geliefert. Von »Dagobert«, der seine eigene Frau bespitzelt hat, bis zu Ibrahim Böhme, von IM »Czerny« bis Christa Wolf – keiner gibt von sich aus etwas zu, und wenn die Beweise dann auf dem Tisch liegen, schreien sie Siegerjustiz, Verleumdung und Verschwörung.

Jahrelang hat Peter L. alias IM Schneemann seinen Nachbarn, Herrn Küppers, bespitzelt. Nach der Wende findet Herr Küppers die Spitzelberichte von Herrn L. in seiner Akte, einschließlich Fotos von gemeinsamen Gartenfesten. Herr Küppers schreibt ein Spottgedicht auf seinen Nachbarn, verbreitet es in der Nachbarschaft, schickt es auch an den Arbeitgeber von Herrn L., eine große Autofirma.

> Der Spitzel selbst steht in der Mitte
> und hetzt die Stasi auf unbescholtne Dritte.

Darauf zieht Herr L. vor Gericht – und bekommt recht. Unabhängig davon, ob der IM-Vorwurf richtig oder falsch sei, verstoße die öffentlich erhobene Anschuldigung gegen das Recht auf »informationelle Selbstbestimmung« von Herrn L., entscheidet das Gericht. Damit wäre es jedem Opfer verboten, den Täter zu benennen. Herr Küppers geht in die Berufung, Herr L. erklärt an Eides Statt, er sei nie Mitarbeiter der Stasi gewesen. In der Berufungsverhandlung äußert der Anwalt von Herrn L. Zweifel an der Echtheit des Stasi-Materials, es sei nicht auszuschließen, daß Herr Küppers die Akte – über tausend Blatt – fabriziert habe, um sie seinem Nach-

89

barn, Herrn L., in die Schuhe zu schieben. Der Anwalt von Herrn Küppers legt eine Verpflichtungserklärung vor, die Herr L. 1954 unterschrieben hat. Daraufhin bricht die Verteidigungslinie von IM Schneemann ein. Das Gericht entscheidet für Herrn Küppers. Eine Mitarbeit bei der Stasi sei nicht Teil der Intimsphäre, zähle nicht zum »engsten Persönlichkeitsbereich wie etwa das Schlafzimmer«, die Verbreitung der aus den Akten gewonnenen Erkenntnisse könne nicht grundsätzlich verboten, allerdings sollte das Urteil nicht als Freifahrtschein für Denunziation verstanden werden: »Man darf die Wahrheit nicht am falschen Platz sagen.«

Es ist sinnvoll, und es entspricht bester deutscher Tradition, die Opfer zu fairem Verhalten zu ermahnen. Schließlich hören die Täter bei einem Wechsel des Systems auf, Täter zu sein, während die Opfer nicht aufhören, zu jammern und zu greinen, und damit die Versöhnung und die Herstellung der »inneren Einheit« blockieren. Insofern muß man zugeben, daß die Opfer für die Stabilität posttotalitärer Systeme viel gefährlicher sind als die Täter.

Haben die Angehörigen der Gestapo, der SS und des Reichssicherheitshauptamts nach 1945 weitergemacht? Nein! Und haben die Juden weitergemacht, sich auch nach ihrer Entlassung aus den KZs weiter als Opfer dargestellt? Ja! Wer also kann nicht los-, auch mal alle fünfe grade sein lassen? Wo ist der hauptamtliche Stasi-Mitarbeiter, der noch immer Berichte schreibt? Es gibt ihn nicht. Aber seine angeblichen Opfer können nicht aufhören, aus ihren Akten zu zitieren.

Warum bekennen sich also die IMs nicht zu ihrer Tätigkeit als Verhinderer von Bränden und Havarien? Ganz einfach, weil sie nicht nur verantwortungsbewußte, sondern auch bescheidene Menschen sind, die mit ihren gesellschaftlichen Meriten nicht protzen wollen. Das Leben im Dienste der Stasi war nicht nur viel bunter als angenommen, die IMs waren bei der vorbeugenden Verhinderung von Katastrophen auch viel erfolgreicher, als bisher vermutet wurde.

»Wie viele Menschen sind in den KZs der DDR vergast worden? Wie viele Geiseln wurden von der Stasi erschossen? Wie viele Länder von der Volksarmee überfallen? Wie viele Zwangsarbeiter nach Leuna verschleppt? Wie viele Fahnenflüchtige von den DDR-Kriegs-Gerichten an den Galgen gebracht? Wie viele Zigeuner ausgerottet?« – fragt der Hamburger Journalist Günther Schwarberg im »Neuen Deutschland«.

Seine Fragen klingen so, als wollte er sagen, die DDR war nicht so schlimm wie das Dritte Reich. Aber das kann er nicht meinen, denn dann hätte er noch die entscheidende Frage dazugesetzt: »Und wie viele Autobahnkilometer sind in der DDR gebaut worden?«

Aus westlicher Perspektive war das Treiben der IMs nicht nur segensreich, es war auch nachahmenswert. Und hätte die HVA, innerhalb der Stasi für die Betreuung ihrer westdeutschen Mitarbeiter zuständig, nicht ihre Akten vernichtet, wüßten wir heute genau, wem wir für die vorbeugende Verhinderung von Bränden und Havarien Dank schulden. Doch weil die Akten weitgehend beseitigt wurden, sind wir auf Zufallsfunde angewiesen, die nur ein sehr unvollständiges Bild ergeben.

Ein leitender Mitarbeiter der »politischen Stabsstelle der Geschäftsführung« des Flick-Konzerns und Parteifreund von Helmut Kohl lieferte der Stasi jahrelang Interna aus seiner Firma und dem Bonner Politikerklüngel.

Ein Berliner Ehepaar sammelte dreißig Jahre lang Informationen aus dem Statistischen Bundesamt, aus der Berliner SPD-Szene und denunzierte mutmaßliche Fluchthelfer.

Ein Berliner Hauptwachtmeister, der im Paßkontrolldienst am Flughafen Tegel eingesetzt war, berichtete über die Flüge von Personen, die nicht auf dem Landweg reisen wollten.

Ein Veterinärmediziner der Freien Universität verriet die Fluchtabsichten von DDR-Bekannten an die Stasi.

Eine deutsche Zivilangestellte der US-Armee in Frankfurt berichtete, gemeinsam mit ihrer Tochter, über die politische Stimmung in der Truppe.

91

Eine Beamtin im höheren Dienst des Auswärtigen Amtes arbeitete fünfzehn Jahre lang für das MfS, bevor sie wegen Spionage festgenommen wurde.

Ein Hamburger CDU-Politiker und Bürgerschaftsabgeordneter besorgte einer Dresdner Firma gegen Bezahlung Informationen aus den Bereichen Datenverarbeitung, Elektronik und Umweltschutz. Erst 1991 setzte er sich nach Österreich ab, wo er bei dem Versuch, die ihm nachgeschickten Möbel beim Zoll abzuholen, verhaftet wurde.

Ein Journalist aus Lauenburg sammelte von 1971 bis zum DDR-Ende für die Stasi Erkenntnisse über den Zoll und den Bundesgrenzschutz, ein Bonner Journalist kopierte fünf Jahre lang Geheimakten aus dem Kölner Bundesamt für Verfassungsschutz.

Ein CSU-Politiker mit besten Kontakten zu Theo Waigel und Friedrich Zimmermann übergab Material über CSU-Seilschaften nach Ost-Berlin.

Ein Berliner FDP-Politiker informierte die Stasi über die Kontakte von Westberliner Schwulen zu Ostberliner Schwulen.

Ein AOK-Verwaltungsdirektor versorgte die Stasi von 1967 bis zur Wende mit »hochsensiblen Daten« aus seinem Arbeitsbereich.

Ein Mitarbeiter des SPD-Politikers Hans-Jürgen Wischnewski schnüffelte im Auftrag des MfS bei der SPD herum, ein freier Journalist und Filmwissenschaftler beim Sender Freies Berlin, ein Diplom-Ingenieur bei Siemens, ein deutscher Wachmann bei den US-Streitkräften.

Der Vorsitzende der Berliner Pressekonferenz (»IM Comet«) war dreißig Jahre lang für die HVA aktiv. Er hatte Umgang mit allen Regierenden Bürgermeistern der Stadt, die er auf ihren Reisen begleitete.

»Die Kundschafter der Hauptverwaltung Aufklärung waren überall«, heißt es in einem dpa-Bericht vom März 1996 aus dem Berliner Kammergericht (»Jede Woche ein Prozeß«). Das Ministerium hatte »ganze Heerscharen« Inoffizieller

Mitarbeiter im Westen, »in den Gefängnissen und in der Polizei genauso wie bei der Sparkasse oder in den politischen Parteien«.

Die West-IMs arbeiteten für Geld und gute Worte, aus Abenteuerlust und Überzeugung, einige auch, weil sie erpreßt wurden. Was wir über deren grenzüberschreitende Aktivitäten erfahren, ist nur die Spitze des berühmten Eisbergs. Doch es reicht, um zu begreifen, daß auch westdeutsche Bürger in der Lage sind, Verantwortung zu übernehmen, wenn sie auf die richtige Art darum gebeten werden. Hätten ihnen die Behörden der Bundesrepublik ähnliche lebensgestalterische Möglichkeiten geboten, wären sie nicht auf die Offerten des MfS angewiesen gewesen. So stellt sich das MfS immer mehr als eine zu beiden Seiten der Mauer operierende Sozialstation heraus, deren Mitarbeiter nicht nur Brände und Havarien vorbeugend verhinderten, sondern bei solchen Gelegenheiten auch ihr Selbstwertgefühl heilten. Wie die Angehörigen der Freiwilligen Feuerwehr aus Winsen an der Luhe, die wenigstens einmal im Quartal einen qualmenden Mülleimer löschen müssen, um nicht an der Sinnlosigkeit des Lebens zu verzweifeln.

Freilich, verglichen mit den Ost-IMs wurden und werden die West-IMs noch immer benachteiligt. Sie mußten im dekadenten Westen leben, während ihre Kollegen alle Annehmlichkeiten des Lebens im Sozialismus genießen durften: vom kostenlosen Familienurlaub in einem MfS-Heim im Erzgebirge über ein vergünstigtes Abonnement der Zeitschrift »Das Magazin« bis zu der Aussicht auf eine persönliche Begegnung mit Erich Mielke bei der großen MfS-Tombola am Geburtstag von Feliks Dzierzynski. Nun müssen sich die West-IMs, deren Akten versehentlich nicht vernichtet wurden, vor Gerichten verantworten, während die Ost-IMs und andere Systemchargen Schritt um Schritt rehabilitiert werden: Ein Berliner Arbeitsgericht verurteilte das Bezirksamt Marzahn, einen Lehrer weiterzubeschäftigen, dem wegen seiner IM-Tätigkeit gekündigt wurde, die er bei der Einstellung verschwiegen hatte. In der thüringischen Gemeinde Roßleben wurde ein FDP-Politiker, von dem jeder im Ort wußte, daß er früher ein IM war, mit 91 Prozent der Stimmen zum Bürgermeister gewählt, und hätte der Landrat die Wahl nicht für ungültig erklärt, wäre der Gewählte in das Amt gekommen.

Das Bundesarbeitsgericht entschied zugunsten einer ehemaligen Parteisekretärin der SED und Lehrerin für Marxismus und Leninismus, sie dürfe nicht ohne weiteres aus dem Schuldienst entlassen werden. Nach einer Entscheidung des Oberlandesgerichts Dresden dürfen ehemalige DDR-Richter, die fragwürdige Urteile gegen Ausreisewillige gefällt haben, dennoch Rechtsanwälte werden. Nur wenn sie »in überdurchschnittlicher Weise hart gegen Angeklagte vorgegangen sind«, kann ihnen die Zulassung versagt werden. In Brandenburg wurde keinem Rechtsanwalt wegen seiner früheren Zusammenarbeit mit dem MfS die Lizenz verweigert oder entzogen. Unter 148 überprüften Anwälten waren 23 hauptamtliche und 36 Inoffizielle Mitarbeiter der Stasi. Und das Bundesverfassungsgericht entschied Ende 1995, ehemalige DDR-Anwälte, die für die Stasi als »einfache Spitzel« gearbeitet haben, dürfen in der Bundesrepublik als Anwälte praktizieren.

In ostdeutschen Privatunternehmen ist eine frühere Zusammenarbeit mit dem MfS, hauptamtlich oder inoffiziell, längst kein Kainsmal, sondern ein Qualifikationsnachweis; wer nicht bei der Stasi war, der gerät leicht unter Verdacht, ein Leistungsverweigerer zu sein.

Und während ein paar Ewiggestrige nicht vergessen können und nicht vergeben wollen, was sie erlebt haben, setzt sich in Ost und West immer mehr die Einsicht durch, daß es unverantwortlich wäre, erfahrene Fachkräfte, die Brände und Havarien vorbeugend verhindern können, nicht zu beschäftigen.

SIEGER UND VERLIERER

Horst im Glück

Horst Hölig ist ein Glückspilz. Er wurde in der DDR zu zehn Jahren Zuchthaus verurteilt und mußte nur fünf Jahre und einige Wochen absitzen. 1994 bekam er eine Entschädigung von der Bundesrepublik bezahlt, 300 DM für jeden Monat Haft, insgesamt 18 600 DM, steuerfrei und ohne Abzüge. Er mag nicht mal daran denken, was gewesen wäre, wenn er die ganze Strafe hätte absitzen müssen. »Ich wäre nicht mehr am Leben.«

Horst Hölig lebt mit einer kaputten Lunge nach einer verschleppten Tbc, einem schweren Herzmuskelschaden und einem Ohr, auf dem er nichts mehr hört – Folge der Schläge und Fußtritte, die ihm bei den Verhören im Stasi-Gefängnis von Berlin-Hohenschönhausen verpaßt wurden. Dort hat er auch Erich Mielke zum ersten und einzigen Mal in seinem Leben gesehen. Eines Tages wurde die Tür zu seiner Zelle aufgerissen, »und da standen diese betreßten Leute, und einer von denen war Mielke«, der sich die Haftäume ansah. Die schicksalhafte Begegnung dauerte nur wenige Augenblicke, doch seitdem wartet Horst Hölig darauf, daß sich Gerechtigkeit einstellt und Erich Mielke zur Verantwortung gezogen wird – wenigstens für das, was er ihm selbst angetan hat.

Um der Gerechtigkeit ein wenig auf die Sprünge zu helfen, hat Hölig den ehemaligen Stasi-Chef verklagt, auf Schadenersatz und Schmerzensgeld. Die 22. Zivilkammer des Berliner Landgerichts hat Höligs Klage verhandelt und mit einem

Argument abgewiesen, das in Deutschland immer dann zum Einsatz kommt, wenn ein Individuum mit seinen Ansprüchen die Ruhe eines Kollektivs gefährdet: Wo kämen wir denn hin, wenn alle so was täten!

Horst Hölig ist ein Glückspilz, der ein wenig aus der Bahn geschleudert wurde. 1930 im thüringischen Gotha als Sohn eines Kaufmanns geboren, war er bei Kriegsende gerade fünfzehn Jahre alt. Er wurde weder zum Volkssturm noch als Flakhelfer eingezogen, und wenn die Amis Thüringen nicht an die Sowjets übergeben hätten, hätte er seine Lehre als Technischer Zeichner beendet und wäre vielleicht sogar Brückenbauingenieur geworden. Doch mit dem Einzug der Sowjets wurden die Karten neu gemischt. Weil Höligs Vater ein »bürgerliches Element« war, verlor der Sohn seine Lehrstelle. Er lernte »Lebensmittelkaufmann«, und da er zu dieser Zeit »nur ans Geldverdienen« dachte, setzte er sich im Herbst 1951 nach West-Berlin ab, damals eine einfache Sache: Die Sektorengrenze war frei passierbar.

Der Vater hatte ihm einen guten Rat auf den Weg mitgegeben: »Ein Kiosk ist eine sichere Existenz.« Mit gepumptem Geld machte Hölig in der Wilmersdorfer Straße einen Verkaufsstand auf. Doch weil die sichere Existenz ein wenig langweilig war und weil Hölig sen. das damalige Ostbüro der FDP von Gotha aus mit Materialien über die Zustände in der DDR belieferte, nahm auch Horst Hölig Kontakt mit der Berliner FDP auf. In einer Bescheinigung der FDP »Referat Wiedervereinigung Außenstelle Berlin-Charlottenburg« aus dem Jahre 1957 heißt es, Hölig habe »in den Jahren 1951/52 mit unserem damaligen Ostbüro in enger Verbindung gestanden« und »aus rein ideellen Gründen... sich aktiv für den freiheitlichen Gedanken in der SBZ eingesetzt«. Daneben versorgte er die Tageszeitung »Telegraf« mit »Informationen aus der sowjetischen Besatzungszone«, wofür er mit wöchentlich 50 DM entlohnt wurde. »Einige seiner Angaben sind im ›Telegraf‹ veröffentlicht worden«, heißt es in einer weiteren Bescheinigung aus dem Jahre 1957.

Horst Hölig würde vermutlich noch heute in seinem Kiosk an der Wilmersdorfer Straße stehen, Dosenbier, Zigaretten und Schokoriegel verkaufen und dabei von den aufregenden Zeiten schwärmen, da er das Ostbüro der FDP und den »Telegraf« mit Informationen aus der SBZ belieferte, wenn er nicht am 17. März 1952 mit seiner damaligen Verlobten zu einer Geburtstagsfeier nach Ost-Berlin gefahren wäre. Am nächsten Tag wurde er am Bahnhof Lichtenberg von vier Männern festgenommen und in das Untersuchungsgefängnis Hohenschönhausen gebracht, wo er fünf Monate einsaß, verhört, geprügelt und gefoltert wurde. Von den vier Stasi-Männern, die sich in dieser Zeit um ihn kümmerten, sind ihm drei namentlich bekannt. Der Hauptvernehmer, Oberkommissar Redmann, hatte sich auf eine besonders subtile Form des Verhörs spezialisiert. »Er ließ mich stundenlang in aufrechter Haltung auf einem Schemel sitzen, die Handflächen auf den Knien; er sagte kein Wort, sondern kaute nur an einem Bleistift und schaute mich dabei an.«

Einmal im Laufe der fünf Monate U-Haft wurde Hölig zu einem »Freigang« geführt, für zehn Minuten in einem Käfig, der im Gefängnishof aufgestellt war. Die übrige Zeit mußte er ohne Tageslicht und Frischluft auskommen. Dafür blieb auch nachts das Licht in der Zelle immer eingeschaltet. Irgendwann unterschrieb er ein »Geständnis« und wurde nach Greifswald verlegt, wo ihm an 28. August 1952 der Prozeß gemacht wurde.

Die Anklageschrift, die Staatsanwalt Braunschweig im Auftrag des Oberstaatsanwalts des Bezirks Greifswald unterschrieben hatte, war ganze zwei Seiten lang und begnügte sich im wesentlichen mit der Feststellung, Hölig habe »Kriegs- und Boykotthetze betrieben und in Verbindung damit tendenziöse Gerüchte, die den Frieden des deutschen Volkes und der Welt gefährden, verbreitet...« Im einzelnen habe er »Friedenskämpfer verleumdet«, »innerparteiliche Angelegenheiten einer Arbeiterpartei in West-Berlin verraten«, »friedliebende Mitglieder der Kriegshetzerpartei FDP denunziert« und die »friedliebende Sowjetunion der Spionagetätigkeit in West-Berlin bezichtigt«. Mit seinen Handlungen habe er sich »bewußt auf die Seite der Kriegstreiber gestellt, der Deutschen Demokratischen Republik ... großen Schaden zugefügt und ... Verrat an dem deutschen Volk geübt« – alles Verbrechen gegen den Artikel 6 der Verfassung der DDR und die Kontrollratsdirektive Nr. 38.

Die Anklageschrift liest sich wie aus der Feder von George Orwell und wird in ihrem maliziösen Charme nur noch von der Urteilsbegründung übertroffen, in der es unter anderem heißt, Hölig habe sich »als Handlanger für die Vorbereitung eines neuen Krieges betätigt«, indem er »den imperialistischen Kriegstreibern Berichte über die Volkspolizei« lieferte. Außerdem habe er sich »des Völkerhasses schuldig gemacht, indem er gegen die Sowjet-Union hetzte«, dazu »den Militarismus und den Neofaschismus propagiert und durch Erfindung und Verbreitung tendenziöser Gerüchte den Frieden des deutschen Volkes und den Frieden der Welt gefährdet«.

Horst Hölig hatte wirklich Glück, er kam sozusagen mit einem strengen Verweis davon. Nachdem er es beinah geschafft hatte, durch die Verbreitung von Gerüchten einen Weltkrieg zu entfachen, fiel die von der Ersten Großen Strafkammer des Landgerichts Greifswald unter dem Vorsitz der Landrichterin Langner verhängte Strafe – zehn Jahre Zuchthaus – ausgesprochen milde aus. Er wurde in die Strafanstalt Bützow-Dreibergen gebracht und im Mai 1953 in die Strafanstalt Waldheim verlegt, eines der besten Häuser im Knastsystem der DDR.

Das Glück blieb Horst Hölig treu. Im April 1957 beschloß der Erste Strafsenat des Bezirksgerichts Schwerin, die Reststrafe zur Bewährung auszusetzen, weil er sich in der Haft »gut geführt« und »die Lehren aus seiner Straftat gezogen hat«. Die zuständige Stasi-Stelle legte Protest ein, doch blieb das Gericht bei seiner Entscheidung. »Nach kollektiver Beratung wurde beschlossen, die bedingte Strafaussetzung nicht zu widerrufen. Das Urteil wurde als überhöht bezeichnet, und es würde jetzt eine Strafe von fünf bis sechs Jahren zu erwarten sein.« – Am 25. April 1957 wurde Horst Hölig vorzeitig aus der Haft entlassen.

Sein Vater brachte ihn nach West-Berlin, wo er umgehend in medizinische Behandlung genommen wurde. Die Ärzte erkannten auf Rippenfellentzündung mit nachfolgender Lungentuberkulose, Herzmuskelschaden und Herzrhythmusstörungen, dazu eine schwere Schädigung des Gehörs.

Es dauerte zwei Jahre, bis Horst Hölig so weit hergestellt war, daß er wieder auf eigenen Füßen gehen konnte. Er ging nach Westdeutschland. In West-Berlin zu bleiben war ihm zu gefährlich. »Die Stasi hatte überall ihre Leute, in den Redaktionen, in den Parteien, sogar in der ›Kampfgruppe gegen die Unmenschlichkeit‹«, der antikommunistischen Widerstandszelle um Rainer Hildebrandt.

Hölig fand Arbeit in Baden-Württemberg, später zog er nach Nordrhein-Westfalen. Er verdiente sich seinen Lebensunterhalt als Verkaufsleiter, »immer in fester Stellung«, wie er betont, mal bei einem Schreibmaschinenhändler, mal in einem Möbelhaus, mal im Elektro-Fachhandel. Zwischendurch mußte er immer wieder aufhören, seine Krankheiten holten ihn ein; und je älter er wurde, um so schwerer wurde es, nach einer Unterbrechung einen neuen Job zu finden. 1990 wurde Horst Hölig arbeitslos, 1995 ging er in Rente.

Doch wieder war das Glück mit ihm. Die DDR gab den Geist auf. Erich Mielke wurde des Amtes enthoben, und Horst Hölig schöpfte wieder Vertrauen in den Lauf der Geschichte. Das lange Warten hatte sich gelohnt.

Im Dezember 1992 wurde Hölig durch einen Beschluß des Landgerichts Rostock rehabilitiert, das Greifswalder Urteil von 1952 »für rechtsstaatswidrig erklärt und aufgehoben«. 1993 nahm Hölig Einblick in seine Stasi-Akten. Da fand er unter anderem eine handschriftliche Notiz des Mannes, der ihm vor 41 Jahren die Hand auf die Schulter gelegt hatte: »Um 10.15 wurde Hölig am Bhf Lichtenberg von der Abt. VIII illegal festgenommen. Auf Anweisung von Herrn Staatssekr. Mielke ist Hölig in der Strafanstalt 1 eingeliefert. 18.3.52 Enke.«

Illegal festgenommen! Hölig konnte es nicht fassen. Die Stasi-Leute wußten nicht nur, was sie taten, sie legten zugleich mit der Tat auch ein Geständnis ab. Auf einem weiteren Schriftstück, in dem es um die »Festnahme des Hölig« geht, entdeckte Hölig gleich zwei Unterschriften von Mielke, eine mit dem Zusatz »Einverstanden«. Damit war klar: Selbst nach den Regeln der DDR war Höligs Festnahme ungesetzlich. Und hinter der ungesetzlichen Maßnahme stand kein anderer als Erich Mielke persönlich.

Höligs Anwalt reichte beim Landgericht Berlin Klage »gegen Herrn Erich Mielke, z. Z. Haftanstalt Moabit, wegen Schadenersatz und Schmerzensgeld« ein. Er listete die »materiellen Schäden«, die seinem Mandanten »durch die illegale Verhaftung« entstanden sind, penibel auf: 800 DM für die Anschaffung des Kiosks, 3500 DM für die Einrichtung des Kiosks, 20 000 DM für den Wert der Waren und 31 000 DM entgangenes Einkommen, »hätte der Kläger seine selbständige Tätigkeit fortführen können«, bei einem angenommenen monatlichen Entgelt von 500 DM, in der Zeit von der Festnahme am 18. März 1952 bis zur Haftentlassung am 25. April 1957. Alles in allem: 55 300 DM. »Das klingt albern, aber es geht nicht anders«, sagt Anwalt Rütte, »bei einem Beinbruch kennt man den Tarif, aber für solche Fälle gibt es keine Rechtsprechung«. Als Schmerzensgeld zum Ausgleich der immateriellen Schäden brachte der Anwalt 10 000 DM in Ansatz.

Höligs Klage wurde von der 22. Zivilkammer des Landgerichts Berlin abgewiesen. In der schriftlichen Urteilsbegründung führen die Richter aus, Horst Höligs Behauptung, »die Körperverletzungen durch die vernehmenden Personen seien… auf den persönlichen Führungsstil« Mielkes zurückzuführen, sei unbewiesen geblieben. Und für die Exzesse seiner Vernehmungsbeamten sei Mielke »ohnehin nicht«

verantwortlich. Zudem gehe es »um staatlich veranlaßtes Unrecht und nicht um die deliktsrechtliche Verantwortlichkeit eines einzelnen«. Hätte Mielke nicht »als ausführendes Organ einer ungeschriebenen Staatsdoktrin der DDR, der Ausschaltung politisch Andersdenkender, sondern aus persönlichen Motiven gehandelt«, sähe die Sache anders aus. Da Mielke aber nicht aus Spaß an der Freud sich um die Ausschaltung politisch Andersdenkender bemühte, sondern als »ausführendes Organ« tätig war, sozusagen nur eine ungeschriebene Doktrin in die Praxis umsetzte, könne er nicht zur Verantwortung gezogen werden.

Und dann steht in dem Urteil noch ein Satz, den sich alle gut merken sollten, die von der Richtigkeit der Forderung »Wehret den Anfängen!« überzeugt sind. »Es darf nicht außer Betracht gelassen werden, daß in der ehemaligen DDR in vielen Bereichen systematisch und gezielt Unrecht praktiziert und formelles und materielles Recht verletzt worden sind.« Der richtigen Erkenntnis folgt eine absurde Schlußfolgerung: »Persönliche Haftungen würden zu uferlosen Weiterungen führen.«

Und damit es nicht zu »uferlosen Weiterungen« kommt, muß eine »persönliche Haftung« bei einem ausführenden Organ eines totalitären Apparats verneint werden. »Das ist irre«, sagt Anwalt Klemens Rütte, »so ein Satz hat in einem Urteil nichts zu suchen, es kann nicht die Aufgabe von Gerichten sein, dafür zu sorgen, daß sie nicht beschäftigt werden.«

Doch so ein Satz zeugt nicht nur vom Bemühen, den Arbeitsaufwand in überschaubaren Grenzen zu halten, er zeigt auch, warum man sich bei der Aufarbeitung einer Diktatur unter keinen Umständen auf die Justiz verlassen sollte: Nicht weil sie die Kleinen hängt und die Großen laufenläßt, sondern weil die Wahrscheinlichkeit, daß ein Verbrechen ungesühnt bleibt, um so größer ist, je mehr Täter an diesem Verbrechen teilgenommen, je mehr Unrecht sie praktiziert haben. Für die Gültigkeit dieser Regel tritt die deutsche

101

Justiz zum zweitenmal im Laufe von fünfzig Jahren den Beweis an.

Horst Hölig will in die Berufung gehen. Das Berliner Kammergericht wird sich mit der Frage der persönlichen Verantwortung von Erich Mielke zu beschäftigen haben. Hölig sieht der zweiten Runde mit gedämpftem Optimismus entgegen. Er will die Sache durchstehen. Schließlich hat er auch Hohenschönhausen, Bützow-Dreibergen und Waldheim durchgestanden. Er weiß, er ist ein Glückspilz. Da er sich einen solchen Prozeß gar nicht leisten kann, hat ihm das Landgericht »Prozeßkostenhilfe« gewährt, wegen »grundlegender Bedeutung und erheblicher rechtlicher Tragweite« des Falles.

Und damit in dem Verfahren keine Seite bevorzugt oder benachteiligt wird – wir leben schließlich in einem Rechtsstaat – hat das Gericht Erich Mielke ebenfalls »Prozeßkostenhilfe« zuerkannt. Auch für den ehemaligen Minister für Staatssicherheit der DDR ist es ein Fall von grundlegender Bedeutung.

Freispruch für DDR-Richter

Pünktlich zum fünften Jahrestag der Wiedervereinigung hat der Bundesgerichtshof einen wichtigen Beitrag zur Herstellung der inneren Einheit geleistet. Der Berliner Senat des obersten deutschen Gerichts entschied, aus rechtsstaatlichen Gründen müsse auch das politische Strafrecht der DDR als seinerzeit geltendes Recht hingenommen werden. Ehemalige Richter und Staatsanwälte der DDR, gegen die wegen Rechtsbeugung ermittelt wird, können aufatmen, die meisten Verfahren müssen nun eingestellt werden. Nur wenn »ein offensichtlich schwerer Willkürakt bei der Anwendung des DDR-Rechts« nachgewiesen werden kann oder »die verhängten Strafen in einem unerträglichen Mißverhältnis zu der abgeurteilten Handlung standen«, soll eine Verurteilung wegen Rechtsbeugung auch weiterhin möglich sein.

Praktisch bedeutet das Urteil einen nachträglichen Freispruch für die DDR-Justiz. Natürlich haben sich Richter und Staatsanwälte an das geltende Recht der DDR gehalten und nicht nach Lust und Laune gehandelt. Allerdings war das Recht, das in der DDR galt, Unrecht, und die Richter und Staatsanwälte, die es anwandten, waren nur gehorsame Erfüllungsgehilfen der Partei, eine Art gesetzliches Feigenblatt am volkseigenen Körper. In einem solchen System, das auf Willkür basierte, war auch eine Verurteilung wegen Ladendiebstahls ein Akt der Willkür. Hier zwischen einem quasi ordentlichen Justizbetrieb auf der einen und »Willkürakten« auf der anderen Seite zu unterscheiden ist Haarspalterei.

Nun hat sich die deutsche Justiz um die Aufarbeitung deutscher Geschichte insofern verdient gemacht, als sie immer Milde und Nachsicht gegenüber Angehörigen des eigenen Standes praktizierte. Das war nach dem Ende des Dritten Reiches so, warum sollte es nach dem Ende der DDR anders sein? Damit freilich ist der Beitrag der Justiz zu dem, was allgemein »Vergangenheitsbewältigung« genannt wird, noch nicht erschöpft. Inzwischen leisten unabhängige Gerichte auch Hilfestellung, wenn es darum geht, Geschichte umzuschreiben. Der letzte Innenminister der DDR, Peter-Michael Diestel, hat jeden, der ihn in Verbindung mit der Vernichtung von Stasi-Akten in Verbindung brachte, verklagt und auf diese Weise einige Dutzend Prozesse gewonnen. Bis er sich in die Wahnvorstellung hineingesteigert hatte, während seiner Amtszeit seien gar keine Stasi-Akten vernichtet worden. Erst von da an mochten ihm die Richter nicht mehr folgen.

Noch toller trieb es der langjährige Präsident des DDR-Schriftsteller-Verbandes Hermann Kant, von dem wir inzwischen wissen, daß er zwanzig Jahre lang, von 1957 bis 1976, als »Kontaktperson«, »Geheimer Informator« und »Inoffizieller Mitarbeiter« für die Stasi gearbeitet hatte.

Am 31. März 1983 schrieb der Schriftsteller Joachim Seyppel in der »Welt«, Kant würde »das hohe Amt eines Oberstleutnants des Ministeriums für Staatssicherheit bekleiden«. Ungeachtet seiner Geringschätzung für die bürgerliche Gesellschaft und die bürgerliche Klassenjustiz zog Hermann Kant vor das Hamburger Landgericht, um Joachim Seyppel die Behauptung verbieten zu lassen, er, Hermann Kant, sei ein Mann der Stasi im Range eines Oberstleutnants.

Hermann Kant bekam recht. Das Landgericht Hamburg entschied am 21. Oktober 1983, die von Seyppel aufgestellte Behauptung verletze den Kläger mehrfach: »...in seinem selbst definierten sozialen Geltungsanspruch, in seinem Ansehen als Schriftsteller und Vorsitzender des Schriftsteller-verbandes der DDR«, denn, so das Landgericht wörtlich: »Es ist davon auszugehen, daß vielen Kollegen und Lesern des Klägers die Zugehörigkeit zu einem Abwehr- oder Geheim-dienst bzw. zu einem Sicherheitsdienst mit der Tätigkeit eines freien Schriftstellers unvereinbar erscheint.« Die Tätig-keit von derartigen Diensten würde »vielfach mit Über-wachung im Sinne von Bespitzelung und der Unterdrückung eigenverantwortlicher politischer Betätigung gleichgesetzt« und auch Erinnerungen an »Einrichtungen wie etwa die ›Geheime Staatspolizei‹ im ›Dritten Reich‹ oder an Geheim-dienste anderer totalitärer Staaten« wachrufen. So würde Hermann Kant Gefahr laufen, »sowohl bei den Schriftsteller-Kollegen... als auch bei seinen Lesern in Mißkredit zu geraten«.

Kant selbst hatte vor Gericht erklärt, er »habe zu keinem Zeitpunkt Funktionen innerhalb des Ministeriums für Staatssicherheit innegehabt«. Kants Wort in eigener Sache hatte vor Gericht Beweisqualität, Seyppel dagegen konnte seine Behauptung nicht belegen.

Das war, wie gesagt 1983, die Mauer stand noch fest im deutschen Boden, und auch bei der Stasi funktionierte alles nach Plan. Jahre später, im September 1990, erschien im »Spiegel« eine lange Geschichte über den Schriftsteller Erich Loest, der in der DDR sieben Jahre in Bautzen gesessen hatte. In seinen Stasi-Akten, die Loest nach der Wende ein-sehen konnte, hatte er unter anderem Hinweise auf Her-mann Kant gefunden. Worauf der »Spiegel« anfragte, ob »Kant als knurriger Kettenhund der Stasi« gedient hatte. Kant zögerte nicht lange, verklagte den »Spiegel« und ge-wann das Verfahren sowohl vor dem Land- wie dem Ober-landesgericht Hamburg. Wieder bestritt er, mit der oder für die Stasi gearbeitet zu haben.

Zwei Jahre später, im Herbst 1992, tauchte die Akte des IM »Martin« aus der Versenkung auf, acht Bände mit insgesamt 2254 Blatt. Und IM »Martin« war: Hermann Kant. Er hatte seinem Staat nicht nur als Mitglied der Akademie der Künste, als Vizepräsident und Präsident des Schriftstellerverbandes, in der Berliner Bezirksleitung der SED, als Abgeordneter in der Volkskammer und im ZK der SED gedient, er hatte auch der Stasi zugearbeitet, Kollegen bespitzelt und denunziert – und das alles, wie es in seiner Akte hieß, »auf der Basis der Überzeugung«.

Inzwischen liegt »Die Akte Kant« als Buch vor, herausgeben von Karl Corino, einem der wenigen westdeutschen Kenner der DDR-Literatur, die sich vom autoritären Charme der Kulturfunktionäre der DDR nicht haben vereinnahmen lassen. Auf rund 500 Seiten dokumentiert Corino die Karriere eines Überzeutungstäters, der schon als Student nie um einen infamen Einfall verlegen war. Nachdem er einen Kommilitonen wegen dessen »feindlicher Einstellung« zur DDR angeschwärzt hatte, dieser zur Zwangsarbeit verurteilt und nach Sibirien deportiert wurde, gab Kant dem Vater des spurlos Verschwundenen den Rat, mal zu überlegen, ob sein Sohn sich vielleicht der Fremdenlegion angeschlossen habe.

Angesichts solcher Finessen erscheint die Qualifizierung Kants durch den »Spiegel« als »knurriger Kettenhund der Stasi« wie eine freundliche Untertreibung. Corinos Buch »Die Akte Kant« dokumentiert die Rolle, die Kant offiziell und inoffiziell im Kulturbetrieb der DDR gespielt hat. Daß er dabei streckenweise vom Sekretär des Schriftstellerverbandes bespitzelt wurde, daß sich der Leiter des Aufbau-Verlages, in dem Kants Bücher erschienen, als IM-Decknamen ausgerechnet »Kant« zulegte, mag einem rückblickend wie eine Klamotte erscheinen, deren Hauptdarsteller sich gegenseitig von den Sitzen zu kippen bemühen.

Doch mehr als solche Szenen aus einem real existierenden Irrenhaus interessiert uns etwas anderes: Ob die deutsche Justiz, die jeden Verkehrssünder gnadenlos verfolgt, IM Martin alias Hermann Kant wegen Prozeßbetrugs zur Verantwortung ziehen wird. Zwar hat Kant in der Tat nie Funktionen *innerhalb* des Ministeriums für Staatssicherheit innegehabt, doch hat er *für* das Ministerium gearbeitet, und insofern hatte Joachim Seyppel mit seinem falschen Vorwurf, Kant sei Oberstleutnant der Stasi gewesen, faktisch recht. In solchen Fällen kann es nicht auf den Rang des Täters ankommen, sondern nur auf die Art der Betätigung. Warten wir also ab, was die Richter, die von Kant mehrmals reingelegt wurden, nun, da die Tatsachen auf dem Tisch liegen, unternehmen werden. Wir erwarten nicht einmal, daß sie die alten Fälle wieder aufrollen. Wir wären schon froh, wenn sie an IM Martin, der nichts, aber auch gar nichts mit der Stasi zu tun hatte, denken, wenn sie über die nächste Klage von Gregor Gysi, der niemals IM Notar war, beraten.

Richter sind auch nur Menschen. Es ist ihnen nicht verboten, aus Erfahrung schlauer zu werden.

Eine endliche Geschichte

In der »Runden Ecke« am Dittrichring 24 in Leipzig, wo bis zur Wende die Stasi ihr örtliches Hauptquartier hatte, ist in einer Ausstellung ein historisches Dokument zu besichtigen: ein Brief, den der Leiter des »Komitees zur Auflösung des Amtes für Nationale Sicherheit«, Günter Eichhorn, am 18. April 1990 an den »Bezirksarbeitsstab Leipzig« geschrieben hat. Unter dem Rubrum »Auflösung und Überführung des operativen Materials der Abteilung XV (Aufklärung) des Bezirksamtes für Nationale Sicherheit Leipzig« ordnet der Leiter des »Komitees« an: »Die im Bezirksamt Leipzig befindlichen operativen Materialien der Abteilung XV (Aufklärung) sind in ihrem Gesamtbestand (eine LKW-Ladung) ... zur Überführung nach Berlin vorzubereiten und zur Vernichtung durch die Hauptverwaltung Aufklärung – in Auflösung – zu übergeben ...« Unter der Unterschrift von Eichhorn findet sich noch ein Vermerk: »Bestätigt: Stellvertreter des Ministerpräsidenten und Innenminister Herr Dr. Peter-Michael Diestel«, mit Diestels eigenhändiger Unterschrift.

Es war eine der ersten Amtshandlungen Diestels, der am 12. April von Lothar de Maizière (»IM Czerny«) zum Innenminister berufen wurde, den Transport einer Lkw-Ladung Stasi-Akten von Leipzig nach Berlin zum Zweck der Vernichtung freizugeben. Daß die Akten schließlich doch in Leipzig blieben und nicht vernichtet wurden, ist nur den Leipziger Bürgerrechtlern zu verdanken, die sich der Order aus Berlin widersetzten. Fünf Jahre später, am 10. Juli 1995, entschied das Hanseatische Oberlandesgericht, auch wenn die Leipziger Akten zufällig erhalten blieben, sei Diestel doch für die Vernichtung von Stasi-Akten während seiner Amtszeit politisch verantwortlich. Genau dies hatte Diestel immer bestritten und alle vor Gericht gezerrt, die das Gegenteil behaupteten.

Der Fall »Diestel und die Stasi-Akten« ist ein schönes Beispiel für den fast geglückten Versuch, die Geschichte der DDR nachträglich umzuschreiben. Hier die wesentlichen Stationen:

Am 11. April 1991 erscheint in der »Bunten« ein Interview mit dem früheren Bundesinnenminister Gerhart Baum, in dem es u. a. um die Gefahr terroristischer Aktivitäten ehemaliger Stasi-Mitarbeiter geht. In diesem Zusammenhang sagt Baum den Satz: »Der damalige Innenminister Diestel hat Akten vernichten lassen, die uns heute Aufklärung geben könnten.« Diestel klagt gegen Gerhart Baum und die »Bunte«; weder habe er Akten vernichten lassen, noch seien unter seiner Verantwortung Akten vernichtet worden.

Anfang Juli 1992 bringt die »Bild«-Zeitung Diestel mit der Vernichtung von Stasi-Akten in Verbindung. Als Beleg dient der in Leipzig zu besichtigende Eichhorn-Brief, der Diestels »Bestätigt«-Vermerk trägt. Diestel klagt auch gegen die »Bild«-Zeitung. Sein Sprecher Thomas Roloff gibt eine Erklärung ab, in der es unter anderem heißt: »Die Vernichtung von Stasi-Akten war ein Beschluß des Zentralen Runden Tisches. Diestel war nur für die Sicherung des Transportes verantwortlich.«

Diestel benennt Zeugen, die seine Version der Geschichte bestätigen sollen. Der noch von Hans Modrow zum Leiter des staatlichen Auflösungskomitees berufene Günter Eichhorn, ein Apparatschik der alten DDR-Nomenklatura, kann sich genau an den Tag erinnern, an dem der Zentrale Runde Tisch die Vernichtung der HVA-Unterlagen beschlossen hat: am 23. Februar 1990. Was den Brief angeht, den Eichhorn am

109

18. April 1990 an das Leipziger Bürgerkomitee geschrieben hat, so habe er die Unterschrift des Ministers nur gebraucht, »um die Sicherheit des Transportes von Leipzig nach Berlin zu gewährleisten«. Das Gericht stellt keine Fragen. Es nimmt offenbar als gesicherte Tatsache an, daß im Frühjahr 1990 Räuberbanden auf der Strecke Leipzig–Berlin ihr Unwesen trieben.

Diestels zweiter Kronzeuge, Bernd Fischer, war im April 1990 Leiter der HVA in Auflösung gewesen, praktisch also der Nachnachfolger von Markus Wolf. Der MfS-Oberst Fischer spricht ebenfalls von einem »Beschluß zur Auflösung der HVA« und »Festlegungen zur Vernichtung von Aufklärungsunterlagen«, legt sich aber im Gegensatz zu Eichhorn nicht fest. Er sagt weder, welches Gremium einen solchen Beschluß gefaßt hat, noch wann dies passiert sein soll. Dem Gericht genügt die Aussage, es will keine Details wissen.

Mit Hilfe der Aussagen seiner Zeugen gewinnt Diestel die Verfahren gegen »Bunte« und »Bild«. Im Urteil des Hanseatischen Oberlandesgerichts vom 22. Juli 1993 werden die Aussagen der beiden Zeugen als »so plausibel und lebendig« bewertet, »daß der Senat keine Bedenken hat, ihnen Glauben zu schenken«.

Damit hatte Diestel einen höchstrichterlichen Persilschein in der Hand. Wer danach Diestel mit dem Verschwinden von Stasi-Akten in Verbindung brachte oder gar behauptete, er sei für deren Vernichtung verantwortlich, wurde von Diestels Hamburger Anwalt Heinrich Senfft abgemahnt, mit Einstweiligen Verfügungen belegt und vor das Hamburger Landgericht zitiert. Auf diese Weise soll Diestel über sechzig Verfahren gewonnen haben.

Im Herbst 1993 erschien bei Hoffmann und Campe mein Buch »Erbarmen mit den Deutschen«. Ohne eine Ahnung von den Prozessen zu haben, die Diestel bis dahin geführt hatte, schrieb ich, Diestel wäre »mitverantwortlich für die Vernichtung eines großen Teils der Stasi-Akten« bzw. »verantwortlich für die Vernichtung eines erheblichen Teils der

Stasi-Akten«. Kaum war das Buch auf dem Markt, verlangte Anwalt Senfft im Namen seines Mandanten vom Verlag und von mir eine Unterlassungserklärung. Ich hatte keine Lust auf einen Prozeß und verpflichtete mich, diese Behauptung nicht zu wiederholen. In der zweiten Auflage hieß es an der inkriminierten Stelle, während Diestels Amtszeit wurde »ein großer Teil der Stasi-Akten vernichtet, wofür er jede Verantwortung bestreitet«. Damit glaubte ich, Diestel weit entgegengekommen zu sein, ohne auf die Feststellung einer historischen Tatsache zu verzichten. Doch Diestel und seinem Anwalt war es nicht genug. Sie erwirkten eine Einstweilige Verfügung gegen Hoffmann und Campe und mich und reichten Klage auf Widerruf ein.

Etwa zur selben Zeit, im November 1993, schrieb Johannes Gross in seinem »Notizbuch« im »FAZ-Magazin«, Diestels Verhalten könnte mit der »Hoffnung« erklärt werden, »der Schwindel werde nicht auffliegen«, und mit der »Überzeugung, Leugnen sei ein Menschenrecht und bleibe ja ohne Sanktion«. Auch Gross bezog sich dabei auf den Eichhorn-Brief vom 18. April 1990 mit Diestels »Bestätigt«-Unterschrift.

Diestel reagierte prompt. Er setzte bei der »FAZ« eine Gegendarstellung durch, die länger war als die vorausgegangene Notiz über ihn. Auch diesmal bezog sich Diestel auf das Urteil des Hanseatischen Oberlandesgerichts vom Juli 1993 und die Aussagen der Zeugen Eichhorn und Fischer, die erklärt hatten, so Diestel, »daß mit meiner ›Bestätigung‹ nur abgesichert und kenntlich gemacht werden sollte, daß der geplante Transport der Stasi-Akten von Leipzig nach Berlin mit Mitteln des Innenministeriums durchgeführt würde«.

Inzwischen war es Diestel gelungen, sich selbst davon zu überzeugen, daß er mit der Vernichtung der Stasi-Akten während seiner Amtszeit nichts zu tun hatte. Er gab sich mit der Gegendarstellung im »FAZ-Magazin« nicht zufrieden und verklagte auch Johannes Gross und die »FAZ« auf Widerruf. Damit stand es eins zu vier: Diestel gegen Broder, die

»FAZ«, Johannes Gross und Hoffmann und Campe. Und im Hintergrund lauerten Burda, der Axel-Springer-Verlag und der »Spiegel«, mit denen Diestel noch immer im Justiz-Clinch lag.

Von da an ging's bergab. Der Anwalt von Johannes Gross, Winfried Seibert, machte sich auf die Suche nach dem »Beschluß« des Zentralen Runden Tisches vom 23. Februar 1990, mit dem die Vernichtung von Stasi-Unterlagen, vor allem der HVA, angeblich in die Wege geleitet wurde. Seibert fragte bei Bürgerkomitees nach, wühlte sich durch Archive, nur um herauszufinden, daß es einen solchen Beschluß nicht gab, daß der Zentrale Runde Tisch am 23. Februar 1990 nicht einmal getagt und deswegen auch nichts beschlossen hatte. Auch kein anderes Gremium, das an der Organisation der Wende beteiligt war, hatte einen solchen Beschluß gefaßt. Es handelte sich um eine schlichte Erfindung der Diestel-Zeugen, die von den Gerichten ungeprüft übernommen wurde.

Anwalt Seibert (»Diestel und seine Zeugen haben von A bis Z gelogen«) fand noch mehr: sichere Belege dafür, daß Diestel – entgegen seiner Behauptung – von Beginn seiner Amtszeit an für die Abwicklung des ehemaligen MfS zuständig war und daß Akten während seiner Amtszeit im großen Stil vernichtet wurden. Im Juli 1994 verlor Diestel zum ersten Mal vor dem Landgericht Hamburg ein Verfahren in eigener Sache. Sein Anwalt Senfft, fassungslos ob der unerwarteten Niederlage, legte Berufung ein, und so kam es im Sommer 1995 vor dem Hanseatischen Oberlandesgericht zu einer Verhandlung wie vor einem parlamentarischen Untersuchungsausschuß. An fünf Verhandlungstagen wurden zwei Dutzend Zeugen vernommen, ein unüblicher Aufwand in einem Zivilverfahren.

Diestels Kronzeuge Eichhorn, der zwei Jahre zuvor »plausibel und lebendig« berichtet hatte, daß die Aktenvernichtung durch einen Beschluß des Zentralen Runden Tisches vom 23. Februar 1990 gedeckt und im übrigen *vor* dem

Amtsantritt Diestels abgeschlossen gewesen wäre, räumte auf Befragen der Anwälte ein, daß es einen solchen Beschluß nicht gab – weder am Zentralen Runden Tisch noch in einem anderen Gremium. Schließlich gestand er, vor zwei Jahren an gleicher Stelle die Unwahrheit gesagt zu haben. Auch andere Zeugen, die Diestel benannt hatte, mußten zugeben, daß sie sich nicht erinnern konnten, wie es damals war, daß sie sich geirrt hatten oder – Palmström lebt – keine Akten vernichtet werden konnten, weil es verboten war, Akten zu vernichten.

Am 10. Juli 1995 sprach das Hanseatische Oberlandesgericht das Urteil. Die Richter hatten begriffen, daß sie in den vorausgegangenen Verfahren belogen worden waren. Die Urteilsbegründung hört sich wie eine Serie von Ohrfeigen an: Diestel war als Innenminister für die Stasi-Akten verantwortlich. Es sind Stasi-Akten während seiner Amtszeit vernichtet worden. Diestel hat die Auflösung der Stasi nicht kontrolliert und vermutlich nicht kontrollieren wollen. Mit seiner Unterschrift auf dem Eichhorn-Brief hat er die beabsichtigte Vernichtung der Leipziger Akten aktiv gefördert.

Was bleibt? Der Versuch eines *un*verantwortlichen Ministers, mit Hilfe der Justiz die Geschichte umzuschreiben. Ein Versuch, der beinah geglückt wäre.

Und der rechtlich folgenlos bleibt. Die Hamburger Staatsanwaltschaft hat gegen Diestels Hauptzeugen Günter Eichhorn wegen falscher Aussage ermittelt, die Untersuchung aber nach einem Jahr mit der Begründung eingestellt, Eichhorns Angaben seien zwar »objektiv falsch« gewesen, doch sei »dem Beschuldigten nicht nachzuweisen, daß er insoweit *bewußt* falsch ausgesagt hat«.

Das Unterbewußtsein muß dem ehemaligen Leiter des Komitees zur Auflösung des Amtes für Nationale Sicherheit der DDR einen Streich gespielt haben, als er wiederholt zugunsten von Diestel vor Gericht unbewußt »objektiv falsch« aussagte. Ebenso unbewußt die Wahrheit zu sagen wäre keine praktikable Alternative gewesen.

113

Die schreibende Maultasche

Zwei Seelen schlagen, ach, in seiner Brust, und ginge es nach den Regeln der klassischen Tragödie, müßte die eine Seele die andere längst erschlagen haben. Doch kommen sie gut miteinander aus. Ab und zu läßt Dr. Heinrich Senfft* sein Alter ego von der Leine. Dann mutiert der bekannte Presse- und Prominentenanwalt zu einem Fachliteraten, wobei es vorkommt, daß er als Autor die Positionen bekämpft, die er als Anwalt vertritt. Wenn wir es nicht mit einer gespaltenen Persönlichkeit zu tun haben, dann mit einem Fall von doppelter Identität, wie wir sie aus vielen anderen Zusammenhängen kennen: Familienväter, die sich in rasende Amokläufer verwandeln, Hausfrauen, die heimlich auf den Strich gehen, Vegetarier, die lustvoll von Schweinshaxen phantasieren.

Natürlich könnte man auch bei Heinrich Senfft von Beruf und Berufung reden und darüber rätseln, an welcher Stelle seiner Biographie, die 1928 in Stuttgart in einem gutbürgerlichen Heim begann, die entscheidenden Impulse in die eine oder andere Richtung ausgelöst wurden. Er ist schließlich nicht der erste Rechtsgelehrte, der zur Feder greift. Auch E. T. A. Hoffmann, Kurt Tucholsky, Curzio Malaparte und der Geheime Rat Goethe waren gelernte Juristen. Doch emp-

---

* Im Laufe der im vorigen Kapitel geschilderten Auseinandersetzungen hatte der Autor zwei lange Jahre Gelegenheit, Rechtsanwalt Senfft zu beobachten und seine Schriftsätze zu studieren.

fiehlt es sich hier, mit Analogien vorsichtig zu sein. Nicht nur, um Hoffmann, Tucholsky, Malaparte und Goethe keinen postmortalen Tort anzutun, sondern vor allem, um Heinrich Senfft Gerechtigkeit widerfahren zu lassen. Mag ein Künstler wie Helge Schneider auf das Etikett »singende Herrentorte« stolz sein, Heinrich Senfft wäre sicher nicht entzückt, eine »schreibende Maultasche« genannt zu werden. Schon weil er schwäbische Bescheidenheit und literarischen Feinsinn an den Tag legt, indem er nicht wie andere Anwälte mit einer protzigen Aktentasche bei Gericht erscheint, sondern mit einem Beutel aus Leinen, auf dem »New York Review of Books« steht. So kommt ein Hauch von Welt in die Gerichtssäle, in denen Senfft die Interessen seine Mandanten vertritt.

Waren es vor der Wende vor allem große Verlage wie Gruner & Jahr und bekannte Autoren wie Biermann und Wallraff, so sind es seit dem Schicksalsjahr 1989/90 die Spitzen der DDR-Gesellschaft: Gregor Gysi und Hermann Kant, Egon Krenz und Peter-Michael Diestel. Niemand weiß, warum sich diese Angehörigen der alten DDR-Nomenklatura ausgerechnet um Heinrich Senfft scharen, doch hat es sie sicher nicht zufällig in seine Kanzlei verschlagen.

Im Sommer 1992 gehörte Heinrich Senfft zu den westdeutschen Erstunterzeichnern des Aufrufs zur Gründung der Komitees für Gerechtigkeit. »Die östliche Sammlungsbewegung ist da«, jubelte der Liebhaber französischer Küche und englischer Sakkos, als habe er nur auf den Moment gewartet, sich endlich einer »Bewegung« anschließen zu können. Inzwischen sind die Komitees – unter der Führung des als IM enttarnten Theologen Heiner Fink – in der ihnen gebührenden Bedeutungslosigkeit versunken, doch Heinrich Senfft kämpft immer noch darum, als Kandidat in das Politbüro einer imaginären »Bewegung« aufgenommen zu werden. Viele seiner Schriftsätze lesen sich wie die Bekennerschreiben eines Mannes, der zwar spät, dafür aber um so heftiger zum richtigen Glauben konvertiert ist. Es sind Bemühungen, die DDR post mortem zu rehabilitieren und

115

bei dieser Gelegenheit die eigene Vita mit einer späten Sinngebung aufzufüllen.

In einem Verfahren, in dem es darum ging, ob zur Amtszeit des letzten DDR-Innenministers Diestel Stasi-Akten vernichtet wurden, unternahm Heinrich Senfft den leicht waghalsigen Versuch, Emile Zola in Ton und Gestus zu kopieren. Es sei in diesem Land Mode geworden, schrieb er, »die Nazizeit mit der der DDR zu vergleichen – und sie am liebsten gleichzusetzen, damit darüber die Nazivergangenheit dann doch endlich vergehe«. Mit den Stasi-Akten werde es »kein Heil geben, nichts als neue Vergiftung, Denunziation und Erpressung«, weswegen es doch »geradezu selbstverständlich« war, die »Akten der HVA zu vernichten, um nicht nur Westdeutsche vor der Verfolgung zu schützen, sondern auch die eigenen Mitarbeiter im Ausland . . ., in dem sie auch in der Gefahr geschwebt haben würden, umgebracht zu werden . . .«

Dermaßen als intimer Kenner geheimdienstlicher Praktiken ausgewiesen, sah Heinrich Senfft eine konspirative Vereinigung am Werk: Es komme den von ihm Beklagten darauf an, »die demokratisch gewählte letzte Regierung der DDR niederzumachen, zu diskreditieren, nachträglich zu kriminalisieren«, damit »nichts, was sich je in der DDR abgespielt hat, im vereinten Deutschland noch irgendeinen Wert haben« soll. Und obwohl es sein Mandant Peter-Michael Diestel war, der einige Dutzend Prozesse angestrengt und größtenteils auch gewonnen hatte, drehte Senfft den Spieß um. Aus dem von ihm betreuten Jäger wurde ein Gejagter: »Und wenn sich dann auch noch einer wie der Kläger laut zu Worte meldet oder gar Prozesse führt, dann kommt die ganze Meute des Rechtskartells daher, um ihm zu beweisen, wie es mit den vielen Hunden und dem Hasen immer gewesen sei.«

Heinrich Senffts Vorstellung von einem fairen Verfahren wäre nur zu verwirklichen gewesen, wenn sich die Beklagten widerspruchslos in ihr Schicksal gefügt hätten. Daß sie ihm

116

vor Gericht zu widersprechen wagten, nahm er ihnen persönlich übel. Die Klagebeantwortungen, schrieb er, gehörten »verkollert und gehäckselt«. Genau das war mit den Stasi-Akten passiert. Sie wurden »verkollert« (zu Pappe verarbeitet) und »gehäckselt« (in kleine Stücke gerissen).

Notabene: So etwas schrieb der Anwalt Heinrich Senfft nicht in einem rechtsphilosophischen Aufsatz für die Wochenendausgabe des »Neuen Deutschland«, sondern in einem Schriftsatz an das Hamburger Landgericht. Zwischendurch forderte er seine Prozeßgegner auf, »ordinäre Tiefschläge« zu unterlassen und zu überlegen, »wenn sie dazu noch fähig sind«, worum es eigentlich geht. Er geißelte das »hartnäckige, bösartige Nichtverstehen«, die »historische und politische Ahnungslosigkeit« der Beklagten, die ihn ständig dazu zwangen, sich auf ihr Niveau herabzulassen, »da in DDR- und Stasi-Sachen in westlichen Gehirnen jedes Denken aufhört«.

Ganz anders reagierte er dagegen in einem Verfahren, in dem er Hermann Kant vertrat, nachdem »Der Spiegel« den langjährigen Präsidenten des DDR-Schriftstellerverbandes als »Stasi-Helfer« und »knurrigen Kettenhund der Stasi« bezeichnet hatte. Nach ein paar einführenden Worten zur Geschichte des »Spiegel«, zur Entspannungspolitik und zum Antikommunismus klärte er das Gericht über die Bedeutung von Hermann Kant auf, dessen Bücher »in über zwanzig Sprachen übersetzt worden sind (für die, die es nicht glauben oder gar einmal ein Buch von Hermann Kant lesen mögen: in der Bundesrepublik bei Luchterhand)«, um anschließend einen langen Brief von Kant zu den Akten zu geben und das Gericht zu bitten, die Worte des großen Dichters »als Teil meines Schriftsatzes zu betrachten«.

Dies war kein verfahrensrechtlicher Trick und auch kein Versuch, eigene Anstrengungen zu vermeiden. Es war eine tiefe Verbeugung vor einem Mandanten, dessen politische Haltung und charakterliche Festigkeit Heinrich Senfft bewundert, im Gegensatz zu den von ihm verachteten »Westdeutschen«, die »am 3. Oktober 1990 zur endgültigen Machtübernahme erschienen« sind.

Heinrich Senfft liebt es, weit auszuholen und Bilder nach dem Muster der Puppe in der Puppe zu konstruieren. Seine Schriftsätze lesen sich wie Agitprop-Artikel, und die Agitprop-Artikel, die er veröffentlicht, würden ebensogut als Schriftsätze taugen. »Die PDS ist mit viel altem Gepäck beladen, das auszupacken und genau zu besichtigen sie noch keine Zeit hatte, weil sie von zu vielen selbstgerechten Jägern belauert wird, die aus der SED eine Partei machen möchten, deren Verbrechen die der Nazis so sehr übertreffen, daß wir über die Vergangenheit vor 1945 nicht mehr sprechen sollen.«

Stammt dieser klare, gradlinige Satz aus einem Artikel, so steht der folgende in einem Schriftsatz: »Wenn es aber um den Kläger und dann auch noch um eine Buchstabenkombination geht, die das Wort Stasi ergibt, fällt nachgerade jedes Gehirn ins Koma, nachdem gerade eben noch Zeit geblieben ist, die Druckmaschinen anzuwerfen.«

Die nächste Frivolität dagegen war im »Neuen Deutschland« zu lesen: »Wenn die Italiener zum Essen gehen, die Franzosen behaupten, sie eilten zu einer Frau, und die Engländer längst im Pub sitzen, haben die Deutschen mehrmals recht und schlagen sich ihre Stasi-Akten um die Ohren.«

Ja, so witzig, so anschaulich, so völkerkundlich korrekt kann ein Mann die deutschen Zustände beschreiben, der über »Die Haus- und Berufsarbeit der Ehefrau bei Gleichberechtigung der Geschlechter« promoviert hat.

Man muß viel Geduld und einen guten Kompaß haben, um sich in den Senfftschen Gedanken-Biotopen zurechtzufinden, wobei er einem durch die häufige Verwendung der Elemente »die, die an der Macht sind«, »die, denen der Staat gehört«, »die Herrschenden«, »die besseren Herrschaften« die Orientierung erleichtert. Wie viele Menschen, die sich mit zunehmendem Alter radikalisieren, greift auch Heinrich Senfft auf rhetorische Muster gewesener Jugendbewegungen zurück, um seine jetzige Position überdeutlich zu markieren. Wo Heinrich Senfft die Segel bläht, da ist immer Backbord. Während die Vertreter des »Rechtskartells«, gegen die er antritt, das Ruder nach Steuerbord zu reißen versuchen. Weswegen er allzeit im Dienst der guten Sache agiert, sie dagegen »unverfroren an der Sache vorbeiargumentieren«, mit »auftrumpfender Unverschämtheit« aufwarten und »unverschämte Vorwürfe und Zensuren in den Schriftsätzen« verbreiten. Und wenn er in seinem Eifer gelegentlich auch von den Richtern nicht verstanden wird, dann schreibt er ihnen ins Protokoll, sie würden »die Katze ihres Irrtums aus dem Sack« lassen. Womit er nicht unbedingt eine Runde gewinnt, aber immerhin demonstriert, daß er nie um eine schräge Metapher verlegen ist.

Heinrich Senffts Schriftsätze werden auch von seinen Gegnern wegen ihres Unterhaltungswerts geschätzt. Er ist gewiß nicht der Typus des staubigen Juristen, der sich nur an der Gebührenordnung berauscht. Wenn er glaubt, daß ihm eine besonders gute Pointe gelungen ist, dann kann es passieren, daß er »Das hat aber gesessen!« in den Saal ruft, sich triumphierend umschaut und in Richtung der Gegenpartei nachlegt: »Jetzt fällt denen da nichts ein!« Die Retourkutsche des Gegenanwalts: »Wir schweigen, weil wir besser erzogen wurden«, überhört er gelassen, um sich die Freude an seinem kleinen Auftritt nicht zu vermasseln.

Doch Heinrich Senfft, der kleinliche Übelnehmer und der notorische Besserwisser, der spätgereifte Linke und der frühvollendete Kritiker der herrschenden Klasse, kann auch anders. Sein Alter ego, von dem anfangs schon die Rede war, läßt ihn manchmal auch Sätze wie diesen schreiben: »Denken wir bei Freiheit nicht immer noch in erster Linie an ihren Mißbrauch, ohne zu erkennen, daß es die Freiheit ohne Mißbrauch gar nicht geben kann, daß ihr Mißbrauch die Definition der Freiheit ist?«

Man kann sich leicht vorstellen, wie Heinrich Senfft aufbrausen würde, wenn in einem Verfahren, sagen wir: Gysi gegen Bohley, der Anwalt von Bärbel Bohley einen solchen Satz sagte, als Replik auf Heinrich Senffts Klagen über den Mißbrauch des Rechts auf Meinungsfreiheit durch Frau Bohley zum Nachteil seines Mandanten Gregor Gysi. Denn ganz offensichtlich tickt der Anwalt Heinrich Senfft anders als der Schriftsteller Heinrich Senfft. In seiner letzten literarischen Arbeit »Schmäher vor Gericht« spricht er sich vehement dagegen aus, daß Ehrenhändel und politische Konflikte den Gerichten zur Entscheidung vorgelegt werden, und er tritt ebenso vehement für das Recht der Schmäher ein, ihre Talente, ungestört von juristischer Verfolgung, entfalten zu dürfen.

Die Erben von Heinrich Böll, schreibt Senfft, waren schlecht beraten, als sie gegen den Satiriker Eckhard Henscheid vor Gericht klagten, nur weil der den Kölner Literatur-Nobelpreisträger einen »harmlosen Knallkopf«, einen »talentfreien Autor« und dessen Werke »widerwärtigen Dreck« genannt hatte. Einen solchen Schritt hätten sich die Böll-Erben besser überlegen sollen, denn die Entscheidung des Verfassungsgerichts zugunsten der Böll-Erben und gegen Henscheid habe »unsere Freiheit ein Stück eingegrenzt« und »die Wirklichkeit dieses Landes ein gutes Stück verändert«, das Urteil der Verfassungsrichter habe »nur bei denen, die vom Wohnküchenduft der Böllschen Schriften ganz benebelt sind, Zustimmung gefunden«.

Es ginge nicht an, daß die Gerichte darüber entscheiden, »wie laut und gewöhnlich einer schimpfen darf«, oder daß Politiker den Gerichten »Entscheidungen zuschieben, die ihre eigenen sein sollten«. Diejenigen, die solcherart »nach Obrigkeit und Staat rufen«, blasen nur die »Apparate auf und schränken unsere Freiheit immer weiter ein«.

Heinrich Senfft breitet eine Fülle von Fällen aus, um seine Anschauung zu belegen, daß private wie politische Streitereien nicht vor Gerichten geführt werden sollten. Von Adolph Freiherr von Knigge, der sich im Jahre 1792 nicht als »Demokraten« beschimpfen lassen wollte, über den Bri-

120

gadegeneral der Reserve Friedrich August Freiherr von der Heydte, der 1963 gegen die »Frankfurter Rundschau« klagte, nachdem die Zeitung geschrieben hatte, der Adelsmann sei immer mit dabei, wenn es darum gehe, »gegen Demokratie und Pressefreiheit ins Feld zu ziehen«, bis zu Ralph Giordano, dem ein bayerisches Gericht Ende der achtziger Jahre verboten hatte, Franz Josef Strauß einen »Zwangsdemokraten« zu nennen.

So etwas findet RA Senfft – zu Recht – empörend, eine Gefahr für die politische Kultur und die Demokratie im Lande. Und er faßt seine Empörung in klare, verständliche Worte: »Es ist ungeheuer, was Juristen so alles hinschreiben konnten und können, ohne am eigenen Verstand zu zweifeln.«

Doch die Einsichten von Heinrich Senfft über politische Kultur und demokratische Umgangsformen scheinen an der Tür zu seiner eigenen Kanzlei auszusetzen. Während er allen Beleidigten und Geschmähten dieser Welt rät, sich mit Klagen zurückzuhalten, rennt er selbst zum nächsten Gericht, weil einer seiner Mandanten in einem Zeitungsartikel u. a. als »diplomierter Melker« beschrieben wurde, bei dem es sich um einen »Facharbeiter für Rinderzucht« handelte. Dann reicht Rechtsanwalt Heinrich Senfft, ohne am eigenen Verstand zu zweifeln und ohne sich vor sich selber zu genieren, Klage auf Unterlassung und Widerruf ein.

Auch die etwas wichtigere Frage, wer die politische Verantwortung für die Vernichtung von Stasi-Akten trägt, wollte er nicht den Historikern über-, sondern von Gerichten entscheiden lassen – notfalls auch mit Zeugen, die es mit der historischen Wahrheit so genau nehmen wie die Bundesbahn mit dem Pünktlichkeitsgebot.

Heinrich Senfft, Anwalt, Justizkritiker und Literat, hat sich auf seine Art um das Ansehen seines Standes verdient gemacht. Er hat bewiesen, daß einer nicht unbedingt Richter oder Staatsanwalt werden muß, um sich als fruchtbarer Jurist zu qualifizieren.

121

Kein Problem mit dem Rechtsstaat

Zuerst verhandelte der Zweite Senat des Bundesverwaltungsgerichts die Klage einer Posthauptschaffnerin a. D. gegen die Deutsche Post AG auf eine »Jubiläumszuwendung«, dann wandten sich die fünf Richter in den pinkfarbenen Roben der deutschen Frage zu. Ein ehemaliger Richter der DDR war vom Richterwahlausschuß des Freistaats Sachsen abgelehnt worden, worauf er den Freistaat auf die »Berufung in das Richterverhältnis« verklagte. Das Verwaltungsgericht Chemnitz gab dem ehemaligen Richter recht und hob die Entscheidung des Richterwahlausschusses auf. Daraufhin ging der Freistaat Sachsen in die Berufung. Das Sächsische Oberverwaltungsgericht in Bautzen erklärte die Entscheidung des Richterwahlausschusses für rechtens und hob die Entscheidung des Verwaltungsgerichts auf. Worauf der ehemalige DDR-Richter in die Revision ging und der Fall beim Bundesverwaltungsgericht landete. Die »Verwaltungsrechtssache« mit dem Aktenzeichen 2 C 21.94 könnte zum historischen Präzedenzfall werden. Angeklagte und Anwälte müssen sich mit dem Gedanken anfreunden, daß sie es bald mit Richtern und Staatsanwälten zu tun haben, die in der DDR an Urteilen wegen »Republikflucht« beteiligt waren.

Es wäre das Verdienst von Thomas Petzold aus dem sächsischen Werdau. 1959 geboren, machte er 1978 das Abitur und verpflichtete sich anschließend zu einem dreijährigen Wehrdienst, den er beim »Wachregiment Feliks Dzierzynski« (so die DDR-Schreibweise) leistete, einer Eliteeinheit, die direkt dem MfS unterstand. Nach eigenen Angaben hielt er sich »überwiegend im Ersatzteillager und bei der Fahrbereitschaft« auf. 1981 begann er mit dem Studium der Rechtswissenschaften an der Humboldt-Universität, das er 1985 mit »befriedigendem Erfolg« als »Diplomjurist« abschloß. 1986 wurde er zum Richter am Kreisgericht Werdau gewählt, wo er als Zivilrichter und ab Mitte 1987 auch als Strafrichter tätig war.

Daneben war Petzold vielfältig gesellschaftlich organisiert. Er gehörte der FDJ, der SED, der Gesellschaft für deutsch-sowjetische Freundschaft, dem Richterbund, der Vereinigung demokratischer Juristen, der Urania und dem FDGB an. In den Jahren 1988/89 besuchte er die SED-Kreisparteischule Werdau. Beim Kreisgericht Werdau war er Beauftragter für Weiterbildung in Marxismus-Leninismus.

In einer dienstlichen Beurteilung vom November 1988 wurden dem jungen Richter »Gewissenhaftigkeit in der Verfahrensbearbeitung sowie das Bemühen um ständige Qualifizierung« bescheinigt. Es wurde auch vermerkt, daß er sich »durch ein bürgernahes und bescheidenes Auftreten« auszeichne und »einen festen Klassenstandpunkt« besitze. Schon ein Jahr zuvor hieß es in einer anderen Beurteilung, er habe »in seiner bisherigen Tätigkeit als Richter unter Beweis gestellt, daß er in der Lage ist, auf der Grundlage guter fachlicher und politischer Kenntnisse richtig Recht zu sprechen ...«

All das hätte Thomas Petzold aus Werdau in Sachsen nicht für eine Übernahme in den Juristendienst der Bundesrepublik disqualifiziert, hätten dem sächsischen Richterwahlausschuß nicht auch einige von Richter Petzold gesprochene Urteile aus den Jahren 1987 bis 1989 vorgelegen, darunter sieben Verurteilungen wegen »Vorbereitung zum ungesetzlichen Grenzübertritt« bzw. »versuchten ungesetzlichen Grenzübertritts«, auch »Republikflucht« genannt. Sie lauteten auf ein Jahr und vier Monate, ein Jahr und sechs Monate, ein Jahr und drei Monate, drei Monate, ein Jahr, ein Jahr und sechs Monate – keine drakonischen Strafen, normaler DDR-Unrechtsalltag.

Nach der Wende bemühte sich Petzold gleichwohl um eine »Neuberufung in das Richterverhältnis«. Der zuständige Richterwahlausschuß entschied mit fünf gegen vier Stimmen im Juli 1991, dem Bewerber mangele es an der für das Amt erforderlichen »politischen Integrität«, außerdem habe er »keine ausreichende Distanzierung und Nachdenklichkeit hinsichtlich früherer Überzeugungen und Handlungen als Richter« gezeigt. Während das Verwaltungsgericht Chemnitz daraufhin in erster Instanz keinen Grund sah, dem Kläger die »Berufung in das Richterverhältnis« zu verweigern, stimmte das Oberverwaltungsgericht dem Richterwahlausschuß zu und erklärte: Durch die Verurteilung von »Republikflüchtlingen« zu langen Freiheitsstrafen habe sich ein Richter »zum Werkzeug des Unterdrückungs-Apparates gemacht«, derartige Urteile rechtfertigen »Zweifel an der moralischen und politischen Integrität eines Bewerbers«, wer in der DDR verurteilt wurde, »muß es als Zumutung empfinden, weiterhin Rechtsprechung derartiger Richter akzeptieren zu müssen«.

Solche Überlegungen wären verfehlt, erklärte der Vertreter von Thomas Petzold vor dem Bundesverwaltungsgericht, der Freiburger Rechtsanwalt Michael Kleine-Cosack, der auch ehemalige DDR-Anwälte berät. Die DDR-Bürger würden ganz anders reagieren. Wann immer die frühere MfS-Mitarbeit eines Anwalts bekannt würde, wäre »bei ihm der Laden voll«; es bestehe die Gefahr, »daß Politik einfällt in das Recht, daß Siegerjustiz stattfindet«; die ehemaligen DDR-Bürger hätten einen Anspruch darauf, »daß sie rechtlich nicht vogelfrei sind«. Und was den Dienst seines Mandanten in dem »Regiment mit dem unaussprechlichen Namen« angeht, stellte der Anwalt klar: »Auch Ulbricht und Konsorten mußten bewacht werden!« Die Urteile wegen Republikflucht hätten sich »an der unteren Grenze des Strafrahmens« bewegt, einmal sei sogar »Bewährung ausgesprochen worden, wo es nicht vorgesehen war«. Juristen mit Zivilcourage würde man »hier so selten finden wie dort«.

Und dann beweist Rechtsanwalt Kleine-Cosack, daß man unmöglich von der DDR reden und vom Dritten Reich schweigen kann. »Auch die Richter, die nach '45 übernommen wurden, haben hervorragende Arbeit geleistet. Nicht immer waren sie glaubwürdig, aber das spielte keine Rolle.« Nach der Verhandlung, auf dem Gerichtsflur, wird er noch deutlicher: »Juristen sind chamäleonhaft anpassungsfähig.« Und weil das so ist, müsse man »differenzieren, jeden Fall einzeln betrachten«, denn: »Es ist grausam, die Menschen pauschal abzustempeln.«

Außerdem müsse man die damalige Situation bedenken: »Ich kenne Richter, zu denen sind nach der Wende die früheren Angeklagten gekommen und haben gesagt: Schönen Dank, daß Sie mich verurteilt haben. Viele wollten eine Strafe von mindestens einem Jahr, weil sie nur dann von der Bundesrepublik freigekauft wurden.«

So weit wie sein westdeutscher Anwalt mag Ex-DDR-Richter Thomas Petzold in seiner Rechtfertigung nicht gehen. Er sagt nur: »Die sieben Urteile wegen Republikflucht, das sind doch Bagatellen, vor allem im Vergleich mit anderen Richtern, die mehr Dreck am Stecken haben und übernommen wurden.« Er hat inzwischen das zweite Staatsexamen gemacht und sich als Anwalt in Zwickau niedergelassen. Und obwohl er davon leben kann, will er unbedingt wieder Richter werden. Warum? »Von meiner Vorbildung her liegt mir der Anwaltsberuf nicht so wie der Richterberuf, ich bin mehr der Typ eines Beamten, ich gehe nicht gerne aus mir heraus.« Und: »Das Engagierte eines Anwalts, das Ständig-unterwegs-Sein, der unregelmäßige Dienst, das spielt alles eine Rolle.« Außerdem habe er noch »Familie mit kleinen Kindern«, da wäre »wirtschaftliche Absicherung« wichtig, »daß man halt eine Art Beamter ist«.

Natürlich macht er sich auch Gedanken über die Vergangenheit. »Aus heutiger Sicht tut es mir leid, daß ich solche

Entscheidungen treffen mußte, einerseits. Andererseits, es war damals geltendes Recht. Ich gehe davon aus, daß die Verurteilten diese Urteile damals auch akzeptiert haben, weil sie die Gesetze kannten. Sie sind tatsächlich über die grüne Grenze gegangen, kein einziger hatte einen Ausreiseantrag gestellt, kein einziger...«

Daß man an seiner Befähigung zweifeln könnte, als Richter geltendes Recht zu sprechen, kann er nicht nachvollziehen. »Da hab ich überhaupt keine Bedenken!« Schließlich habe er jetzt mit dem zweiten Staatsexamen »eine höhere Qualifikation als die in der DDR tätigen Richter oder Anwälte«. Petzold ist überzeugt, daß er bald wieder als Richter agieren wird. »Ich habe Recht gesprochen nach den Gesetzen der DDR. Genau dasselbe kann ich jetzt tun. Ich hab' keine Probleme damit. Auch mit dem Rechtsstaat hab' ich keine Probleme, im Gegenteil. Ich finde das gut, daß der Richter unabhängig ist.«

Am Ende der Verhandlung sagt die Vorsitzende Richterin, die Urteilsberatung könne sich etwas hinziehen: »Es gibt Diskussionsbedarf.«

Den wird es noch mehr geben, wenn Richter wie Petzold in den Justizdienst übernommen werden. Es sei denn, es gäbe nicht nur einen Diskussionsbedarf, sondern auch ein Bedürfnis nach einer neuen Generation von Juristen, die jedem System mit derselben Hingabe dienen.

MONSTER UND MUTANTEN

Happy Birthday, Klaus!

Ein Mann wird sechzig. Wie bei solchen Anlässen üblich, kommen seine Freunde zusammen, um zu überlegen, wie sie dem Geburtstagskind eine Freude bereiten könnten. »Machen wir doch eine große Party«, schlägt einer vor, »mit Bauchtanz, Feuerwerk und Sackhüpfen.« – »Kommt nicht in Frage«, widerspricht ein zweiter, »der Klaus macht sich nichts aus Remmidemmi. Wir legen zusammen und schenken ihm eine Reise nach Tschernobyl, da wollte er schon immer hin.« – »Das machen wir, wenn er in Rente geht«, sagt ein dritter. »Jetzt brauchen wir etwas von bleibendem Wert.« – »Wie wäre es mit einem Ehrendoktor-Titel?« überlegt ein vierter. »Da müßte was über einen Freund zu machen sein, der einen guten Draht zum Kultusminister hat.« – »Den bekommt heute schon jeder Studienrat nachgeworfen, wenn er einen Vorschlag zur Rechtschreibreform macht«, murmelt ein fünfter vor sich hin.

So geht die Unterhaltung hin und her, bis schließlich einer der Freunde einen Vorschlag macht, den alle echt gut finden: »Geben wir doch eine Anzeige auf, aber nicht eine dieser kleinen, unauffälligen Annoncen im Lokalteil, wo sich die Hundertjährigen gegenseitig ein langes Leben wünschen; nein, ein richtig großes Ding, das keiner übersehen kann.«

Beschlossen – getan. Am 17. Mai 1995 erscheint auf Seite 4 der »Frankfurter Rundschau« eine ganzseitige Anzeige des Komitees für Grundrechte und Demokratie, eine schwarzgerahmte Bleiwüste, die aussieht wie eine Kreuzung aus einem

Steckbrief und einem Nachruf. Unter der Überschrift »Ein aktives Leben für Menschenrechte und Demokratie – Wir gratulieren Klaus Vack zum 60. Geburtstag« steht ein halbfett gedruckter Gratulationstext, gefolgt von einer alphabetisch sortierten Gratulantenliste mit über tausend Namen. Neben den bei solchen Gelegenheiten unvermeidlichen Angehörigen des Allgemeinen Unterschriftenkartells wie Bärbel Bohley, Inge und Walter Jens, Oskar Negt, Horst-Eberhard Richter, Barbara Rütting, Prof. Klaus Staeck, Heidemarie Wieczorek-Zeul, den Schriftstellern vom Dienst Dieter Lattmann, Johano Strasser und Gerhard Zwerenz haben den Aufruf auch Unbekannte unterschrieben, die sich durch einen Zusatz hinter dem Namen als teilnahmeberechtigt ausweisen: Christian Herz, »Totalverweigerer«, Elisa Kauffeld, »Granny (Großmutter) for peace«, Beate Ronnefeldt, »Friedensarbeiterin«, Hans-Günther Schramm »mit Tochter Tabea Melina, geb. 17. 5. 1994«. Außerdem haben auch Organisationen korporativ gezeichnet: IALANA, Deutsche Sektion; Juristinnen und Juristen gegen atomare, biologische und chemische Waffen; Mit uns gegen die Wehrpflicht e. V., Berlin; Richter und Staatsanwälte für den Frieden, Hamburg; »Die Naturfreunde«, Gruppe Offenbach.

Allein die Liste der Unterschriften, von Wigald Boning oder Gerhard Polt vorgelesen, wäre schon eine ordentliche Lachnummer, wobei man sie auch »verkehrt« lesen kann. Wo sind Dieter Hildebrandt und Friedrich Schorlemmer, bei solchen Gelegenheiten sonst immer mit von der Partie, diesmal abgeblieben? Warum haben Eugen Drewermann und Antje Vollmer nicht mit unterschrieben? Hat man sie nicht eingeladen, oder haben sie sich geweigert?

Eine mögliche Erklärung für deren unentschuldigtes Fehlen wäre die, daß ihnen der Text vor der Unterschrift zur Lektüre vorgelegt wurde. Worauf sie in einen schockartigen Zustand verfielen, der sie eine Weile außer Funktion setzte. Und als sie sich erholt hatten, da war es zu spät und die Seite bereits erschienen.

Der Gratulationstext fängt mit einem Satz von ewiger Gültigkeit an: »Wir leben in schwierigen Zeiten.« Nicht nur werden »Menschenrechte und Demokratie täglich verletzt«, es finden auch »Kriege und Genozide« statt, die uns an die Nieren gehen: »Wir betrachten sie im Fernsehen.« Doch statt auf einen anderen Kanal zu schalten, machen wir uns Sorgen um die »Bedingungen menschenrechtlich orientierter Zivilität«. Und zwischendurch, »um Phantasie und Distanz zu üben«, feiern wir ein Fest, denn »nur so läßt sich menschenrechtlich-demokratisches Engagement durchhalten«.

Und, fragt der unbekannte Verfasser des Glückwunsch-Manifesto rhetorisch an, »gäbe es einen besseren Anlaß«, ein Fest zu feiern, »als wenn das Leben einer Person sich geburtstäglich rundet?« Bei dem Wort »geburtstäglich« rundet sich einem allenfalls die Hand zur Faust, doch gibt das originelle Adverb nur einen Vorgeschmack auf weitere Köstlichkeiten aus der Grauzone zwischen Politik und Syntax: »So wird Politik zu einer Angelegenheit der ersten Person in der Ein- und in der Mehrzahl. So kann eine Person in der Zusammenarbeit mit anderen repräsentativ werden für demokratisch-menschenrechtliches Handeln in unserer Zeit...«

Wobei »Klaus, der nicht denkbar wäre ohne seine Frau und lebenslange Mitstreiterin«, über eine Gabe verfügt, die ihm sowohl in der Ein- wie in der Mehrzahl eine Optimierung seiner menschenrechtlichen Einsätze möglich macht: »Wie ein von einer Person gehaltener roter Faden ist Klaus Vack überall dort zu finden, wo Menschenrechten und Demokratie eine Gasse zu öffnen ist...«, denn er hat sich »der Sache von Frieden, von Menschen-Rechten und Demokratie verschrieben«. Zuerst als »langjähriger Kindergruppen- und Jugendleiter der Naturfreunde«, später als »pazifistischer Abwerber von Fremdenlegionären und Helfer französischer Deserteure im Algerienkrieg« und schließlich als »Sekretär und Organisator unterschiedlicher Gruppen«.

Ein erfülltes Leben also, immer auf der richtigen Seite und immer im Dienst der richtigen Sache. Er brachte es vom

»hauptamtlichen Bundesgeschäftsführer« der Kriegsdienstverweigerer und Ostermarschierer bis zum »Mitbegründer und Sekretär« des Komitees für Grundrechte und Demokratie, dank seiner »menschenrechtlichen Leidenschaft«, die ihn »konsequent aus dem demokratisch versagenden Gewirr etablierter Institutionen hin zur unbürokratischen Institutionalisierung sozialer Bewegungen« herausführte.

Was für ein Weg! Andere ziehen im Laufe ihres Lebens allenfalls hinaus aufs Land oder aus einer Wohnung in eine andere. Doch Klaus Vack, von menschenrechtlicher Leidenschaft angetrieben, verfolgt das »Konzept einer menschenrechtsfähigen Welt« und leistet dabei »menschenüberzeugend« eine »menschenrechtsgenaue Arbeit«, womit er »menschenrechtlich-demokratisch« ein Vorbild verkörpert.

Noch Fragen? Ja! Was macht Klaus Vack in seiner freien Zeit? Sammelt er Briefmarken? Spielt er mit einer Modell-Eisenbahn? Fährt er mit einem Mountainbike durch die Natur? Liest er etwas anderes als die Berichte von amnesty international? Und vor allem: Lebt er wirklich in dem Wahn, ständig Gutes tun und darüber immer reden zu müssen? Hängt die Glückwunschanzeige, die ihm seine Freunde zum 60. Geburtstag verpaßt haben, gerahmt über seinem Schreibtisch?

Sie sollte in jedem Fall an einem sicheren Ort gut verwahrt werden. Gleich neben der Steuererklärung von Steffi Graf, dem Rentenbescheid von Oskar Lafontaine und den letzten Worten von Ulrich Wickert. Archäologen und Völkerkundler werden für solche Funde eines Tages dankbar sein. Und zum nächsten runden Geburtstag von Klaus Vack werden die Richter und Staatsanwälte für den Frieden, »Die Naturfreunde« und auch Horst-Günther Schramm mit Tochter Tabea Melina wieder in Erscheinung treten, mit einem großen Stück selbstgemachter Sülze in Aspik statt einer weiteren Großanzeige in der »FR«, doch immer noch voll menschenrechtlicher Leidenschaft, menschenüberzeugend, menschenrechtsfähig und menschenrechtsgenau.

Das doppelte Frettchen

Natürlich gibt es in Deutschland nicht mehr Gauner, Betrüger und Halsabschneider als in anderen Ländern. Die Kriminalstatistik entspricht dem EU-Durchschnitt, und würde man die Vergabe von Fahrerlaubnissen restriktiver handhaben bzw. bei deren Einzug rigoroser vorgehen, würden auch mehr Autofahrer das fünfte Gebot ernst nehmen. Vielmehr ist es so, daß es in Deutschland überdurchschnittlich viele Menschen gibt, die ein Anliegen haben, die sich verantwortlich fühlen, die ihre eigenen Interessen hintanstellen und die, wenn es darauf ankommt, auch couragiert Schlimmes tun, um noch Schlimmeres zu verhüten. Ein Mann wie Klaus Vack, der 24 Stunden täglich für Frieden und Demokratie in Offenbach und überall in der Welt eintritt, ist der Prototyp des guten Deutschen, und seine Gratulanten sind es nicht weniger.

Dennoch drängt sich die Frage auf: Wenn es so viele gute Deutsche gibt, wie konnte es dann passieren, daß Deutschland im Laufe von fünfzig Jahren zwei Diktaturen hervorbrachte? Sind es lauter Rettungsschwimmer, die sich nur in Planschbecken trauen? Feuerwehrleute, die selber kokeln, damit sie mal zum Einsatz kommen? Oder handelt es sich nur um eine kurzlebige Modeerscheinung wie Piercing und Ecstasy?

Nein, es gab die guten Deutschen immer und überall, zu jeder Zeit und unter jedem System. Einer von ihnen war und ist Klaus Peter Volkmann alias Peter Grubbe.

Klaus Peter Volkmann wurde 1913 in Allenstein/Ostpreußen geboren, wuchs in Potsdam auf, trat 1933 in die NSDAP ein (bzw. wurde, wie er später angab, von seinem Vater in die Partei hineingetreten), studierte Jura in Tübingen, München, Berlin, Göttingen, machte 1939 sein juristisches Staatsexamen und wußte anschließend nicht, was er mit sich anfangen sollte. »Mein Vater ... hatte gesagt: Dieser Hitler wird einen Krieg anfangen. Da wollte ich nicht gern Soldat werden, um mich totschießen zu lassen.« Gott sei Dank traf er einen Bekannten, der ihm einen Tip gab. »Im ehemaligen Polen gibt's jetzt ein Generalgouvernement oder so was, geh doch mal hin.«

Zu dieser Zeit, erinnert sich Volkmann, »wußte man von der Endlösung noch gar nichts«. 1940 wurde er Assessor in der deutschen Verwaltung des »Generalgouvernements« unter Hans Frank, der von der bevorstehenden Endlösung vermutlich auch nichts wußte. Volkmann begann seine Verwaltungskarriere im besetzten Polen als stellvertretender Kreishauptmann in Krasnyław, nach dem Rückzug der Sowjets aus Ostgalizien im Sommer 1941 avancierte er zum kommissarischen Kreishauptmann der Stadt Kolomea (heute Ukraine), in der etwa 30 000 Juden lebten.

»Er gehörte damit zu den ersten deutschen Verwaltungsbeamten in Ostgalizien und übte, gestützt u. a. auf eine überwiegend ukrainische Gendarmerie, die oberste Zivilaufsicht über insgesamt etwa eine halbe Million Menschen aus«, heißt es über Volkmann im Munzinger-Archiv. »Zu seinen ersten Aufgaben gehörte die Durchsetzung der Kennzeichnungspflicht (Davidstern) der jüdischen Einwohner, von denen fast alle deportiert und vernichtet worden sind. Bereits zwei Monate nach seinem Amtsantritt, im Oktober 1941, fand im Wald von Szeparowce die erste Massenerschießung von 1200 Juden statt.« Insgesamt sollen im Laufe seiner Amtszeit 5500 Juden »vor Ort« ermordet worden sein. Weiter werde ihm zur Last gelegt, »die Deportation der Juden selbst organisiert, die Konfiszierung des gesamten jüdischen

Eigentums angeordnet und sich dabei persönlich schwer bereichert sowie eine Hungerkampagne gegen die Ghetto-Bewohner angeordnet zu haben«.

Volkmann war Teil des NS-Mittelbaus, der dafür sorgte, daß die Anweisungen der Zentrale »vor Ort« in die Tat umgesetzt wurden. »Er trug die Mitverantwortung für jede Razzia, für jede Massenerschießung, für das Verhungernlassen der Arbeitsunfähigen und die baldige Deportation Tausender ins Vernichtungslager Belzec«, schreibt der Historiker Götz Aly. »Am 29. August 1944, als die Rote Armee Kolomea von den Deutschen befreite, lebten nur noch ein paar Dutzend Juden in dieser Region.«

Diesem Umstand sowie der Tatsache, daß einige Juden auch die Deportationen und die Lager überlebt haben, sind Zeugenaussagen zu verdanken, die nach dem Kriege gemacht wurden. »Im Mai 1942 ordnete er die Inhaftierung von dreißig Juden an, die dann im Wald von Szeparowce erschossen wurden«, heißt es in einem Bericht über Kriegsverbrecher der »Jewish Agency for Palestine« vom Mai 1945.

Der in Wien lebende Isaak Krauthammer, einziger Überlebender seiner Familie, erinnert sich: »Meine Mutter hatte große Angst. Sie hat ihm alles gebracht: Goldmünzen, sogar die silberne Zuckerdose und das Besteck... Abgeliefert wurde das bei Volkmann persönlich. Da gab es die Frau Groblic aus einer sehr reichen Familie. Die wurde von Volkmann eingesperrt, und noch dreißig andere dazu. Sie hätten zuwenig abgeliefert, hat er gesagt. Die anderen Juden sollten sie freikaufen. Statt dessen wurden sie erschossen...«

Paula Axelrod, die in Ramat Gan bei Tel Aviv lebt, sagt: »Jeder wußte, daß er hinter Gold, Silber und Pelzen her war. Ich weiß das, denn ich mußte Schlange stehen, um unsere Sachen abzuliefern.«

Auch Fryderyka Kaufman Krasovsky, die inzwischen Cliedva heißt und in Kfar Saba lebt, hat Volkmann nicht vergessen: »Und wie ich mich an ihn erinnere. Immer trug er Schaftstiefel, einen Ledermantel und einen schwarzen Hut mit breiter Krempe. Noch ehe er anordnete, das Judenviertel in ein Ghetto zu verwandeln, stand er eines Tages in meiner Wohnung. ›Was machen Sie hier?‹ fragte er, als ich nach Hause kam. ›Ich wohne hier‹, sagte ich. Er zeigte auf mein Silber und meinen Goldschmuck und sagte: ›Das gehört alles mir. Ich komme wieder.‹ Am nächsten Tag kam er mit seinem Fahrer und packte alles in zwei neue Koffer, die ich für meine Aussteuer gekauft hatte. Der Fahrer trug sie zum Wagen.«

Es ist nicht auszuschließen, daß Volkmann dermaßen damit beschäftigt war, die Gunst der Stunde zu nutzen und Juden zu berauben, daß er gar nicht mitbekam, was hinterher mit ihnen geschah. Dagegen sprechen allerdings Zeugenaussagen, die vom »stern« 1995 – von Volkmann unwidersprochen – zitiert wurden. Danach soll der Kreishauptmann von Kolomea sich nicht nur an jüdischem Eigentum bereichert, sondern auch zumindest drei Juden eigenhändig erschossen haben, die Schneiderin Sarah Becher und zwei Juden, die versucht haben, aus einem brennenden Haus auf die Straße zu rennen. Daß »Juden von der Gestapo erschossen wurden«, sei vorgekommen, räumte er bei einer früheren Vernehmung ein. »Der Grund war mir aber nicht bekannt.«

War es den Gestapo-Leuten langweilig? Durften sie die Kegelbahn der Zivilverwaltung nicht benutzen? Hatten sie vergessen, ausreichend Tontauben zu bunkern?

Was immer es war, das die Gestapo dazu brachte, Juden zu erschießen, und den Kreishauptmann daran hinderte, die Kollegen nach dem Grund zu fragen – Volkmann wurde 1943 zum Kreishauptmann in Lowitsch ernannt, wo er für die Rekrutierung polnischer Zwangsarbeiter für die deutsche Rüstungsindustrie zuständig war. »1944 erhielt er dafür das Kriegsverdienstkreuz Erster Klasse, woran er sich später nicht zu erinnern vermochte«, heißt es mit lakonischer Knappheit im Munzinger-Archiv; »1945, nach Kriegsende, nahm er das Pseudonym Peter Grubbe an und schlug eine Laufbahn als engagierter Journalist ein, der es als Kämpfer für die Dritte Welt zu großem Ansehen brachte.«

Zunächst geht Volkmann alias Grubbe 1948 als Korrespondent der »FAZ« nach London. Um wieder koscher zu werden, läßt er sich auf eine Verbindung ein, die er ein paar Jahre zuvor als »Rassenschande« verfolgt hätte: Er heiratet eine aus Deutschland emigrierte Jüdin, von der er sich später wieder scheiden läßt. Schritt für Schritt legt er sich die perfekteste Tarnung zu, die ein gewesener NS-Aktivist sich zulegen kann: Er konvertiert zum Gutmenschentum. Die Zeit von 1939 bis 1945 wird aus dem Lebenslauf getilgt. Er sei nach der Staatsprüfung »zum Kriegsdienst eingezogen« worden. Und er danke Gott, »daß ich nur ein kleiner Gefreiter war – damals«. Von 1953 an schreibt er für »Die Welt«, die er 1963 aus Protest gegen den von Axel Cäsar Springer eingeschlagenen Rechtskurs demonstrativ verläßt.

Volkmann/Grubbe arbeitet dann für »Die Zeit«, den »stern«, das »Allgemeine Deutsche Sonntagsblatt«, produziert Dokumentationen fürs Fernsehen und publiziert vierzehn Bücher über »politische Probleme, soziale Fragen und die Dritte Welt«. Seine Spezialität werden Reportagen über das Elend in der Dritten Welt, vor allem in Afrika. Nachdem er seinen Teil dazu beigetragen hat, ein Volk in Europa auszurotten, tritt er der »Gesellschaft für bedrohte Völker« bei und nimmt in deren Beirat Platz.

Die Mimikry macht sich bezahlt. Zwar wird 1963 von der Staatsanwaltschaft Darmstadt ein Ermittlungsverfahren wegen »Beteiligung an der Endlösung« gegen ihn eröffnet, doch wird die Untersuchung, nachdem Volkmann/Grubbe zweimal verhört wurde, 1969 wegen »mangelnden hinreichenden Tatverdachts« eingestellt.

Viele Jahre später, Ende Oktober 1995, sagt der Journalist Otto Köhler, der mit feinem Gespür viele NS-Biographien aufgedeckt hat, in einem Interview mit der »taz«, er habe schon vor über zwanzig Jahren »was in Sachen Volkmann/Grubbe gehört«, doch »diesen Hinweis ignoriert, weil ich Grubbe als einen Journalisten kannte, der sich engagiert mit den Problemen der Dritten Welt auseinandersetzt...«

Auch Otto Köhler wollte nicht glauben, daß Volkmann/ Grubbe »irgend etwas mit Nazi-Verbrechen zu tun hatte«.

Inzwischen war in der »taz« ein längerer Artikel (»Es gibt zwei Leben vor dem Tod«) über das Doppelleben von Volkmann/Grubbe erschienen, geschrieben von Philipp Maußhardt, der in den Akten der »Zentralen Stelle der Landesjustizverwaltungen« in Ludwigsburg und in den Archiven von Yad Vashem in Jerusalem und des Diaspora-Museums in Tel Aviv Material über die Aktivitäten des Kreishauptmanns von Kolomea gefunden hatte.

Im Zuge seiner Recherchen suchte Maußhardt Volkmann/Grubbe in seinem Haus in Schleswig-Holstein (»...schön gelegen, im Grünen«) auf. »So entspannt, so selbstsicher, auch so nachdenklich« hatte sich der Journalist den mittlerweile 82 Jahre alten Pensionär nicht vorgestellt. »Wenn man den Menschen damals helfen wollte, mußte man gute Miene zum bösen Spiel machen. Ich habe vielen das Leben gerettet, die von der SS schon für die Vernichtungslager vorgesehen waren«, erklärte der Gastgeber seinem Besucher. Im übrigen konnte er sich »an kaum etwas erinnern«. Die Aussagen der Augenzeugen, mit denen er von Maußhardt konfrontiert wurde (»...er hat Menschen mißhandelt, bei Gestapo-Torturen war er ebenfalls anwesend«), quittierte er mit einem fünffachen: »Nein, nein, nein, nein, nein!«

Ein wenig redseliger stellte sich Volkmann/Grubbe bald darauf in einem Interview mit dem »Spiegel« an. Das Ghetto von Kolomea habe ihm »nur rein theoretisch« unterstanden, der »Sonderdienst«, der die Gruben aushob, in die dann die erschossenen Juden geworfen wurden, habe zwar »offiziell« ihm unterstanden, »aber in Wirklichkeit hatte die Gestapo das Sagen«. Mit der SS gab es »keinerlei Verbindung«, denn »wir sind bereits in den ersten Wochen mit der SS so aneinandergeraten, daß wir nicht mehr miteinander sprachen«. Die Weisung, Juden zu erschießen, die gegen Anordnungen verstießen, »kam vom Gouverneur, und dann habe ich unterschrieben«. Ein Kreishauptmann war in jener Zeit »nicht ein Teil, sondern ein Aushängeschild« des NS-Regimes.

Folgt man den Ausführungen von Volkmann/Grubbe, hatte er in Kolomea mit der Verfolgung und Vernichtung von Juden rein gar nichts, mit deren Rettung um so mehr zu tun. »Ich gehörte zu einer Gruppe von Leuten, die sich sagten: Wir sitzen nun mal hier, wir können hier ein bißchen was tun, um ein paar Menschen zu helfen, und solange wir können, versuchen wir es.« Hätte er sich zur Wehrmacht gemeldet, wären nur die Juden in Kolomea die Leidtragenden gewesen: »Dann hätten ein paar Dutzend Menschen weniger überlebt.« (In einem Gespräch mit dem »stern« kurz darauf sind es schon »ein paar hundert«, die er gerettet haben will.) Auf die Frage der »Spiegel«-Reporter, warum er seine Zeit als Kreishauptmann in Polen bewußt verschwiegen habe, antwortet Volkmann/Grubbe: »Weil mich keiner direkt gefragt hat.« Trotz seines Schreibdrangs habe er niemals daran gedacht, ein Buch über seine Erlebnisse in Polen zu schreiben: »Meine Geschichte ist doch eine ganz normale deutsche Geschichte.« So normal, daß die Wandlung vom NS-Kreishauptmann zum Kämpfer für die Dritte Welt ganz bruchlos vonstatten ging. »Ich sehe das nicht als Wandel, sondern als konsequente Fortsetzung meines Weges. Damals konnte ich einzelnen helfen. Jetzt versuche ich vielen zu helfen – wenn auch nur mit Büchern und Filmen.«

Am Ende steht Volkmann/Grubbe wie ein tragischer Held da, dessen Opfer irgendwie vergessen haben, sich bei ihm zu bedanken: »Ich persönlich war nicht für den Tod eines einzigen Juden verantwortlich. Ich bin dabei gescheitert, mehr als ein paar Dutzend Menschen in Kolomea zu retten. Aber ich bin mit mir im reinen.« Und das ist die Hauptsache, denn die toten Juden bleiben tot, aber Klaus Peter Volkmann/Grubbe lebt und denkt sich nichts dabei.

War was, Gustav?

Daß die Teilnahme an NS-Verbrechen nicht verfolgt wird, ist nicht die Ausnahme, sondern die Regel im Justizalltag der Bundesrepublik. Anfang Mai 1995, kurz vor dem fünfzigsten Jahrestag der »Befreiung« bzw. der »Kapitulation«, äußerte die damalige Justizministerin Leutheusser-Schnarrenberger ihr Bedauern darüber, daß nach 1945 keine Auseinandersetzung mit der Nazi-Justiz stattgefunden habe. »Besonders erschreckend« fand sie, daß kein Nazi-Sonderrichter von einem deutschen Gericht verurteilt wurde.

Es dauerte in Deutschland immerhin fünfzig Jahre, bis erstens Versäumnisse amtlich zugegeben und zweitens Selbstverständlichkeiten mutig ausgesprochen wurden. Um das Jahr 2039 herum wird ein couragierter deutscher Politiker großes Aufsehen mit der Feststellung erregen, man hätte seinerzeit doch das Verfahren gegen Honecker zu Ende führen, Mielke als den Anführer einer kriminellen Vereinigung anklagen und Markus Wolf wegen Verbreitung ungenießbarer Rezepte verurteilen sollen. Es wird nur nichts nutzen, so wie es heute nichts nutzt, der Justiz ihre Fehlleistungen von gestern vorzuhalten. Wo kein Wille ist, da ist auch kein Weg, selbst wenn ein geständiger Täter seine Tat zugibt.

Am 9. März 1992 erschien die »Bild«-Zeitung mit der Schlagzeile: »SPD-Politiker erschoß Juden«; die »taz« meldete: »Potsdamer Politiker ermordete Juden«; zwei Tage später titelte das Ostberliner Boulevard-Blatt »Super«: »Sechs Juden erschossen – Der Fall des SPD-Politikers Just«. Ein Skandal bahnte sich an, ein Fall, der die Geschichte des Dritten Reiches, der DDR und der BRD verzopfte, ein deutsches Drama vor dem Hintergrund eines halben Jahrhunderts.

Plötzlich und ohne erkennbaren Anlaß wurde bekannt, daß der Alterspräsident des brandenburgischen Landtags in Potsdam, Gustav Just, im Sommer 1941 als zwanzigjähriger Wehrmachtssoldat an einer »Hinrichtung« von sechs »Marodeuren« in der Ukraine teilgenommen hatte. Ein Kriegstagebuch von Just, das seit 1957 im Archiv des Ministeriums für Staatssicherheit gelegen hatte, war unter Akten entdeckt worden, und da steht unter dem 15. Juli 1941: »Ein unangenehmes Erlebnis. In einem unbesetzten Nachbardorf hat eine Bande eine ukrainische Familie überfallen, den Mann erschlagen und die Frau verprügelt. Wir fuhren als Spähtrupp hin, ich dabei. Wir haben sechs Juden erschossen. Ein eigenartiges Gefühl, zum ersten Mal im Leben einen Menschen zu erschießen, und wenn es ein Verbrecher ist.«

Just war nicht irgendwer. 1921 im böhmischen Gablonz geboren, trat er bald nach Kriegsende in die SED ein und machte in der Kultur-Abteilung des ZK Karriere. Er brachte es bis zum Sekretär des DDR-Schriftstellerverbandes, von 1954 bis 1956 war er stellvertretender Chefredakteur der Wochenzeitung »Sonntag«. Doch dann verließ ihn das Glück. Zusammen mit Walter Janka und Wolfgang Harich kam er 1957 wegen »Boykotthetze« vor Gericht. Just wurde zu vier Jahren Zuchthaus verurteilt, die er in Bautzen absaß.

Nach seiner Haftentlassung arbeitete Just, von Partei und Staat unbehelligt, als Übersetzer. Gleich nach der Wende, noch im November 1989, ließ er sich als einer der ersten Dissidenten von der DDR-Justiz rehabilitieren. Im Alter von 68 Jahren packte ihn noch einmal der politische Ehrgeiz. Er trat der SPD bei, machte sich als Fürsprecher von Manfred Stolpe nützlich, wurde in den Potsdamer Landtag gewählt, wo er gleich zwei wichtige Aufgaben übernahm: die des Alterspräsidenten und des Vorsitzenden des parlamentarischen Verfassungsausschusses.

Zu dieser Zeit war seine Vergangenheit zwar allgemein unbekannt, aber dennoch kein Geheimnis. Im Dezember 1990 fragte die Staatsanwaltschaft Frankfurt/Oder im Potsdamer Justizministerium an, ob es nicht geraten wäre, die Immunität des Abgeordneten Just wegen möglicher Beteiligung an Judenerschießungen aufzuheben. Justizminister Bräutigam entschied, die Sache wäre allenfalls als Beihilfe zum Mord zu werten und damit verjährt. Er unterließ es, das Parlament über den Vorgang zu informieren, da er den »Schutz des Persönlichkeitsrechts« von Just für wichtiger hielt als das »Informationsinteresse der Öffentlichkeit« und »eine Veröffentlichung einer rechtsstaatswidrigen Vorverurteilung gleichgekommen« wäre. Damit war die Sache erst mal vom Tisch.

Sie tauchte erst im März 1992 nach einem Artikel in der »Welt am Sonntag« um so heftiger wieder auf. Die CDU-Opposition im Landtag forderte den Rücktritt des Justizministers; der SPD-Landeschef Steffen Reiche witterte eine »Hetz-Kampagne«; Just selbst äußerte sich ein wenig differenzierter, er sprach von einer »Hetzkampagne im Zusammenhang mit meiner Unterstützung Stolpes«. Er berief sich auf einen »Befehlsnotstand«, der ihm keine Wahl gelassen habe. »Ich war ein kleiner Soldat, der den Befehl zu befolgen hatte.« Im übrigen sah er »keine Notwendigkeit zu persönlichen Konsequenzen«.

Das änderte sich erst, als der Fall Just zu einer Belastung für die SPD zu werden drohte. »Mit Rücksicht auf die Fraktion, aus Gründen der politischen Hygiene« trat Just von seinen parlamentarischen Ämtern zurück und gab auch sein Mandat als Abgeordneter auf. Freilich wollte er seine Entscheidung nicht als »Eingeständnis einer Schuld, wie sie mir heute plötzlich angelastet wird«, verstanden wissen. Doch bestritt er nicht, 1941 an der Exekution teilgenommen zu haben. Im »Freitag« beschrieb er, was damals passiert war: »Es war ein relativ ruhiger Tag. Zu unserem Zug kamen aufgeregte Frauen aus einem Nachbardorf und wollten Hilfe. Ihr Dorf sei von Banditen überfallen worden, die einen

Mann erschlagen, Frauen und Kinder verprügelt, Ställe geplündert hätten. Unser Zug wurde von den Geschützen weg, unter Führung eines Leutnants, losgeschickt. Etwa zwanzig Mann haben das Dorf kriegsmäßig umzingelt und eingenommen. Die sechs Männer, die uns von den Ukrainern als Juden bezeichnet wurden, wurden gefaßt und auf Befehl des Leutnants erschossen. Wenn das ein Kriegsverbrechen war, dann ist vor allem dieser Leutnant verantwortlich.«

Auf die Frage eines Journalisten, ob er nicht besser daran getan hätte, kein öffentliches Amt anzunehmen, antwortete Just: »Dann wären ja Hunderttausende von Soldaten von jeder Funktion ausgeschlossen gewesen. Bloß – sie haben nicht alle ein Tagebuch geschrieben. Wenn ich nicht Tagebuch geschrieben hätte, wäre das meine persönliche Angelegenheit geblieben.« Er habe, sagte Just in der SPD-Fraktion, über die Erschießung der sechs Menschen damals in der Ukraine nicht mehr sprechen wollen, weil die ganze Geschichte schon 1957 in allen DDR-Blättern gestanden und er angenommen habe, alle Welt wisse davon.

Ende März 1992 ordnete Brandenburgs Justizminister Bräutigam eine Wiederaufnahme der Ermittlungen im Fall Just an. Ein Jahr später, im April 1993, erschien in der »Zeit« ein längerer Artikel über »Die Schüsse im Leben des Gustav Just«, in dem Täter und Tat im historischen Kontext gewichtet wurden: »Er hielt sich, wie Millionen deutscher Soldaten, für ein unbedeutendes Rädchen in Hitlers mörderischem Getriebe und rechnete seine Teilnahme an einer Erschießung der Widerwärtigkeit des Krieges zu.« Es sei »ungewiß, ob die erschossenen sechs Männer Juden waren und ob sie wirklich ihrerseits einen Mann getötet hatten«. Klar sei nur, »daß sechs Menschen aus dem mit Krieg überzogenen Land ohne Strafverfahren, nur nach Verdacht, getötet wurden – auf Befehl eines deutschen Offiziers«.

In der Debatte über Justs Rückzug aus der Politik ging es allein um die berechtigte Frage, ob man einen Siebzigjährigen rechtlich und moralisch für eine Tat zur Rechen-

141

schaft ziehen kann, die er als Zwanzigjähriger begangen hat. Just selbst war sich nicht sicher, ob die Erschossenen Juden oder einfache Ukrainer gewesen waren. Daß es eine Hinrichtung gegeben und daß er an ihr teilgenommen hatte, wurde weder von ihm noch von seinen Freunden in Zweifel gezogen. Dafür war seine Tagebuchnotiz ein zu klarer Beleg.

Zwei Jahre nachdem Justizminister Bräutigam die Wiederaufnahme der Ermittlungen angeordnet hatte, Ende April 1994, gab der Minister ein Zwischenergebnis bekannt. Es gebe keinerlei Beweise dafür, daß Just an der Erschießung von sechs Juden im Zweiten Weltkrieg beteiligt war. Die Ermittlungen hätten nicht einmal Anhaltspunkte dafür ergeben, »daß die in den Tagebüchern von Gustav Just erwähnte Erschießung überhaupt stattgefunden hat«.

Weitere anderthalb Jahre später, im Dezember 1995, teilte die Staatsanwaltschaft Frankfurt/Oder mit, das Ermittlungsverfahren gegen Gustav Just sei eingestellt worden. Die Untersuchungen hätten den Verdacht einer Beteiligung Justs an der Erschießung von sechs ukrainischen Juden im Juli 1941 nicht bestätigt.

Bald darauf, im Januar 1996, meldete sich wieder der Minister zu Wort. Vor dem Landtag erklärte er, die »große Geduld«, mit der Just die Ermittlungen abgewartet habe, verdiene »hohe Achtung«.

Damit war der Fall Just wieder abgeschlossen. Er hatte keine Juden erschossen, und die Landesregierung war von dem Verdacht freigesprochen, sie hätte versucht, einen Skandal zu vertuschen. Sie muß darüber so erleichtert gewesen sein, daß niemand daran dachte, wie in solchen Fällen vorgeschrieben, die Ludwigsburger »Zentralstelle zur Verfolgung nationalsozialistischer Verbrechen« zu informieren. Deren Leiter, Staatsanwalt Albert Streim, hatte noch Ende Juni 1996 vom Ausgang des Verfahrens keine Ahnung.

Eine seltsame Geschichte. Normalerweise muß einem Beschuldigten mühsam ein Geständnis abgepreßt werden. Dagegen kommt es selten vor, daß Behörden fast vier Jahre ermitteln, um ein Geständnis zu widerlegen. Was also hatte Gustav Just an jenem Julitag 1941 in der Ukraine wirklich erlebt? Hat er von der Hinrichtung geträumt? Hat er sie sich ausgedacht? War er, wie Michael Fox in »Zurück in die Zukunft«, in eine Zeitmaschine geraten und aus dem Jahre 1992 in das Jahr 1941 gereist, um bei der Rückkehr in das Jahr 1992 festzustellen, daß es für seinen Ruf als SPD-Politiker besser wäre, nicht an einer Hinrichtung teilgenommen zu haben?

In Brandenburg wäre alles möglich. Allein die Tatsache, daß die brandenburgische Justiz allergrößte Mühe hatte, die Brandstifter abzuurteilen, die 1992 die »jüdische Baracke« im ehemaligen KZ Sachsenhausen abgebrannt hatten, daß sie dagegen Vorgänge, die fünfzig Jahre zurückliegen, souverän aufklärt, muß einen stutzig machen. Andererseits hat das Ermittlungsergebnis auch eine gute Seite. Wenn Gustav Just trotz seiner Tagebucheintragung an der Erschießung der sechs Juden nicht teilgenommen hat, wenn es diese Erschießung gar nicht gegeben hat, dann war er vielleicht gar nicht als Soldat in der Ukraine, dann ist die Wehrmacht gar nicht in den Osten einmarschiert, dann sind keine Juden ermordet worden, dann hat es den Zweiten Weltkrieg gar nicht gegeben, dann war alles nur ein Fiktion, hervorgerufen durch fiktive Tagebucheintragungen, getürkte Wochenschauberichte und falsche Zeugenaussagen.

Dann hat es auch die DDR nicht wirklich gegeben, denn wer garantiert uns, daß die Protokolle des ZK und des Politbüros authentischer sind als die Tagebucheintragungen eines normalen Kriegsteilnehmers? Und dann macht es nichts aus, daß ein ehemaliger IM des MfS als sozialdemokratischer Ministerpräsident weitermacht, denn wahrscheinlich hat es weder IMs noch das MfS wirklich gegeben.

»Vorwärts immer, rückwärts nimmer!« haben die Pimpfe der Freien Deutschen Jugend zu DDR-Zeiten gerufen. Und das Echo, das aus dem Abgrund der deutschen Geschichte ertönt, hört sich wie ein verspätetes »Sieg heil!« an.

Ist was, Uwe?

Dicke Luft in Ost-Berlin. Der Kulturverein Prenzlauer Berg e. V. hat zu einer Diskussion in die »Wabe« eingeladen. »Einmal IM – immer IM?« heißt das Thema, eine Konfrontation zwischen einer ehemaligen IM der Stasi und ihren Opfern unter Beteiligung des Publikums. Auf der Bühne haben sechs Experten Platz genommen: zwei ostdeutsche Pastoren, ein Mitarbeiter der Gauck-Behörde, ein Bezirksbürgermeister der PDS, dazu ein Jura-Professor und eine frauenbewegte Autorin aus dem Westteil der Stadt. Noch bevor die Moderatorin des Abends, eine ostdeutsche Rundfunk-Journalistin, den Fall, um den es gehen soll, erklären kann, wird es ein paar Besuchern, vermutlich Wessis, übel. Mit blassen Gesichtern schleichen sie ins Freie. Denn im Saal wird geraucht, als ob ab morgen Zigaretten nur noch an verdiente Antifaschisten abgegeben würden. Wer hier einmal tief durchatmet und nicht umfällt, der überlebt auch jede andere Form kollektiver Kontamination.

Doch den meisten Besuchern der »Wabe« macht die dicke Luft nichts aus. Im Gegenteil: Sie scheinen die authentische Rekonstruktion der DDR-typischen »Nestwärme« zu mögen. Man kennt sich untereinander, die Stimmung gleicht eher einem Betriebsfest mit Tombola als einem Tribunal, bei dem mit der Vergangenheit abgerechnet werden soll.

»Wir sollten uns alle bemühen um eine sachliche und konstruktive Atmosphäre, denn die haben wir alle bitter nötig«, ermahnt die Moderatorin das Publikum und die sechs Diskutanten auf der Bühne, bevor sie zur Sache kommt: »Wie gegenwärtig ist die Vergangenheit?« Es ist eine rhetorische Frage, denn jeder weiß, daß die Vergangenheit sich im Raum breitgemacht und die Gegenwart verdrängt hat. Aber in Zeiten wie diesen sind das relative Bezugsgrößen, die beliebig ausgetauscht werden können. Die Reporterin der »Süddeutschen Zeitung« wird später schreiben, die ganze Geschichte käme ihr so vor, »als sei im Osten der Stadt schon wieder die DDR ausgebrochen«.

Der Kulturverein Prenzlauer Berg e. V. ist einer jener vielen Vereine im Osten, die nach der Wende entstanden sind – als Ersatz für die zusammengekrachten bzw. abgewickelten staatlichen und gesellschaftlichen Einrichtungen. Der Verein beschäftigt Sozialarbeiter, Lehrer, Bürokräfte, die sonst arbeitslos wären, organisiert Kinder- und Jugendarbeit, Mieterberatung, Hilfe für Rentner und Obdachlose. Finanziert werden die Aktivitäten über ABM-Stellen aus Steuermitteln. U. a. gibt der Verein die achtseitige Monatszeitung »Mittendrin – aus Prenzlauer Berg für Berlin« heraus, mit neunzehn Mitarbeitern ein ABM-Projekt der besonders intensiven Art.

Für den Kulturverein arbeiten auch Frau F. im Jugendfreizeit-Zentrum als Projektleiterin und Frau W. in der Medienwerkstatt des Vereins als »Ansprechpartnerin für junge Autoren«. Außerdem ist Frau W. Betriebsrätin. Eines Tages erfährt Frau F., daß Frau W. als IM für die Stasi gearbeitet hat, und bringt diesen Sachverhalt in einer Betriebsversammlung zur Sprache. Daraufhin solidarisieren sich Betriebsrat und Geschäftsführung des Kulturvereins mit Frau W., und Frau F. hat das Nachsehen: Sie wird abgemahnt und bekommt eine Mitteilung, daß ihr Zeitvertrag nicht verlängert wird. Sie habe den Betriebsfrieden gestört, und man könne Frau W. nicht zumuten, weiter mit Frau F. zusammenzuarbeiten.

Frau W. bestreitet nicht, von 1978 bis 1983 als IM »Marion« für die Stasi gearbeitet zu haben, besteht aber darauf, daß sie 1983 beim MfS ausstieg und danach selbst verfolgt wurde. An die Zeit bis 1983 kann sie sich nicht erinnern, an die Jahre danach dafür um so besser. Um ihrer verblaßten Erinnerung nachzuhelfen, greifen der Biologe Dr. K. und der Physiker S. ein, sie machen Teile ihrer Stasi-Akten publik. Daraus geht u. a. hervor, daß Frau W. zwischen Februar und September 1978 etwa 350 Seiten Spitzelberichte über Dr. K. und über Herrn S. und seine Frau schrieb. Aufgrund dieser Berichte wurde Frau S. eines Tages verhaftet und erlitt eine Fehlgeburt, während der krebskranke Dr. K. wegen »staatsfeindlicher Hetze« zu drei Jahren Haft verurteilt wurde, die er im Stasi-Knast Berlin-Hohenschönhausen absaß.

In der »Wabe« kommt es nun zum Showdown zwischen Frau W. auf der einen Seite, Frau F. sowie Herrn K. und Herrn S. auf der anderen Seite. Frau W. gibt eine Erklärung ab, ein Bündel Elend mit strähnigen Haaren und bebender Stimme. Sie sei, sagt sie, am Ende ihrer Kraft und habe »Angst um den Kulturverein«. Auch ihr Ex-Führungsoffizier, mit dem sie noch immer reden würde, habe »so viel Angst, daß er nicht bereit ist, sich öffentlich zu äußern«. Wovor der Mann denn Angst habe, will jemand wissen. »Diese Angst kommt daher, daß er sehr viele Erlebnisse hatte, die dazu geführt haben, daß er einfach nur noch Angst hat«, sagt Frau W. Sie habe dem Arbeitsvermittler im Arbeitsamt gesagt, daß sie IM gewesen sei, »damit ich nicht irgendwohin verwiesen werde, wo das eine Rolle spielt«. Auch die Kollegen in der Medienwerkstatt des Kulturvereins, wo sie 1994 eine ABM-Stelle bekam, hätten »zum Teil von meiner IM-Vergangenheit gewußt«. Wenn sie darauf angesprochen worden sei, hätte sie nie bestritten, daß sie mal IM gewesen sei, »aber ich laufe nicht mit einem Schild herum, weil mein Leben nicht nur aus IM-Sein besteht, mein Leben besteht auch aus anderem«.

Frau W. bezeichnet sich als Schriftstellerin. Sie gibt Lesungen in Kulturhäusern, »ohne Honorar«, wie sie betont. Man wird freilich Mühe haben, ein verlegtes Werk von ihr zu finden. Waren die Berichte, die sie für die Stasi geschrieben hat, eine literarische Ersatz-Karriere? Freunde von ihr melden sich zu Wort, erklären, was für eine nette, hilfsbereite Person sie sei, wie sie sich für andere einsetzen würde. Auch die Ostberliner Schriftstellerin Elke Erb attestiert Frau W. lauter gute Eigenschaften. Frau F., Herr Dr. K. und Herr S. geraten in die Defensive, sie müssen ihr Handeln rechtfertigen, nicht Frau W., die ehemalige IM der Stasi.

Die Diskussion findet im Saal statt, ohne die Experten auf der Bühne. Katharina Rutschky schafft es irgendwie, ein Statement von grundsätzlicher Bedeutung abzugeben: 1989 sei etwas passiert, womit niemand gerechnet habe. Aus ihrer Sicht hätten »keine Akten geöffnet werden müssen oder sollen«; sie kenne Leute, »die unter der Stasi gelitten haben, auch gesessen haben, und die ihre Akten niemals einsehen wollen«. Jeder in der DDR habe gewußt, »es gab das Ministerium, es gab die IMs, das gehörte zum politischen System der DDR«. Und nun verlange man von den IMs, daß sie »ihre Vergangenheit auf den Tisch des Hauses legen«; das würde sie »als Wessi« von keinem verlangen. »Ich bin nicht betroffen, mich hat man wahrscheinlich nicht bei meinen Ostbesuchen ausspioniert, ich weiß es nicht, ist mir auch egal.«

Und dann sagt Katharina Rutschky ein paar Sätze, die sogar in dieser Umgebung das Maß der erlaubten Frivolität übersteigen: »Nun sind wir in einer ganz blöden Situation, nämlich von vier Millionen Arbeitslosen... Um es knapp und kurz und polemisch zu sagen, die IM-Frage wird nur benutzt, und zwar beliebig aus der Tasche gezogen, im Sinne eines klassischen Denunziantentums. Das ist in einer Situation, wo wir vier Millionen Arbeitslose haben, für viele Menschen eine schwere Verlockung...«

Später ergreift Katharina Rutschky noch einmal das Wort, um den »moralischen Rigorismus« der Stasi-Debatte anzugreifen und den Zuhörern den Unterschied zwischen der DDR und der BRD zu erklären. »Die DDR ist eine tragische Gesellschaft, wir sind eine ironische. Wir leben nämlich besser mit vielen Fehlern..., wir verlangen nicht von jedem, daß er sich bis zum letzten auszieht. Das Gesellschaftswesen und der Rechtsstaat funktionieren so garantiert nicht...«

Sicher, was den Opfern der Stasi abgeht, ist jene ironische Haltung, mit der westdeutsche Intellektuelle spätestens seit 1968 durch das Leben schreiten, eine Haltung, die ihnen hilft, mit allen Kalamitäten fertig zu werden, sei es, daß sie beim Sommerschlußverkauf zu spät kommen, beim Schwarzfahren in der U-Bahn oder beim Dummschwätzen in einer Talk-Show erwischt werden. Was es mit dieser ironischen Einstellung auf sich hat, macht der Berliner Rechtsprofessor Uwe Wesel deutlich, als er die Ossis dazu aufruft, nicht immer nur daran zu denken, was *ihnen* zugestoßen sei: »Man kann auch alles furchtbar schwer sehen, und man darf seine Rolle als Opfer nicht unbedingt zum Absolutum machen. Auch uns ist Unrecht geschehen. Was meinen Sie, was an westdeutschen Universitäten durch politischen Rufmord Existenzen vernichtet worden sind. Ich kann ihnen viele Beispiele nennen, in diesem wunderbaren Rechtsstaat. Das ist sicher nicht mit dem zu vergleichen, was Sie erlitten haben. Aber auf der anderen Seite können Sie diese Rolle als Opfer nicht ständig fortführen, es ist unmöglich, damit zerstören Sie alles. Sie müssen irgendwann mal dazu kommen, zu sagen: Gut, das ist erledigt, das ist ausgestanden... Sie müssen allmählich sich daran gewöhnen, mit diesen Dingen nicht so einseitig umzugehen, wie Sie es tun. Sie müssen das von beiden Seiten sehen.«

Auf diesen Rat haben die Ossis seit dem Fall der Mauer gewartet. Ein Westberliner Professor, der über sich selbst sagt: »Ich sitze im Trockenen, ich bin Beamter auf Lebenszeit und hab ein gutes Gehalt...«, fordert die Opfer einer Diktatur auf, endlich aus ihrer Rolle auszusteigen und sich auch mal auf die Seite der notleidenden Täter zu stellen.

Spätestens an dieser Stelle atmeten die wenigen Wessis im Saal erleichtert auf: Was für ein Glück, daß die westdeutschen Intellektuellen ihren Sinn für historische Ironie und praktische Gerechtigkeit vierzig Jahre lang nur in Selbsterfahrungsgruppen und nicht im Auftrag einer staatlichen Institution ausgelebt haben.

Angelika, die Wende ist da!

Das wichtigste deutsche Grundrecht ist nicht das auf Selbstbestimmung in Frieden und Freiheit, auf gutes Wetter im Urlaub oder auf eine Biotonne vor jedem Haus, es ist das Recht, mitmachen zu dürfen. Die »Option auf Kollaboration« (Peter Schneider) ist, obwohl weder im Grundgesetz noch in den Landesverfassungen festgeschrieben, das kostbarste Gut sowohl der Gesellschaft wie des einzelnen. Deswegen bestehen sogar vollzeitliche Staatsgegner darauf, in den Staatsdienst aufgenommen zu werden, deswegen kommt es immer zu einem menschlichen Drama, wenn ein Politiker vor Erreichen der Pensionsgrenze zurücktreten muß. Wer in einem System an exponierter Stelle mitgemacht hat, der ist nicht etwa für die Teilnahme an einem anderen System disqualifiziert. Im Gegenteil! Wie Fußballprofis, die aus einer Mannschaft in eine andere Mannschaft wechseln, wenn nur das Handgeld stimmt, konnten über Nacht überzeugte Nazis zu überzeugten Demokraten mutieren, verwandeln sich seit 1989 die Handlanger der Diktatur des Proletariats in alerte Wachhunde der Grundrechte in der neuen Republik.

Um den Übergang von einem System zum anderen zu erleichtern, wäre es am besten, wenn man einfach alle Deutschen verbeamten würde. Da dies aber aus sozialversicherungsrechtlichen Gründen nicht geht, versuchen viele, wenigstens mit einem Fuß im Vorzimmer zur staatlichen Macht zu stehen. Markus Wolf kann es überhaupt nicht fassen, daß der Bundesnachrichtendienst ihm noch keinen Job angeboten hat. Und einige Etagen unterhalb der Ebene, auf der ehemalige Spitzenkräfte wie Wolf, Schalck-Golodkowski und Krenz ihre Warteschleifen drehen, haben sich kleinere Chargen – unauffällig, aber effizient – längst wieder in ihren alten Koordinaten eingerichtet.

Im Jahre 1988, zu einer Zeit, als sich die DDR bereits auf der Zielgeraden in den Abgrund befand, erschien im Ostberliner Dietz Verlag ein achtzig Seiten dünnes Buch über »Westbank und Gaza«, eine Region, deren Wohl und Wehe den Bürgern der DDR keine Ruhe ließ: »Fakten, Zusammenhänge und Hintergründe israelischer Okkupations-Politik«. Die Verfasser, Angelika und Klaus Timm, lehrten beide als Dozenten an der Sektion Asienwissenschaften der Humboldt-Universität zu Berlin das Fach »Israelwissenschaft«.

Nun gibt es zwar eine »Israelwissenschaft« ebensowenig, wie es eine Wissenschaft von Mecklenburg-Vorpommern gibt. Aber in einem Land, in dem eine Portion Kartoffeln »Sättigungsbeilage« genannt wurde, hatte man keine Hemmungen, auch die wissenschaftliche Terminologie den Bedürfnissen der politischen Idiotie anzupassen. Daß es in einem solchen Buch vor allem um das »Okkupationsregime« und den »Terror der Besatzer« gehen würde, war zu erwarten und wäre auch nicht zu beanstanden gewesen. Doch darüber hinaus unternahmen die beiden Autoren auch eine Korrektur der Geschichte. Zum Sechs-Tage-Krieg, der am 5. Juni 1967 ausbrach, hieß es: »Dieses Datum hatte das israelische Kriegskabinett, wenige Tage zuvor vom Parlament als ›Regierung der nationalen Einheit‹ berufen, zum ›Tag X‹, zum ersten Tag des dritten Nahostkrieges, ausersehen.«

Kein Wort über die Vorgeschichte des Krieges, über den von Ägypten durchgesetzten Abzug der UN-Truppen aus dem Sinai, über die Sperrung des Roten Meeres für israelische Schiffe, über das Versprechen Nassers, die Israelis ins Meer zu treiben. Das israelische Kriegskabinett hatte, vermutlich weil die Generäle es leid waren, immer nur Schiffe-versenken am Strand zu spielen, den 5. Juni zum Tag X »aus-ersehen« – notabene, nicht etwa »bestimmt« oder »festge-legt«, nein, »ausersehen«–, denn das klang wie »auserwählt«, und mit dieser lautmalerischen Assoziation konnte man-cher Leser sicher etwas anfangen.

Und weil sie die Vorgeschichte des Krieges unterschlagen hatten, hatten Timm & Timm um so mehr Platz, die Gründe für den israelischen »Aggressions- und Eroberungskrieg« darzustellen. »Sein Hauptziel bestand darin, die antiimpe-rialistischen Führungen in Ägypten und Syrien zu stürzen, die erdölreiche Nahostregion mit dem Suezkanal wieder fest in imperialistischen Griff zu bekommen, das israelische Staatsterritorium bis zum Jordan auszuweiten und die He-gemonie Israels über den Nahen Osten langfristig abzusi-chern.« Nur einen Grund hatten die Autoren in der Eile nicht aufgezählt: die Errichtung der jüdischen Weltherrschaft, aber »die Hegemonie Israels über den Nahen Osten« war auch keine Bagatelle.

Timm & Timm stellten Fragen, die sich alle DDR-Bürger genauso gestellt hätten, wären sie nicht mit der Frage be-schäftigt gewesen, wo es gerade Bananen zu kaufen gäbe: »Wieso unterstützt ein Volk, dessen Vorfahren jahrhunderte-lang unterdrückt wurden und dem der deutsche Faschismus schweres Leid zugefügt hat, so vorbehaltlos die aggressive Politik seiner Führung?... Und warum ist Israel nicht bereit, die besetzten Gebiete den rechtmäßigen Eigentümern zurückzugeben und einen gerechten und dauerhaften Frie-den mit den Arabern zu schließen?«

Auch hier waren Timm & Timm dermaßen damit beschäf-tigt, Fragen an Israel zu stellen, daß sie ganz vergaßen, die Angehörigen der Arabischen Liga zu fragen, warum sie auf ihrer Gipfelkonferenz von Khartoum im August 1967 be-schlossen, Israel weder anzuerkennen, noch sich auf Ver-handlungen mit den Zionisten einzulassen. Doch im Ge-gensatz zur Arabischen Liga gaben sich Timm & Timm wenigstens Mühe, zwischen Zionisten und Juden zu unterscheiden. »Millionen jüdischer Menschen auf allen Kontinenten tragen durch ihre tägliche Arbeit zum Blühen und Gedeihen der Staaten bei, in denen sie leben... Auch in Israel sind nicht alle Juden Zionisten... Es gibt zum Beispiel eine Kommunistische Partei Israels, deren ideologische Basis der proletarische Internationalismus ist und in der Juden und Araber gemeinsam gegen jede Form des Nationalismus kämpfen... Doch die bourgeoise Führung verstand Israel von Anfang an als zionistischen Staat...«

Der Zionismus, entstanden »als Reaktion auf antisemitische Exzesse in einigen europäischen Ländern«, negierte »die klassenmäßigen Wurzeln des Antisemitismus und die Möglichkeit, diesen durch grundlegende gesellschaftliche Veränderungen – etwa im Sinne einer sozialistischen Perspektive – auszumerzen...« Vermutlich so, wie dies in den Ländern des real existierenden Sozialismus von Stalin bis Gomułka (und in der DDR im Fall von Paul Merker) erfolgreich vorexerziert wurde.

Anschläge arabischer Terroristen gegen israelische Zivilisten nannten Timm & Timm »Verzweiflungstaten«, während »die Tötung palästinensischer Kinder, Frauen und Jugendlicher durch Israelis in Uniform oder in Zivil« als eine Art »nationale Pflichterfüllung« der zionistischen Besatzer bewertet wurde.

Zum Schluß ihres Traktats über das Wesen des Zionismus und »in Anbetracht der atomaren Bedrohung der Menschheit« sprachen sich Timm & Timm für die Anerkennung der Existenz des Staates Israel, für ein friedliches Neben- und Miteinander von Arabern und Juden aus, »damit den bourgeois-zionistischen Kräften in Israel und ihren internationalen Verbündeten die Möglichkeit genommen wird, das legitime nationale Sicherheitsverständnis der jüdischen Werktätigen immer wieder für die Durchsetzung egoistischer Klasseninteressen und für die Verbrämung expansiver Ziele auszunutzen...«

Es wäre völlig müßig, sich den Kopf zu zerbrechen, ob dies noch »Antizionismus« oder schon «Antisemitismus« war. Es war in jedem Fall ressentimentgeladener, pseudo-wissenschaftlicher Dreck, zusammengemischt von zwei Experten von Zentralkomitees Gnaden, die unter anderen historischen Umständen auch darüber geschrieben hätten, wie man die Expansion des internationalen Weltjudentums stoppen sollte. Was Angelika und Klaus Timm im Jahre 1988 nicht ahnen konnten, war der bevorstehende Wechsel der Gezeiten.

Gleich nach der Wende änderte die DDR ihren Kurs gegenüber den »bourgeois-zionistischen Kräften in Israel«. Plötzlich war von der Bereitschaft die Rede, »Wiedergutmachung« zu zahlen und Israel diplomatisch anzuerkennen.

Angelika Timm gehörte als Dolmetscherin der DDR-Delegation an, die Anfang 1990 mit Israel über eine Normalisierung der Beziehungen verhandeln sollte. Sie soll auch den Ehrgeiz gehabt haben, erste Botschafterin der DDR in Israel zu werden, eine Aufgabe, für die sie aufgrund ihrer wissenschaftlichen Vorarbeiten bestens qualifiziert zu sein meinte. Sie gehörte zu den Initiatoren der »Gesellschaft DDR-Israel für Verständigung und Zusammenarbeit« und hat bei der Gründungsveranstaltung das Eröffnungsreferat gehalten. Darin beklagte sie »das einseitige Israel-Bild, das jahrzehntelang über die DDR-Medien vermittelt wurde« – als habe sie nicht selber maßgeblich zu diesem Bild beigetragen – wobei »dem Antisemitismus ... indirekt Vorschub geleistet wurde«. Nun käme es darauf an, »ein neues Verhältnis der DDR zu Israel zu befördern«, »moralische Wiedergutmachung« zu leisten: »Es ist sehr viel zu tun, um das Israel-Bild in der DDR vom Kopf auf die Füße zu stellen.« Ein Besuch in Yad Vashem, berichtete Angelika Timm, ließ in ihr »große Bestürzung und Nachdenklichkeit entstehen«.

Masel tow, Frau Dr. Timm! Nach vierzig Jahren antifaschistischer Erziehung muß eine Bürgerin der DDR erst Yad Vashem besuchen, um ein »emotional geprägtes Verständnis für deutsche Schuld und deutsche Verantwortung« zu entwickeln. Dazu gab es offenbar in der DDR keine Gelegenheit. Und so fällt es ihr leicht, die Frage zu beantworten, was die Gesellschaft DDR-Israel »will und kann«, nämlich: »... beitragen zu der ehrlichen und ungeschminkten Bewältigung deutscher Schuld an den Millionen europäischer Juden, die Opfer nazistischer Grausamkeit wurden«. Und nicht etwa zur Aufklärung des staatlich geförderten Antizionismus, der von willfährigen Handlangern wie Angelika und Klaus Timm in die Praxis umgesetzt wurde.

Die erste ordentliche Mitgliederversammlung der Gesellschaft DDR-Israel wurde für den 3. November 1990 terminiert. Es lag an den bekannten Gründen, daß sie nicht mehr stattfinden konnte.

Was sollte Angelika Timm machen? Sie hatte nichts anderes als »Israelwissenschaft« gelernt. Auf die naheliegende Idee, in einem Kibbuz an Israels Nordgrenze als unbezahlte Erntehelferin ihre Sünden abzuarbeiten, kam sie nicht. Ähnlich den Experten für das Judentum, die nach 1945 ihrer Passion treu blieben, setzte sie ihre wissenschaftliche Laufbahn auf einer neuen Spur fort. Sie veröffentlichte (mit einem Koautor) in einem Bonner Verlag das Buch »Israel – Die Geschichte eines Staates seit seiner Gründung« und debütierte 1993 in der »Allgemeinen Jüdischen Wochenzeitung« mit einem Artikel zum Jahrestag der Reichskristallnacht: »Über den schwierigen Umgang mit der Geschichte«, und griff für die Beilage der Wochenzeitung »Das Parlament« zum Seziermesser: »DDR–Israel: Anatomie eines gestörten Verhältnisses«. Sie hält Vorlesungen an der Humboldt-Universität über die »Geschichte der deutsch-israelischen Beziehungen«, »Israel: Binationale, multikulturelle Gesellschaft« und »Persönlichkeiten in der israelischen Gesellschaft«. 1994 bekam sie ein zweijähriges Stipendium der Deutschen Forschungsgemeinschaft, um eine Arbeit über die Haltung der DDR zur Shoah, zum Zionismus und zum Staat Israel schreiben zu können. In der Projektskizze hob sie hervor, angesichts des

»Fremdenhasses und des Antisemitismus im vereinten Deutschland« wäre eine solche Arbeit unerläßlich.

Wer könnte dies besser als Dr. Angelika Timm beurteilen, die schon immer gewußt hat, welche Reiz- und Stichworte gerade an der Reihe sind?! Gefragt, ob sie keinen Grund sähe, sich für ihre DDR-Publikationen zu entschuldigen, antwortete sie, »Westbank und Gaza« sei »ein Auftragswerk des Dietz-Verlages« gewesen, in dessen Herstellung sich »auch die Abteilung Agitation des ZK der SED fordernd einschaltete«. Das Ergebnis sei ein »belastender Kompromiß« gewesen, den sie aber glaubte »vertreten zu können, da sich die Möglichkeit bot, einige Fragen anzusprechen, die im Nahost-Bild der DDR bis dahin weitgehend tabu waren«.

Auch Angelika Timm hat Schlimmeres durch Schlimmes verhütet. Wer es nun unpassend findet, daß eine Ziege als Gärtnerin wirken darf, sollte einfach abwarten, wie Frau Timm nach der nächsten Wende die »belastenden Kompromisse« erklären wird, zu denen sie sich heute genötigt sieht.

Heil Diether!

Mitmachen, mitmischen, dabeisein – überall, zu jeder Zeit, um jeden Preis! Sich einbringen, gegen den Strom sprechen, Puderzucker ins Getriebe der Gesellschaft streuen; den Herrschenden auf die Finger schlagen, mit den Herrschenden ein Glas Sekt trinken, die Spesen abrechnen und ein Interview geben . . .

Nachdem er in den Bundestag gewählt worden war, antwortete Stefan Heym auf die Frage nach seinen »ersten Erfahrungen« als Abgeordneter: »Ich sitze an einem der wenigen Parlamentspulte mit Telefon und kann umsonst überallhin telefonieren.« Er habe auch schon mit Genscher gesprochen, und »der hat sich wirklich gefreut«. Scharping habe ihn »nicht gemocht«, doch »Weizsäcker hat mir einen Brief geschrieben, über den ich mich sehr gefreut habe«.

Der Literaturwissenschaftler Hans Mayer ist nicht nur stolz darauf, Träger des Nationalpreises der DDR und des Großen Bundesverdienstkreuzes der BRD zu sein, sondern auch darauf, daß er »als einziger Deutscher zum Ehrenprofessor der Universität Peking ernannt wurde«. Jahre nach dem Massaker auf dem Platz des Himmlischen Friedens.

Und wer erleben konnte, wie glückerfüllt Alice Schwarzer strahlte, als ihr das Bundesverdienstkreuz vom Kölner Regierungspräsidenten verliehen wurde, der wußte, hier war eine kritische Seele auf dem langen Marsch durch die alternativen Projekte endlich am Ziel ihres widerständigen Lebens angelangt.

Leider kommen solche Mittel der Sozialpolitik nicht ausreichend zum Einsatz. Was sind schon ein paar Bundesverdienstkreuze und der Orden wider den tierischen Ernst gegen das massenhafte Bedürfnis nach institutioneller Anerkennung. Statt die Polizei aufzurüsten und die gesetzlichen Bestimmungen über kriminelle Vereinigungen zu verschärfen, hätte die Bundesregierung eine »Terroristenmeldestelle« einrichten sollen. Jedes Mitglied der RAF, der Roten Zellen und der Autonomen Antifa, das sich bei dieser Stelle gemeldet hätte, hätte mit einem Neckermann-Fertighaus, einem VW-Passat-Kombi mit eingebauter Camping-Ausrüstung und einem Beratervertrag beim Bundeskriminalamt belohnt werden sollen. Das hätte zwar einiges gekostet, wäre aber viel billiger und vor allem effektiver gewesen als die Aufrüstung und Vernetzung der Republik im Kampf gegen den Terror.

Hier hätte sich die Bundesrepublik ein Beispiel an der DDR nehmen sollen, wo nicht nur Jahr um Jahr Tausende von Orden und Ehrenzeichen an die Aktivisten der FDJ, die Traktoristen der LPGs und die Scharfschützen der NVA verteilt, sondern auch viele Intellektuelle geschickt in das System eingebunden wurden. Doch das ist nicht passiert. Kein Wunder, daß einige linke Würstchen der Bonner Republik der Versuchung nicht widerstehen konnten, jenseits der Mauer die dicke Salami zu spielen.

In Frankfurt ist er weltberühmt: Diether Dehm, Diplompädagoge, jugendlicher Protestsänger (»Lerryn«), erfolgreicher Liedermacher (»Tausendmal berührt«) und Produzent von über 400 Schlagern, Organisator von Konzerten gegen Nachrüstung und Atomenergie, Manager von Katharina Witt, ehrenamtlicher Stadtrat der SPD in Frankfurt am Main, Bundesvorsitzender der Arbeitsgemeinschaft Selbständige und Unternehmer in der SPD mit Sitz im Bundesvorstand der Partei, »bekennender Linker und Basiskämpfer, Schrecken aller Bankiers« (»SZ«), ein »roter Millionär« (»Bild«), der »als Juso wie viele seinesgleichen das Establishment radikal bekämpft hatte, um dann in demselben Karriere zu machen« (»Neues Deutschland«), ein Multitalent, dessen »strahlendweißes T-Shirt« unter einem Tweedjackett eine Frankfurter Journalistin zu der Überlegung angeregt hatte: »Ginge man nach all den unappetitlichen Fällen, mit denen Diether Dehm in der Journaille in den vergangenen Jahren in Verbindung gebracht worden ist, müßte das Hemd einen Grauschleier haben.«

Einige aus Dehms Umgebung können sich noch gut an einen jungen Mann erinnern, der Ende der sechziger Jahre mit einer Gitarre unter dem Arm bei den Liedermacher-Treffen auf der Burg Waldeck herumlief und sich nicht entscheiden konnte, ob er Ernst Busch, Franz-Josef Degenhardt oder Reinhard Mey nacheifern sollte. Er sprach und sang mit einem starken hessischen Akzent: Das Wort »Klassenkampf«, das er immerzu benutzte, hörte sich bei ihm wie »Äppelwoi« an. Ein Angeber, Ranschmeißer und Wichtigtuer, nie um eine linke Phrase verlegen und ohne jedes Gespür für die qualvolle Peinlichkeit seiner Auftritte.

Mit fünfzehn trat der 1950 geborene Dehm der »Vereinigung der Verfolgten des Naziregimes VVN« bei, mit 38 dichtete er, zum 125. Geburtstag der SPD, eine neue Hymne für die Partei: »Und sind wir schwach/Und sind wir klein/Wir wollen wie das Wasser sein/Das weiche Wasser bricht den Stein...« – Es gibt Filmaufnahmen, auf denen Willy Brandt zu sehen ist, wie er mühsam den Liedtext vom Blatt abliest und dazu die Lippen bewegt.

Ende April 1996 wurde bekannt, daß Diether Dehm von 1971 bis 1978 von der Stasi-Hauptabteilung XX/5 (zuständig für Organisationen in der BRD) unter den Decknamen »Willy« und »Dieter« als Inoffizieller Mitarbeiter geführt wurde. Seine Akte umfaßt über 400 Seiten – Informationen, Berichte und Einschätzungen aus der Frankfurter Szene, der SPD und angrenzenden Milieus; einerseits »hauptsächlich Hühnerkacke« (Reinhard Mohr), andererseits Dokumente eines kollaborativen Größenwahns, der die ungebrochene

Verbindung vom Reichssicherheitshauptamt zum Ministerium für Staatssicherheit markiert.

Dehms Stasi-Akte fängt am 8. Juni 1971 mit einem »Vorschlag zur Kontaktaufnahme« an. »Der Dehm, Diether« sei bereits durch den IM »Duo« kontaktiert worden, zwischen den beiden Personen habe sich ein »gutes freundschaftliches Verhältnis« entwickelt. Dehm sei bei den Jusos aktiv, »seine politische Einstellung zur gesellschaftlichen Entwicklung in der DDR ist posctiv« (sic!), allerdings, »charakterlich ist er noch nicht ausgereift und erscheint als großer Individualist«.

IM »Duo« schenkte dem Dehm klaren Wein ein: »Ich sagte ihm, daß ich für unsere Partei Einschätzungen über westdeutsche Jugend- und Studentenorganisationen erarbeite. Ich fragte ihn, ob er mir dabei behilflich sein könnte. Er sagte zu.« Ein paar Tage darauf rief »D. D.« seinen Ostberliner Freund um Mitternacht aus Frankfurt an und bat ihn, »ihm noch zwei weitere Theaterkarten für das BE zu besorgen«. Nach einem Treffen in Berlin notiert »Duo«: »D. D. besorgt mir alle erreichbaren Beschlüsse und Materialien der Jungsozialisten. Außerdem schneidet er mir ein Tonband mit den Reden der Teilnehmer im Frankfurter Gewerkschaftshaus zur Frage der Aktionseinheit gegen den Neonazismus mit... Er will das Tonband und die Schriften dem ›UZ‹-Korrespondenten nach Berlin mitgeben...«

Am 25. Juni 1971 macht die Hauptabteilung XX/5/1 den »Vorschlag«, »den Dehm, Jörg-Diether... als Vorlauf-Perspektiv-IM zu registrieren«. Darin heißt es: »Mit Dehm sind feste Vereinbarungen mit nachrichtendienstlichem Charakter getroffen worden.« Mit seiner Hilfe soll u. a. die Berichterstattung über die Jusos in Frankfurt und über Probleme der Studentengruppen an der Frankfurter Uni erfolgen. Schon zu diesem frühen Zcitpunkt der Zusammenarbeit schmiedet die Stasi Pläne für die Zukunft: »Durch perspektivische Beeinflussung ist die Entwicklung nach Abschluß des Studiums unter Berücksichtigung des Interessen des MfS zu steuern.«

159

Wobei die Mitarbeiter der Stasi die aktuelle Bedeutung von D. D. nüchtern einschätzten:»Allerdings darf seine politische Arbeit auch nicht überbewertet werden. Dehm gehört mit zu den leitenden Funktionären der Bornheimer Gruppe von ca. dreißig Jungsozialisten ... Außerdem tritt er noch als Protestsänger auf.« Er wurde auf das richtige »Verhalten innerhalb der Bornheimer Jungsozialisten, bei der Einreise in die Hauptstadt der DDR und gegenüber anderen Personen« hingewiesen. Dabei ist »verstärkt Wert gelegt worden auf die Einhaltung der Disziplin und der Konspiration, was sicher von ihm verstanden worden ist ...« Anrufer bei Dehm würden sich »unter dem Namen ›Reinhard‹ vorstellen und (sich) auf Bestellungen·von Theaterkarten für das Berliner Ensemble beziehen«.

In der »Einschätzung« des neuen Mitarbeiters heißt es u. a.: »Dehm ist sehr von sich eingenommen. Diese Eitelkeit wird unterstützt und auch hervorgerufen auf Grund des guten Aussehens und seines Bestrebens, im Mittelpunkt zu stehen ... Großen Wert legt er auf seine politische Arbeit, die auch seine Eitelkeit unterstützt ...«

In einem Protokoll vom 20. Dezember 1971 heißt es über die »unter Beachtung der Legende erfolgte Zusammenführung« mit dem Führungsoffizier: »Der klare Beziehungspartner MfS ist bekannt.«

Die Stasi versuchte, sich über Dehms Schaffen (»Seine Hobbys sind die politische Arbeit und das Liedermachen«) einen möglichst umfassenden Überblick zu verschaffen. In seiner Akte finden sich neben einer Einladung zu einer »Polit-Party am 22. November 1973 in der W.-Kolb-Halle in Bremerhaven mit Wolfgang Roth (Juso-Bundesvorsitzender), Lerryn (Politsänger) und den Woodpicker's Jazzmen« auch Texte der Lieder, mit denen Dieter Dehm alias Lerryn damals auftrat, z. B. mit dem Titel »Intimspray«:

> Sie ist so zart verpackt
> ich hätt sie gern geknackt

160

oh, kleine Fee
mit deinem Intimspray
oh, kleine Fee
es tut bestimmt nicht weh
Sei nur nicht selbstbewußt
sonst krieg ich keine Lust
trotz deinem Spray
auf dem ich so sehr steh...

Die »Treffberichte« von IM Diether waren von ähnlicher Güte, nur ausführlicher. Bei einer Marathonsitzung von elf Stunden Dauer an drei aufeinanderfolgenden Tagen im Oktober 1971 übergab er nicht nur eine Tonbandaufzeichnung vom Unterbezirksparteitag der Frankfurter SPD, er plauderte wie ein Logorrhöe-Kranker über Auseinandersetzungen der Jusos mit trotzkistischen Gruppen, Machtkämpfe im Unterbezirksvorstand und Aktionen gegen die Ausrüstung der Frankfurter Polizei mit Maschinenpistolen. Außerdem »schätzte« er »verschiedene Personen« sachkundig ein: eine »Hausfrau, Mitglied der SPD«, die »zur Aktionseinheit bereit« ist, sich aber »durch den Druck von oben... auf einen antikommunistischen Kurs bringen läßt«; ihren Ehemann, der eine »realistische politische Haltung zur gesellschaftlichen Entwicklung in der BRD« vertritt, aber »charakterlich weich veranlagt« ist; einen Diplomphysiker, der »eine positive Haltung zur Entwicklung der DDR« vertritt, aber »kein Redetalent« hat; den Vorsitzenden der Jungsozialisten in Frankfurt, der »früher den evangelischen Pfadfindern angehörte« und als »kühler Denker« gilt; eine Parteigenossin aus dem Ortsverein Sindlingen mit einem positiven Verhältnis zur DDR, die sich »einmal zu einer tüchtigen Hausfrau entwickeln« wird; einen Jura-Studenten, der eine »negative Grundhaltung« zur DDR und außerdem »Komplexe vor seiner hübschen Frau hat«, die er »irgendwie wettmachen will«; eine Angestellte der SPD-Geschäftsstelle in Frankfurt, der »theoretische Kenntnisse auf politischem Gebiet fehlen«

und die, »bedingt durch einen Augenfehler, Schwierigkeiten bei der Kontaktherstellung zu Männern hat, nicht häßlich, eine gute Figur, aber keinen Charme, ist plump naiv« – usw. usf., kreuz und quer durch den Frankfurter SPD-Kindergarten.

Die endlosen Treffberichte – Abschriften vom Tonband – lesen sich wie eine Tratsch- und Klatsch-Sonderausgabe des »Vorwärts« zum Fest der Freiwilligen Feuerwehr von Dreieich-Buchschlag bei Sprendlingen: Wer mit wem, wer gegen wen und manchmal auch wer ohne wen, wenn ein Genosse es »in der Politik relativ weit gebracht« hat, doch »sehr unglücklich darüber ist, daß er keine Freundin hat«. Endlich erfahren wir, wie es bei den Jusos zugeht; und vor allem: worum es geht. Um Absprachen, Zweckbündnisse, Aushebeleien, Kungeleien und fortschrittliche Blähungen bei der Abwehr reaktionärer Winde. Bei ihrem Bemühen, die Bundesrepublik zu überholen, ohne sie einzuholen, muß die DDR gewaltig von dem Wissen um die Vorgänge im Ortsverein Bornheim und Unterbezirk Frankfurt der SPD profitiert haben! Vor allem IM Diethers Bericht von der Jahreshauptversammlung der Jungsozialisten im März 1972 muß in der DDR sämtliche Alarmglocken zum Läuten gebracht haben: »... der dritte Punkt war, die Öffentlichkeitsarbeit zu intensivieren ... Jede linke Politik, die unabhängig von der Bevölkerung durchgeführt wird, ist Putschismus oder Trotzkismus, und jede episozialistische Politik mißt sich immer daran, wie ihre Durchsetzbarkeit im Bewußtsein der Bevölkerung steht, immer in der engen Korrespondenz zu einer guten Öffentlichkeitsarbeit, Agitation und Propaganda ...«

Wo die Basis als die Grundlage des Fundaments dermaßen vehement verteidigt wird, da setzt sich episozialistische Politik am Ende durch, vorausgesetzt natürlich, die Öffentlichkeitsarbeit steht der Agitation mit der Propaganda nicht im Weg. Wer gemeint hat, Politik wäre ein schmutziges Geschäft, kann sich nun trösten: Politik ist eine lustige Angelegenheit, vor allem wenn ein Frankfurter Juso, der daheim als ein notorischer Schwätzer gilt, bis nach Ost-Berlin fahren muß, um endlich stundenlang reden zu können, ohne daß er unterbrochen wird, wobei er die Gelegenheit nutzt, seine Gesprächspartner auf sein revolutionäres Œuvre aufmerksam zu machen: »Der IM übergab beim Treff eine Schallplatte, die aus Gründen der Solidarität mit Chile von der SPD-Falkengruppe ›Wir‹ herausgebracht wurde. Musik und Text stammen vom IM.« Dann quittierte er seine Unkosten, 250 DM, und machte sich wieder auf den Weg nach Hause, um beim nächsten Treff »im Zusammenhang mit den steigenden Flugpreisen um Überprüfung der Möglichkeit« zu bitten, seine Spesen »von 250 DM auf 300 DM zu erhöhen«. – Auch Solidarität hat ihren Tarif.

Wie abenteuerlich es manchmal bei den Treffen zuging, macht ein Treffbericht vom Juli 1974 klar. Da »erschien der IM sehr aufgeregt zum Treff, mit der Bemerkung, jetzt werde sicherlich der Mitarbeiter ihm den Kopf waschen«. Denn folgendes hatte sich zugetragen: »Am 23. 6. bekam er nach dem Genuß von Mandarinen eine Allergie. Er begab sich am 24. 6., 9 Uhr, zum Arzt..., geriet in Zeitnot und konnte den vereinbarten Termin für den Treff am 24. 6., 11 Uhr, nicht einhalten. Da er aber bereits am 1. 7. in den Urlaub nach Italien reisen wollte, faßte er den Entschluß, gleich nach der Konsultation beim Arzt nach WB zu fliegen. Er kam gegen 13 Uhr am vereinbarten Treffort an, wo er den Mitarbeiter nicht mehr antraf...« Zu allem Unglück hatte er auch noch die Telefonnummer des Mitarbeiters zu Hause liegenlassen. »›Diether‹ begab sich zur nächsten Telefonzelle, suchte den Anschluß des MfS heraus und rief an. Bei der Zentrale verlangte er einen Mitarbeiter... und wurde daraufhin weiter vermittelt. Der Teilnehmer konnte auch nicht helfen und vermittelte weiter (vermutlich zur HVA), wo ihm dann nach zwei Gesprächen... sein Vor- und Familienname abverlangt wurde. Daraufhin erhielt er die Auskunft, daß ab 17 Uhr am BE ein Genosse auf ihn warten wird. Da der IM bis 18 Uhr vergeblich gewartet hatte, rief er erneut an und erhielt die Auskunft, daß niemand erreicht worden sei, und er solle wieder anreisen...«

Nach diesem verpatzten Treffen »wurde dem IM grober Leichtsinn, Unüberlegtheit usw. vorgeworfen... Zu seiner Entschuldigung konnte er lediglich vorbringen, daß er den Termin unbedingt halten wollte und davon ausging, daß unter den 200 Mitarbeitern des MfS der Genosse... zu finden sein müßte.«

Da er sich außerdem dekonspiriert hatte, mußte IM Diether umbenannt werden. »Auf eigenen Wunsch wählte sich der IM den Decknamen ›Willy‹.«

Und »Willy« machte da weiter, wo »Dieter« aufgehört hatte. Er berichtete über die Bezirkskonferenz der »Falken« für den Bezirk Hessen-Süd, die Aktivitäten trotzkistischer Kräfte innerhalb der Falken, über Gewerkschaftler, Parteifreunde und Parteigegner.

Ende 1974 wurde der »Wechsel zur neuen KW (Konspirative Wohnung) vorgenommen«. Bald darauf wurde auch die »Verlobte des IM« in die konspirative Arbeit einbezogen. IM Willy übernahm »die Garantie«, daß es »dabei keinerlei Probleme oder Schwierigkeiten geben« würde. Fortan wirkten IM Willy und IM Christa gemeinsam.

Die Ausbürgerung Wolf Biermanns aus der DDR im November 1976 stellte das Verhältnis zwischen dem IM und dem MfS auf eine andere Ebene. Dehm hatte zusammen mit einer Reihe von BRD-Promis gegen die Maßnahme in einem Telegramm an das Politbüro protestiert, und das blieb seinen Gesprächspartnern natürlich nicht verborgen. Er wurde zur Rede gestellt und erklärte, »mit Leuten wie Biermann« müsse es »eine demokratische Form der Auseinandersetzung« geben. »Er versteht darunter eine öffentliche Auseinandersetzung mit Biermann und dessen Werken... Die Form der öffentlichen Auseinandersetzung hätte in diesem Fall auch eine gerichtliche Verhandlung sein können.«

Trotz solcher Meinungsverschiedenheiten lieferte IM Wil-

164

ly bereitwillig Informationen »über den Stand der Entwicklung der Verbindung zu Wolf Biermann«, der zu dieser Zeit bei Günter Wallraff in Köln wohnte. »Charakterlich hat Biermann sich in der letzten Zeit eher negativ als positiv entwickelt. Er ist äußerst labil und mitunter ausgesprochen hysterisch ... Biermann ist völlig unsicher und holt sich ständig Rat bei Wallraff und dem IM.« Die meiste Angst, so IM Willy, habe Biermann davor, »daß man seine, noch in der DDR lebenden, Frauen in die BRD entläßt. Biermann meint, daß dies sein entgültiger Untergang wäre.«

Mit solchem Detailwissen ausgerüstet, wurde Dehm auf Vermittlung von Wallraff Biermanns Manager. Während er für Biermann Konzerte organisierte, setzte er seine Charakterstudien für das MfS fort: »Biermann benimmt sich nach Einschätzung des IM und Wallraffs wie ein politisches Kind. Beifall und Schmeichelei lassen ihn jegliche Vorsätze und Versprechen vergessen...«

Der IM nahm Anstoß daran, daß Biermann nicht honorarfrei auf Solidaritätskundgebungen auftreten wollte: »Charakteristisch für die Entwicklung Biermanns in der letzten Zeit« sei vor allem »die Tendenz zur Kommerzialisierung seiner Tätigkeit«, diese »tritt immer deutlicher hervor und bestimmt fast ausschließlich seine Entscheidungen über einen Auftritt oder eine Absage; in den letzten zwei Monaten hat Biermann seine Zustimmung für Auftritte grundsätzlich von der Höhe des Honorars abhängig gemacht...«

Im Gegensatz zu IM Willy, der nur aus Idealismus, »auf der Basis der politischen Überzeugung«, mit dem MfS zusammenarbeitete, wie es in einem »Vorschlag zur Auszeichnung des IM Willy... mit einer Geldprämie in Höhe von 500,– DM/West anläßlich des 28. Jahrestages des MfS« heißt. Durch dessen »hohe Einsatzbereitschaft« sei es gelungen, »Biermann nach dessen Ausbürgerung im Operationsgebiet zeitweilig gut unter Kontrolle zu halten«.

Was mag IM Willy mit diesen 500,– DM/West gemacht haben? Hat er sie einem Soli-Komitee für die Dritte Welt gespendet? Sich eine Originalausgabe des Kommunistischen Manifests gekauft? Oder einen goldenen Sowjetstern mit Smaragden für seine Lebensgefährtin und IM Christa? – Wir wissen es nicht. Wir wissen nur, daß IM Willy und IM Christa bald darauf von Bord gingen.

In einem »Abschluß-Bericht zum IM Willy« vom 1. Dezember 1980 heißt es, der letzte Treff habe am 24. November 1978 stattgefunden, danach habe der IM die Verbindung zum MfS abgebrochen, wahrscheinlich wegen »ideologischer Unklarheiten im Zusammenhang mit den Maßnahmen unserer Partei und Regierung gegen Biermann und Bahro«. Zudem habe man den IM nur mit Mühe davon abhalten können, der DKP beizutreten. »Es bedurfte längerer Auseinandersetzungen, bevor er begriff, daß IM-Arbeit und DKP-Mitgliedschaft unvereinbar sind.«

Auch sonst sei der IM streckenweise renitent und unbelehrbar gewesen. »Weiterhin gelang es dem MfS nicht, wesentlichen Einfluß auf den Abbau charakterlicher Unzulänglichkeiten des IM auszuüben. ›Willy‹ fühlt sich aufgrund eines stark ausgeprägten Egozentrismus dazu veranlaßt, seine Meinungen und Ansichten durchzusetzen...« Der Vorgang wurde »gesperrt« archiviert, die Akte IM Diether, IM Willy, IM Christa in der Ablage verstaut.

Sechzehn Jahre später kam sie wieder ans Tageslicht. Und damit tauchten auch IM Diether, IM Willy und IM Christa aus dem Abgrund der Geschichte auf.

»Für die alten und die neuen Linken sind die jetzigen Offenbarungen keine Überraschung«, sagte Tilman Fichter, Referent beim SPD-Bundesvorstand, der »Berliner Zeitung«. Schon Ende der siebziger Jahre sei in der Frankfurter linken Szene der Verdacht lautgeworden, daß Dehm mit der Stasi zusammenarbeite. Wenn Dehm »ein paar Gläser zuviel getrunken hatte, prahlte er mitunter gefährlich mit seinen ›guten Beziehungen‹«. Karsten Voigt, über den IM Willy ebenfalls berichtet hatte, sagte nach Einsicht in die Akten, »das Material im Fall Dehm ist noch eindeutiger als im Fall des 1974 enttarnten Brandt-Spions Guillaume«. Und Wolf Biermann gab im »Spiegel« ein Geheimnis preis, das er lange gehütet hatte. Der »halsbrecherisch clevere Doktor Diether Dehm« habe ihn im Mai 1988 besucht und »unter vier Augen und sechs Ohren« gebeichtet, daß er sich als Mitarbeiter des MfS jahrelang um die Frankfurter SPD gekümmert habe. Außerdem, »daß er mir seine Dienste als Konzertmanager im Auftrage der Staatssicherheit angetragen hatte«.

Dehm bestritt alles. Weder er noch seine Frau hätten »wissentlich für die Stasi gearbeitet«, sagte er in einem »Spiegel«-Interview. Zwar sei er »seit 1966 regelmäßig zu Antifa-Schulungen und Treffen« in die DDR gefahren, doch habe er »über die Jusos nicht berichtet, allenfalls diskutiert«, dabei müsse er »sehr direkt abgeschöpft worden« sein. Anfang der siebziger Jahre sei jemand, »an dessen Namen ich mich beim besten Willen nicht mehr erinnern kann«, mit dem Vorschlag an ihn herangetreten, »dauerhaft Autor an einer mehrbändigen Anthologie über den deutschen Antifaschismus 1920 bis 1970 zu werden«. Zwar ist diese Anthologie nie erschienen, doch sollte sie »unter irgendeinem Namen geschrieben werden«; dafür habe er sich das Pseudonym »Willy« ausgesucht. Was in den Stasi-Unterlagen steht, »ist doch barer Unsinn«, er habe »von der Stasi keine Aufzeichnungen oder Geld bekommen«, weil er »mit der Stasi wissentlich keinen Kontakt hatte«, er habe lediglich »diverse Quittungen in der DDR unterschrieben«, Fahrtkosten »für Beiträge für dieses Buch«.

Niemals habe er »den Eindruck gehabt, daß es eine geheimdienstliche Arbeit gewesen ist«, müsse aber heute aus den »Unterlagen erkennen, daß es so von der anderen Seite behandelt worden ist«. Dehms Fazit: »Mein antifaschistisches Engagement ist demnach mißbraucht und abgeschöpft worden.«

So wurde der »halsbrecherisch clevere« Antifaschist und Idealist von der Stasi unter Vortäuschung falscher Tatsachen aufs Kreuz gelegt und hat es nicht mal gemerkt. Gegenüber der »Bild«-Zeitung variierte der abgeschöpfte Antifa-Kämpfer seine Story ein wenig. »Indirekt, unwissentlich ja« habe er jahrelang Kontakt zur Stasi gehabt, sei aber kein Stasi-Agent gewesen, »dann hätte ich wissentlich für die arbeiten müssen, ich bin abgeschöpft worden«. Damals sei er »ein Wanderer zwischen den Welten« gewesen, »hier wie dort nicht zu Hause«. Als IM Willy sei er »ohne mein Wissen« geführt worden, und überhaupt: »Deutlich unter 50 Prozent der Akte stammen überhaupt von mir«; der größere Teil der Informationen komme »von zwei oder drei anderen, die die Stasi aus Frankfurt beliefert haben müssen«, und wurde in die Akte Dehm »hineinmanipuliert«.

Die Geschichte von der großen Antifa-Anthologie, für die weder Dehm noch die Akte den kleinsten Beleg hergibt, und die Abschöpf-Theorie gehören zu den Rätseln und Mysterien, für die wir keine rationale Erklärung haben. Der große Unbekannte, der seinen geldgefüllten Koffer im Zug stehenläßt, zählt dazu, ebenso das Ufo im Garten und das Krokodil in der Badewanne. »Das Verhalten Dehms entspricht genau den konspirativen Mustern, die die Offiziere des MfS ihren Agenten einbleuten: schweigen, leugnen und verharmlosen«, sagt Karl Corino, der die Stasi-Akte von Hermann Kant (IM Martin) ausgewertet und veröffentlicht hat.

Seit der Wende hat noch kein ostdeutscher IM – weder Ibrahim Böhme noch Sascha Anderson, noch Wolfgang Schnur – zugegeben, wissentlich und willentlich für die Stasi gearbeitet zu haben. Und wer in der Bundesrepublik mit beiden Armen im Mustopf der Stasi erwischt wird, der schreit sofort »Verleumdung!« und gibt eine Eidesstattliche Versicherung ab, daß ihn nichts so sehr anwidert wie heimliches Naschen.

Im März 1990 erwirkte Dehm beim Landgericht Frankfurt eine Einstweilige Verfügung gegen die Zeitschrift »Forbes« und die Frankfurter CDU-Bundestagsabgeordnete Erika Steinbach. Beiden wurde untersagt, zu behaupten und/oder zu verbreiten, Diether Dehm sei »Stasi-Mitarbeiter« gewesen. Grundlage der Einstweiligen Verfügung gegen die Zeitschrift und die Politikerin war eine Erklärung von Dehm, in der er »an Eides statt« versicherte:

»Ich war niemals ›Stasi-Mitarbeiter‹, Ostagent oder anderweitig nachrichtendienstlich oder geheimdienstlich tätig.« Seine Kontakte zu »offiziellen staatlichen und staatsparteilichen Stellen und Personen in der DDR beschränkten sich auf meine parteipolitische Arbeit als sozialdemokratischer Kulturarbeiter und Jungsozialist«. Darüber hinaus war er »als Künstler, Unterhaltungsautor und Manager von Klaus Lage, Katja Ebstein und anderen geschäftlich bemüht, Auftrittsmöglichkeiten in der DDR so leidlich wie möglich zu gestalten...«

Während Dehm in seiner Eidesstattlichen Versicherung vom 7. März 1990 die »antifaschistische Anthologie«, derentwegen er immer wieder in die DDR fahren mußte, mit keinem Wort erwähnte, kommt in den Interviews und Erklärungen des Jahres 1996 seine »Arbeit als sozialdemokratischer Kulturarbeiter«, die er 1990 als Alibi heranzog, nicht vor. So herum oder so herum – unschuldiger als er ist noch niemand unter bösen Verdacht gefallen. »Ich bin als IM Willy geführt worden – aber ohne mein Wissen! Deshalb ist auch meine Eidesstattliche Erklärung von 1990 richtig.«

Dehms Verteidigungsstrategie basiert auf den Worten »wissentlich« bzw. »unwissentlich«. Unwissentlich ist er acht Jahre lang in die DDR gefahren, mit verbundenen Augen hat er jedesmal die »Güst« (Grenzübergangstelle) Friedrichstraße passiert; ohne sich etwas dabei zu denken, hat er Materialien in einem Schließfach deponiert und sich nie gefragt, wer es dort abholen würde. Unwissentlich hat er wie ein Wasserfall geschwatzt, Leute angeschwärzt, Einschätzungen abgegeben, sich wichtig getan und Reisespesen kassiert. Wenn er mal zu einem Treff zu spät kam, hat er unwissentlich das MfS angerufen und sich beim nächsten Treffen ganz unwissentlich für die Panne entschuldigt. Und wenn das alles stimmt, wäre es nicht Grund genug, soviel Unschuld wegen dauerhafter Unzurechnungsfähigkeit aus der SPD auszuschließen?

Am 12. Mai 1977 erstellte die für IM Willy zuständige Hauptabteilung XX/5 eine »Sicherungskonzeption« für den bevorstehenden Besuch des IM am 16. Mai in Ost-Berlin. Darin heißt es: »Die Anreise des IM zum Treff erfolgt mittels PKW im Transit BRD-Westberlin. Die Einreise in die Hauptstadt erfolgt mit offiziellen Reisepapieren (BRD-Reisepaß) über die Güst Bahnhof Friedrichstraße.« Soweit war alles harmlos, doch dann ging die konspirative Post ab. »Der IM begibt sich unter vorherigem Anlaufen verschiedener Stellen (Antiquariat, Universitäts-Buchhandlung) zum Ort eines Sichttreffs (Espresso in der Gaststätte ›Lindencorso‹). Von diesem Zeitpunkt an wird der IM durch den Mitarbeiter unter Kontrolle gehalten und gegen eventuelle Beobachtungsmaßnahmen abgesichert. Eine direkte Kontaktaufnahme erfolgt dabei nicht. Der IM begibt sich über den Weg Behrenstr. – Glinkastr. – Französische Str. in die Nähe des Aufnahmeortes in der Französischen Str. Der IM wird hier in den PKW des Mitarbeiters aufgenommen. In der Nähe der KW (konspirativen Wohnung) wird der IM abgesetzt. Das Anlaufen der KW erfolgt getrennt und auf verschiedenen Wegen. Beim Anlaufen der KW wird der IM wieder unter Kontrolle gehalten . . .«

Das muß doch einem Spitzenjuso aus Bornheim, der daheim nicht mal vom Verfassungsschutz abgehört wurde, einen Riesenspaß gemacht haben! Er schleicht sich von einem Punkt zum nächsten, nimmt Sichtkontakt mit dem für ihn zuständigen Mitarbeiter auf, steigt in dessen Auto, wird wieder abgesetzt, läuft in die konspirative Wohnung, wo er dann endlich mit dem Mitarbeiter allein sein darf – und alles unwissentlich, ohne sich zu fragen, warum man über eine antifaschistische Anthologie nicht ebensogut im Espresso des Lindencorso reden kann.

Auch wenn es in der DDR nach Muckefuck, Lysol und Kohlrouladen gerochen hat, sie war ein Abenteuerspielplatz,

170

der linke Polit-Touristen aus dem Westen anzog wie das Licht die Motten. Abgesehen von der »Sonderbehandlung«, die vielen Westbesuchern beim Grenzübertritt gewährt wurde, wo sonst konnte sich jeder Nick-Knatterton-Leser wie ein Kollege von John le Carré vorkommen? Und wenn man dann noch nach seinen »Einschätzungen« gefragt wurde...

Es ist völlig unerheblich, ob Dehm der Stasi wissentlich als Informant diente oder unwissentlich abgeschöpft wurde. Was zählt, ist die Tatsache, daß er Argumentationsmuster benutzt, die in diesem Land eine wahnhafte Tradition haben: *Es kommt nicht darauf an, was einer tut, es kommt nur darauf an, wie er es meint.* Und wenn es einer gut meint, dann kann er nichts Böses angestellt haben. »Unwissentlich« ist das Zauberwort, das jedem Schurken den Weg aus dem Schlamassel weist. Die Lokführer der Reichsbahn haben nicht gewußt, welche Fracht sie in die Konzentrationslager beförderten, und die inoffiziellen Mitarbeiter der Stasi haben nicht gewußt, wozu die Firma ihre Informationen nutzte.

Dehm kandidierte 1990 und 1994 für den Bundestag. In seiner Wahlkampfbroschüre stellte sich der Multiunternehmer als einer vor, der »*Denen oben unbequem!*« ist, und fabulierte von den Gefahren, die einem Linken wie ihm drohen: »Es ist vorstellbar, daß auch in unserem Staat rechte Kreise ihre Abschußlisten haben und dabei mit staatlichen Stellen kooperieren.«

Denkbar ist aber auch, daß ein linkes Großmaul (»Die Großbanken – ein Krebsgeschwür«!) sich zum Opfer einer Treibjagd stilisiert, um seinen ganz gewöhnlichen Geschäften geschützt nachgehen zu können. Tilman Fichter erinnert sich, wie Diether Dehm während einer gemeinsamen Autofahrt plötzlich ins Schwärmen geriet: »AIDS, da ist Musik drin!« Auf die Frage, was er damit meine, erklärte der Musikproduzent, mit Soli-Konzerten für AIDS-Kranke ließe sich viel mehr Geld verdienen als mit Open-air-Veranstaltungen gegen Atomrüstung und Waldsterben.

Als Objekt einer Verschwörung kann sich Dehm auf die solidarische Haltung seiner Freunde verlassen. »Wenn Stasi-Akten zum Maulkorb für politische Linke werden, hat die Stasi zum zweiten Mal mit furchtbarer Wirkung gewonnen, McCarthy läßt grüßen«, empörte sich die Bundesvorsitzende der Jungsozialisten, Andrea Nahles, aus der vollen Tiefe ihrer historischen Kenntnisse. »Dehm hat die Banken angegriffen – und dann tritt die Gauck-Behörde in Bewegung«, analysierte der Frankfurter Alt-Kommunist Emil Carlebach die Situation. Dehms Anwälte sprachen von einer »Vorverurteilung« durch die Medien, die als »Ankläger und Scharfrichter zugleich« agieren würden, genierten sich aber nicht, ihrerseits einen vorschnellen Freispruch zu verkünden: »Diether Dehm hat zu keinem Zeitpunkt für die Stasi gearbeitet.« Alle gegenteiligen Behauptungen würden nur »der politischen Diffamierung eines entschiedenen Linken« dienen. Dehm sei durch die Vorwürfe »fast in der Situation eines Berufsverbotes«. Der Verfolgte nannte die für seine mißliche Lage Schuldigen mit vollem Namen: »Die Presse ist auf dem besten Weg, eine kommerzialisierte SA zu werden.«

Da machte sich endlich die solide Antifa-Schulung bezahlt, die der tüchtige Kulturarbeiter vor dreißig Jahren in der DDR absolviert hatte. Ein Jammer, daß er diese Erkenntnis nicht in seine antifaschistische Anthologie aufnehmen konnte.

Alles, was rechts ist

Der Rechtsstaat ist eine prima Einrichtung und kommt vor allem jenen zugute, die ihn abschaffen würden, wenn sie die Macht dazu hätten. Hinterher »Wehret den Anfängen!« zu rufen ist so sinnvoll, wie nach einem Unfall die Gurte anzulegen. Und hat man es versäumt, die notwendigen Grausamkeiten gleich am Anfang zu begehen, wird man für die Folgen der Unterlassung zur Kasse gebeten. Wäre die SED mitsamt ihren Unter-, Neben- und Überorganisationen gleich nach der Wende zu einer »kriminellen Vereinigung« erklärt worden, bliebe es uns heute erspart, alte DDR-Kader wie Lothar Bisky, Christa Luft, Gregor Gysi, Rolf Kutzmutz im Bundestag als Hüter der Demokratie zu erleben.

Nachdem die Berliner Finanzbehörden Ende 1994 der PDS einen Steuerbescheid über 67 Millionen DM ins Haus geschickt hatten, traten sieben führende Funktionäre der PDS im Foyer der Berliner Volksbühne in einen Hungerstreik. Die Wahl des Ortes entsprach dem theatralen Gestus der Aktion. Die Reporterin des »Neuen Deutschland« wünschte »Guten Hunger, Genossen!« und befragte die Hungerstreiker nach deren »Ausgangsgewicht«. Zwei machten keine Angaben, einer gab 135 Kilo, ein weiterer 112 Kilo, ein dritter 88 Kilo an. Das Leichtgewicht der Runde war, mit nur 68 Kilo Lebendgewicht, Gregor Gysi. Die »ND«-Reporterin deckte sich mit einem Vorrat an Schokoriegeln und Kartoffelchips ein, um bei der Strapaze, ein paar Übergewichte beim Fasten zu beschreiben, nicht aus den Schuhen zu kippen. »Alle sieben Männer haben sich mit Beginn ihres Hungerstreiks in eine Extremsituation begeben, sie führt in die Grenzbereiche des Lebens«, notierte sie. »Ein makabrer Reporterjob, Leuten beim Hungern zuzusehen.«

Und während die Streikenden nur »Tomatensaft und Mineralwasser« unter ärztlicher Aufsicht zu sich nahmen, tauchten immer wieder Besucher im Foyer der Volksbühne auf, um Botschaften abzugeben. Der jüdische Alt-Kommunist Jakob Moneta, der vor den Nazis hatte fliehen müssen, erzählte, wie er in Palästina im Hungerstreik war und »daß es bei diesem Hungerstreik hier nicht nur um ein paar Millionen, sondern um ein demokratisches Recht geht«. Der ehemalige Rektor der Humboldt-Universität, Heinrich Fink (IM »Heiner«), brachte die Berliner Autorin Gisela Kraft mit, die, obwohl »kein Mitglied der PDS«, sofort geschnallt hatte, was Sache war: »Dies ist ein Kampf um den Rechtsstaat!«

Es war nicht Gisela Krafts erste Demonstration für den Rechtsstaat. 1984 zog die promovierte Islamwissenschaftlerin von West- nach Ost-Berlin, um »in der Geborgenheit« der SED-Republik ihre Bücher schreiben zu können, »ohne irgendwelche Gelegenheitsjobs annehmen zu müssen«.

Ja, ja, der Rechtsstaat. Gäbe es die PDS nicht, müßte man sich ernsthaft Sorgen um seine Sicherheit und seinen Fortbestand machen. Und niemand sorgt sich heftiger, aufrichtiger, aufopfernder um den Rechtsstaat als Gregor Gysi, der U-Faktor der PDS. Zwar ist er einigen seiner Mandanten aus DDR-Tagen noch immer eine Erklärung dafür schuldig, auf welche Weise vertrauliche Gespräche, die er mit ihnen geführt hatte, in die Akten der Stasi geraten konnten, doch dieses kleine Handicap hält ihn nicht davon ab, sich schon wieder oder immer noch in die öffentliche Arena zu begeben, als wäre es ein Erbrecht, das in jedem politischen System eingefordert werden kann.

Ende Oktober 1994, nachdem die PDS den Einzug in den Bundestag geschafft hatte, sagte der Schriftsteller Stefan Heym auf einer Pressekonferenz in Bonn, »die Kampagne gegen den Gysi« fange an, ihn »anzuwidern«, denn: »Es gibt offenbar Leute, die einen neuen Fall Dreyfus schaffen möchten.« Er selbst, so Heym, sei vom Vorsitzenden des Zentralrates der Juden, Bubis, vor dem »Risiko« einer Kandidatur gewarnt worden. »Ich kenne das Risiko für einen Juden, der sich in Deutschland in die Öffentlichkeit wagt, das ist lebensgefährlich«, räsonierte der greise Dichter, der in Ost-Berlin direkt gewählt worden war.

Die Geschichte war hübsch und zeugte von dem »neuen Geist«, der, so Gysi, mit Heym in den Bundestag einziehen sollte. Sie hatte nur einen kleinen Schönheitsfehler. Weder hatte sich Bubis mit Heym unterhalten noch ihn vor dem Risiko einer Kandidatur gewarnt. Heym hatte nicht zum erstenmal Dichtung und Wirklichkeit verwechselt.

Gysi – ein deutscher Fall Dreyfus? Heym – eine deutsche Ausgabe von Emile Zola? Und der Bundestag in Bonn am Rhein – ein Ersatz für die Teufelsinsel, auf die der jüdische Hauptmann Dreyfus 1894, genau einhundert Jahre vor Gysi, verbannt wurde?

Bald darauf wurde bekannt, daß die Gauck-Behörde im Auftrag des Immunitätsausschusses des Bundestages ein Gutachten erstellt hatte, aus dem hervorging, daß Gysi zehn Jahre lang mit der Staatssicherheit zusammengearbeitet hatte bzw. die Staatssicherheit mit ihm. Gysi sprach von »amtlichem Rufmord« und kündigte an, er werde »unverzüglich verfassungsrechtlich und verwaltungsrechtlich gegen die Behörde vorgehen«.

Am 29. Mai 1995 brachte das »Neue Deutschland« eine Karikatur, in der Joachim Gauck, hinter einem Maschinengewehr hockend, auf eine Zielscheibe feuert, die das Konterfei von Gregor Gysi trägt. Dazu ein längeres Statement von Gysi, in dem der Vorsitzende der PDS im Bundestag beschrieb, wie die Behörde versuche, »mich zu einem IM zu machen«, dies habe »mit einem rechtsstaatlichen Verfahren nichts, mit Manipulation dagegen eine Menge zu tun«, die Behörde »sägt an dem Ast, auf dem sie sitzt«.

Drei Tage später titelte das »Neue Deutschland«: »Gysi klagt gegen Gauck-Behörde«. Der PDS-Chef hatte sich über eine undichte Stelle in der Gauck-Behörde ein Vorausexemplar des Gutachtens besorgt und daraus auf einer Pressekonferenz in Bonn eine kleine Lesung veranstaltet. Dabei saß ihm wieder Stefan Heym zur Seite, der diesmal nicht von fiktiven Gesprächen mit Ignatz Bubis berichtete und auch keine historischen Parallelen zu Dreyfus zog, dafür aber bezweifelte, »daß alle Dokumente aus der Gauck-Behörde echt« seien. Gysi selbst nannte das Gutachten »unseriös und schlampig«, sprach wieder vom »versuchten amtlichen Rufmord« und kündigte eine Unterlassungsklage gegen die Gauck-Behörde an: »Das MfS hat es nicht geschafft, mich zum IM zu machen – auch Gauck wird das nicht schaffen.«

Nachdem Gysi regelwidrig Teile des bis dahin vertraulichen Gutachtens hinausposaunt hatte, gab der Immunitätsausschuß das ganze Papier zur Veröffentlichung frei. Nun konnten Interessierte auch die Sätze nachlesen, die Gysi auf seiner Pressekonferenz nicht zitiert hatte, u. a. die, die Unterlagen »legen den Schluß nahe, daß Dr. Gysi als anwaltlicher Vertreter von oppositionellen Bürgern die Interessen des MfS mit durchzusetzen half und mandantenbezogene Informationen an das MfS weitergab«; Gysi habe dem MfS »eine Vielzahl detaillierter Informationen über seine Mandanten und andere Personen, die sich in Rechtsfragen an ihn wandten, übermittelt«; es gebe keinen Beleg dafür, daß die ihm zugeschriebenen Informationen auf Abhörmaßnahmen zurückzuführen seien; der Anwalt sei »immer mehr zu einer wichtigen Person bei ›der Bekämpfung des politischen Untergrundes‹ in der DDR« geworden; es müsse ihm »klar gewesen sein, daß seine Gesprächspartner MfS-Offiziere waren«.

Wie versprochen, reichte Gysi beim Berliner Verwaltungsgericht einen Antrag auf Einstweilige Anordnung gegen die Gauck-Behörde ein, da deren Stellungnahme auf »rechtsstaatlich nicht hinnehmbare Weise zustande gekommen«

176

sei. Als flankierende Maßnahme veröffentlichte PDS-Chef Lothar Bisky im »ND« einen flammenden Appell, der mit den Worten begann: »Seit 1990 finden in bestimmten Abständen Kampagnen besonders gegen Gregor Gysi statt. Wenn ich bisher glaubte, eine Steigerung sei nicht möglich, so bin ich in den letzten Tagen eines Besseren belehrt worden. Die neue Qualität besteht in der unmittelbaren Einbeziehung einer Bundesbehörde und eines Bundestagsausschusses sowie in der Beschimpfung rechtsstaatlich zugunsten Gysis ergangener Gerichts-Urteile mit dem Ziel, auch noch Gerichte dem parteipolitischen Willen unterzuordnen. Ich habe mich mit der gutachterlichen Stellungnahme der Gauck-Behörde und anderen Unterlagen befaßt und bin entsetzt darüber, wie hier amtlicher Rufmord organisiert wird...«

Allein diese Sätze aus der Feder des Vorsitzenden einer »demokratischen« Partei rechtfertigen die Überlegung, ob es nicht ratsam wäre, die Mauer wieder aufzubauen, diesmal vom Westen her. Bisky, über den es eine IM-Akte gibt und der bestreitet, jemals ein IM gewesen zu sein, schreibt auf seine vermuffte Art den deutschen Verschwörungswahn fort. Früher waren es für die einen die Juden und die Freimaurer und für die anderen das Monopolkapital und die Wall Street, heute sind es anonyme Mächte, die »Kampagnen« lostreten und sogar eine Bundesbehörde und einen Bundestagsausschuß in ihr Treiben »einbeziehen«. Zu gern wüßten wir, wer die Urheber der Kampagne sind, die nicht einmal davor zurückschrecken, »rechtsstaatlich ergangene« Gerichtsurteile zu beschimpfen. Doch wir erfahren es nicht.

Fünf Jahre Lehrzeit sind eben nicht genug, damit ein ehemaliger Funktionsträger der DDR begreift, wie eine parlamentarische Demokratie funktioniert. Auch wenn er sich selbst die erforderliche Qualifikation bescheinigt. Er könne »beurteilen«, wie »amtlicher Rufmord« organisiert wird, »weil ich als Vorsitzender des Untersuchungsausschusses des Landtages Brandenburg im Falle Manfred Stolpe nicht nur gelernt habe, Unterlagen des MfS zu lesen und einzuordnen, sondern auch die Tätigkeit der Gauck-Behörde, den Charakter ihrer Auskünfte und Stellungnahmen einzuschätzen...«

Womit Bisky gleich ein zweifacher Beweis glückte: daß der politische Witz auch nach der Wende in der DDR nicht ausgestorben ist und wie richtig es war, ihn zum Vorsitzenden des Stolpe-Untersuchungsausschusses zu ernennen.

Nicht nur Parteifreund Lothar Bisky stellte sich hinter Gysi. Ermunternde Worte kamen auch aus Moskau. In einem Schreiben der Gorbatschow-Stiftung hieß es im feinsten ZK-Jargon: »Wir schließen uns dem öffentlichen Auftreten gegen die Kampagne an, die auf die Diskreditierung Gregor Gysis, dem bekannten demokratischen deutschen Politiker und Persönlichkeit des öffentlichen Lebens, dem aktiven Verteidiger der Rechte und der Freiheit des Menschen, abzielt.«

Trotz so massiven Zuspruchs von berufener Stelle mochte sich Gysi nicht allein auf seinen guten Ruf als aktiver Verteidiger der Rechte und der Freiheit des Menschen verlassen. Wie in den guten alten Zeiten, als sowohl Anwälte wie Landwirte in Kollektiven organisiert waren, wurde nun der Fall von einer großen Sozietät übernommen. »Rechtsstaatlichkeit für Gysi!« forderten über hundert besorgte Zeitgenossen in einem öffentlichen Aufruf: »Grundgesetz und Rechtsstaatlichkeit müssen für jede Bürgerin und jeden Bürger gelten. Vorverurteilung ist Rufmord. (...) Gysi hat einen Anspruch auf Verteidigung gegen Manipulation, Rufmord und den Versuch, ihn als Politiker und Persönlichkeit zu vernichten.«

Unterschrieben hatten neben Michael Gorbatschow auch die stets einsatzbereiten heimischen Protest-Promis (Castorf, Heym, Müller, Sölle, Zwerenz), der Theologe Heinrich Fink, die Schriftstellerin Renate Holland-Moritz, der Satiriker Dieter Riemer, Europa-Abgeordnete aus Finnland, England, Italien, Spanien, Frankreich, Schweden und Griechenland sowie Mitglieder des Internationalen Auschwitz-Komitees, des Internationalen Sachsenhausen-Komitees und der Lagergemeinschaft Buchenwald – letztere vermutlich, um die historische Dimension des Falles zu beleuchten.

So wehrte sich Gysi schon gegen eine Vorverurteilung, noch bevor das Gericht über seinen Antrag entschieden hatte. Am 19. Juli 1995 lehnte das Verwaltungsgericht Gysis Antrag auf Erlaß einer Einstweiligen Anordnung gegen die Gauck-Behörde ab. Gysi legte Berufung ein, die Sache Gysi gegen Gauck kam vor das Oberverwaltungsgericht.

Acht Monate später, im März 1996, gab das Berliner Oberverwaltungsgericht seine Entscheidung bekannt. Das Gutachten der Gauck-Behörde für den Immunitätsausschuß sei »rechtmäßig« gewesen, ein Eingriff in die persönliche Ehre des Antragstellers liege nicht vor, die Wertungen der Behörde über die Stasi-Kontakte Gysis seien »sachbezogen«, »verhältnismäßig und willkürfrei«. Gregor Gysis Ansinnen, der Gauck-Behörde die Behauptung zu verbieten, er sei ein IM gewesen, wurde von dem Gericht mit der Begründung zurückgewiesen, eine solche Behauptung sei im Gutachten der Behörde nicht enthalten, der Antrag laufe damit ins Leere.

Tatsächlich hatte Gysi so oft und so laut geschrien, er werde von der Gauck-Behörde zu einem IM gemacht, daß am Ende nicht nur er, sondern auch seine Sympathisanten von der Richtigkeit der Unterstellung überzeugt waren. Dabei heißt es im Gutachten der Gauck-Behörde: »Nach Aktenlage kam es nicht zu einer förmlichen Verpflichtung von Dr. Gysi als IM und auch zu keiner Umregistrierung zu einem IM-Vorgang... Unabhängig von der Registrierung durch das MfS hat Dr. Gysi in den Jahren 1978 bis 1988 bei Treffen mit den genannten Offizieren des MfS eine Vielzahl detaillierter Informationen über seine Mandanten... übermittelt.« Mit anderen Worten: Gysi war kein IM, hat aber das MfS mit Informationen beliefert.

Dieser kleine, aber faktisch wie rechtlich relevante Unterschied hat manchen Beobachter überfordert. »Gericht erlaubt Stasi-Vorwurf«, schrieb die »FR«, und sogar das »ND«, Gysis Hausblatt, schien zu den Gegnern übergelaufen zu sein: »Gericht: Gauck darf Gysi als IM bewerten«.

Und wieder mußte Gregor Gysi in Aktion treten. Gegen-

179

über dem »ND« begnügte er sich mit einem Leserbrief: »Entgegen dem Eindruck, den die Überschrift vermittelt, hat das Oberverwaltungsgericht keinesfalls festgestellt, daß Gauck mich als IM bezeichnen darf. Im Gegenteil, das OVG hat erklärt, eine entsprechende Bewertung oder Aussage der Gauck-Behörde deshalb nicht untersagen zu können, weil die Gauck-Behörde eine solche nie aufgestellt habe.«

Gegenüber der »FR« allerdings war Gysi weniger kulant, da setzte er eine formelle Gegendarstellung durch. »Das Gericht hat den Stasi-Vorwurf nicht erlaubt, sondern meinen Antrag auf Unterlassung der Behauptung, ich sei ein inoffizieller Mitarbeiter der Stasi gewesen, mit der Begründung zurückgewiesen, daß das Gauck-Gutachten an keiner Stelle diese Behauptung aufstelle.«

Das war die Kunst der Dialektik in ihrer ultimativen Form: Zuerst wollte Gysi eine Behauptung verbieten lassen, die so nicht aufgestellt worden war, und als er mit diesem Begehren erfolglos blieb, nutzte er die tatsächlich gemachte Behauptung zu seiner Ehrenrettung. Geht es nicht so herum, versuchen wir es einfach andersrum! Mit dieser Devise hat man im real existierenden Sozialismus zwar nicht gut, aber praktisch gelebt. Warum es mit ihr nicht wieder versuchen?

Und plötzlich war auch vom »Rechtsstaat« nicht mehr die Rede bzw. von »rechtsstaatlich ergangenen Gerichtsurteilen«, auf die sich Gysi immer dann beruft, wenn sie zu seinen Gunsten ausfallen. »Gauck ist Wahrheit nicht verpflichtet«, höhnte der parteilose Pressesprecher der PDS-Gruppe im Bundestag in einem »Gastkommentar« für das »ND«, in ebenso absichtlicher wie dumpfer Verdrehung des Urteils.

Damit hätte das Kapitel »Gregor Gysi und der Rechtsstaat« ad acta gelegt werden können, wenn der PDS-Politiker sich nicht wie ein alter Mann anstellte, der seinen Opel Ascona an die Wand fährt und hinterher erklärt, gestern habe an dieser Stelle noch keine Wand gestanden. Schon im April 1995 hatte Gysi eine sogenannte »Organklage« beim Bundesverfassungsgericht gegen eine erneute Überprüfung seiner

Stasi-Kontakte durch den Immunitätsausschuß eingereicht. Durch die Überprüfung würden sowohl sein Ruf als Rechtsanwalt als auch seine persönliche Ehre berührt. »Gysi wollte verhindern, daß sich der Immunitätsausschuß mit ihm beschäftigt«, sagt ein Mitglied des Ausschusses. »Er meinte, die Stasi wäre seine Privatangelegenheit, die keinen etwas angeht.« Niemand in Bonn könne sich an einen Fall erinnern, daß ein Abgeordneter die Arbeit eines parlamentarischen Gremiums aus Eigeninteresse lahmgelegt hatte.

Über ein Jahr lang durfte sich der Immunitätsausschuß nicht mit Gysis Vergangenheit beschäftigen, bis das Bundesverfassungsgericht Anfang Juli 1996 einstimmig entschied, eine solche Maßnahme sei Rechtens und erfolge in Übereinstimmung mit dem nach der Wende reformierten Abgeordnetengesetz. »Gysi scheitert mit Klage in Karlsruhe«, titelte die »Berliner Zeitung«; »Akten belegen Gysis Kontakte zu Stasi«, die »SZ«; »Gregor Gysi muß erneut auf den Stasi-Prüfstand«, die »taz«; »Bundestag darf Gysi auf Stasi-Kontakte überprüfen«, die »FR«; »Gysi scheitert vor dem Bundesverfassungsgericht«, die »FAZ«; »War Gysi doch ein Stasi-Spitzel?« fragte die »Augsburger Allgemeine«. Nur das »Neue Deutschland«, wie immer der nationalen Solidarität verpflichtet, hielt sich vornehm zurück, meldete wertfrei einen »Beschluß zur Klage Gysis« und überließ die korrekte Einschätzung der Entscheidung dem Kronzeugen in eigener Sache, Gregor Gysi: »Ich fühlte mich in meiner Position gegenüber dem Immunitätsausschuß eindeutig gestärkt.«

Lang lebe die Kunst der Dialektik! So wie der Sozialismus dem Kapitalismus immer »überlegen« war und der Osten ständig im Begriff, den Westen »zu überholen«, ohne ihn »einzuholen«, so machte Gysi aus einer plumpen Bauchlandung einen graziösen Salto mortale. Warum fühlte er sich in seiner Position gegenüber dem Immunitätsausschuß gestärkt, und das auch noch »eindeutig«?

Das Bundesverfassungsgericht hatte ausdrücklich die Verfassungsmäßigkeit der vom Bundestag angewandten Regeln

181

zur Überprüfung von Abgeordneten auf eine mögliche Stasivergangenheit bestätigt und dabei darauf hingewiesen, daß der Ausschuß von der Verstrickung des betroffenen Abgeordneten eine so sichere Überzeugung gewinnen müsse, daß vernünftige Zweifel ausgeschlossen werden könnten. In diesem Zusammenhang fiel auch das Wort von »Mutmaßungen«, die nicht ausreichend wären.

Und an dieser Stelle erklärte sich Gregor Gysi zum Sieger. »Das Bundesverfassungsgericht hat dem Immunitätsausschuß eindeutig untersagt, sich auf Mutmaßungen zu stützen«, verkündete er und ging gleich einen Schritt weiter: Die Gauck-Behörde habe nie bestritten, daß es sich bei ihrem »Gutachten« um »Mutmaßungen« handle. Worauf die Gauck-Behörde in einer »Klarstellung zu Gysis Reaktion« noch einmal darauf hinwies, sie habe keine »Mutmaßungen« angestellt, sondern ein Gutachten abgegeben, das vom Oberverwaltungsgericht als »verhältnismäßig«, »willkürfrei«, »sachbezogen und zurückhaltend« gewertet wurde.

Nur in einem Punkt räumt Gysi eine Niederlage ein. Es sei nicht gelungen, »die Sonderbehandlung der Ostdeutschen auf allen Ebenen zu beenden«. Der Schmock sagte wirklich »Sonderbehandlung« – ohne zu erröten oder an dem Wort zu ersticken.

Der Immunitätsausschuß wird seine Ermittlungen in Sachen Gysi/Stasi wiederaufnehmen. Es besteht also begründete Hoffnung, daß eines Tages klar wird, auf welchem Wege vertrauliche Gespräche, die der Anwalt Gysi mit seinen Mandanten geführt hat, in die Akten der Staatssicherheit gekommen sind.

Denn ewig läßt sich der Rechtsstaat nicht auf der Nase herumtanzen. Schon im Februar 1996 hat der Bundestag dem Abgeordneten Gysi die Immunität entzogen.

Wegen des Verdachts auf Hausfriedensbruch bei einer kurzfristigen Besetzung der Räume der »Unabhängigen Kommission zur Überprüfung der Vermögen der Parteien und Massenorganisationen der DDR« im Dezember 1994.

BARBAREN UND BANAUSEN

Von der Schönheit der Wehrlosigkeit

Man kann von Glück sagen, daß es im Jahre 1944 keine organisierte Friedensbewegung in Deutschland gegeben hat. Ihre Anhänger hätten zwar ihren Abscheu vor der nationalsozialistischen Gewaltherrschaft bekundet, zugleich aber die Intervention der Alliierten verurteilt: als weitere Eskalation der Gewalt, die nur neue Gewalt erzeuge. Zugleich hätten sie zu bedenken gegeben, daß die Großmächte nicht nur von idealistischen Motiven getrieben, sondern auch eigene Interessen vertreten würden. Als Alternativen zu einem bewaffneten Einsatz der Alliierten gegen die Nazis hätten die großdeutschen Pazifisten vermutlich vorgeschlagen, Patenschaften für jüdische Waisenkinder in Polen zu übernehmen und Untergrundzeitungen der französischen Resistance durch Spenden zu unterstützen.

Ein absurdes Szenario? Mitnichten. Die Friedensbewegung – sofern dieser Gattungsbegriff noch benutzt werden kann – hat sich zwar im Golfkrieg selbst entleibt, doch scheinen ihre Überbleibsel um so wilder entschlossen, verlorenes Terrain zurückzuerobern. Der Beschluß des Bundestages, deutsche Soldaten als Teil einer internationalen Eingreiftruppe ins ehemalige Jugoslawien zu schicken, hat friedenspolitische Energien in einem Ausmaß aktiviert, wie dies angesichts der Massaker von Goražde und Srebrenica hätte der Fall sein müssen. Es schien beinahe, als seien die Friedensfreunde durch die vage Aussicht auf ein Ende des Massenmordens mehr aufgeschreckt worden als durch die Metzeleien, denen sie aus sicherer Entfernung mit großer Gelassenheit folgten.

Hörte man sich die Argumente der Interventionsgegner an, so wurde einem rasch klar, daß es sich um Menschen handelt, die ihre prägenden Erfahrungen bei der Lösung von Konflikten in ihren Wohngemeinschaften, Selbsterfahrungsgruppen und Politologie-Seminaren gemacht haben. Die bündnisgrüne Abgeordnete Christa Nickels meinte, die dauerhafte Sicherung des Friedens in Jugoslawien hänge davon ab, daß »die miteinander verfeindeten Menschen wieder aufeinander zugehen und miteinander reden« könnten.

Ja, nie war das Gespräch wichtiger als heute, und deswegen brauchen wir keine Eingreiftruppen, sondern mehr »Begegnungsstätten«, in denen miteinander verfeindete Nachbarn aufeinander zugehen und miteinander reden können. Geradezu ideal wäre es gewesen, die eingekesselten Moslems aus Srebrenica und die serbischen Belagerer zu einem klärenden Gespräch nach Deutschland einzufliegen, am besten zu einem Seminar der grünen Heinrich-Böll-Stiftung im Bergischen Land bei Gummersbach.

»Ganz offensichtlich ist die Menschheit dabei, ihre Jahrhundert-Chance zu verpassen, den Weltfrieden nach dem Ende des Ost-West-Konfliktes dauerhaft zu sichern«, schrieb der »Friedensforscher« Dieter S. Lutz und machte dabei den irre neuen und sensationellen Vorschlag, »einen entsprechenden Gerichtshof zu schaffen«, der »für alle Streitparteien obligatorisch« sein müsse. Hat nicht schon einmal jemand eine ähnliche Idee gehabt?

Der pazifistische Fundamentalismus, den Friedensforscher Lutz entwickelt, hat nicht weniger als den »Weltfrieden« und die ganze »Menschheit« im Blick. Der Frieden muß global sein, oder er wird gar nicht sein.

Wer seine Forderungen so hoch schraubt, der will auch auf hohem Niveau scheitern. Doch was sprach dagegen, sich um eine Lösung des Jugoslawien-Konflikts zu bemühen, bevor die Kriege in Ost-Timor und Sri Lanka beendet werden?

Käme jemand auf die Idee, den arbeitslosen Landarbeitern von Mecklenburg-Vorpommern zu raten, ihr Schicksal mit dem der arbeitslosen Reisbauern in Bangladesh zu verbinden und auf eine gemeinsame Lösung zu hoffen?

»Keine Intervention könnte die sozialen, ökonomischen und politischen Ursachen des Krieges beseitigen«, heißt es in einem grünen »Positionspapier zur Interventionsdebatte«. Womit das alte, ebenso wohlfeile wie revolutionäre Argument Auferstehung feiert, man müsse die Ursachen eines Übels beseitigen, statt an seinen Symptomen herumzudoktern. Für den Jugoslawien-Konflikt würde dies bedeuten, die Schlacht auf dem Amselfeld aus dem Jahre 1389 wieder aufzuführen und dafür zu sorgen, daß diesmal die Serben gewinnen.

Und muß immer wieder gesagt werden, die Intervention der Alliierten habe die »sozialen, ökonomischen und politischen Ursachen« des Nationalsozialismus nicht beseitigt, aber wenigstens dessen Herrschaft in Europa beendet? Offenbar ja.

»Aufgabe der Grünen ist es, jede Instrumentalisierung des Krieges zu verhindern, auch die innenpolitische«, stellte die bündnisgrüne Bundestagsabgeordnete Angelika Beer fest. Nimmt man den Satz wörtlich, bedeutet er, daß die Grünen nicht den Krieg, sondern nur dessen Instrumentalisierung verhindern wollen, und daß ein Krieg nicht als Mittel zum Zweck geführt werden darf, sondern nur zweckfrei, »l'art pour l'art« sozusagen. So kann es MdB Beer nicht gemeint haben, aber so hat sie es gesagt.

Immerhin, im Gegensatz zu anderen Interventionsgegnern hat sich Angelika Beer vor Ort kundig gemacht. Sie war in Sarajevo und hat dort den Menschen, »die eingekesselt sind und als Geiseln genommen werden«, klargemacht, wie sie ihre Lage zu verstehen hätten: »Sie berufen sich auf das Recht zur Selbstverteidigung..., wir dagegen haben argumentiert, daß die Aufhebung des Waffenembargos eine Eskalation des Krieges herbeiführen würde...«

Menschen, die Opfer einer Aggression werden, zu empfehlen, sie sollten auf Selbstverteidigung verzichten, um den Konflikt nicht eskalieren zu lassen, ist ein friedenspolitischer Zynismus, der die Verantwortung für einen Konflikt den Opfern aufbürdet. Welchen Rat hätte Frau Beer den Juden und Polen im belagerten Warschau gegeben? Sich nicht zur Wehr zu setzen, um eine »Eskalation des Krieges« zu vermeiden?

Richtig konkret wurde auch der Bündnisgrüne Ludger Volmer, als er erklärte: »Die Kunst besteht darin, die neue Barbarei zu bekämpfen, ohne den Militarismus, eine ihrer Hauptursachen, selber zu pflegen.« Zu diesem Zweck sollte »eine internationale ökologisch-solidarische Strukturpolitik zum Anker präventiver Sicherheit« gemacht werden, wobei »der Sicherheitsbedarf durch einen Machttransfer auf die internationale Ebene abgedeckt« würde.

Die Menschen in Sarajevo konnten es kaum mehr erwarten, bis man diese wunderbare Idee in die Tat umsetzte. Und damit es mit der ökologisch-solidarischen Strukturpolitik vorangeht, sollten, sagte Volmer, »die Büros zur Früherkennung und Schlichtung von Konflikten ausgebaut werden«.

So sollte »Vorbeugung gegen neue Barbarei« getrieben werden, und falls es mit der Prävention nicht klappt, könnten die Büros als ABM-Stationen für die Beschäftigung und Versorgung grüner und bürgerlicher Friedenspolitiker herhalten, die sich damit schwertun, die richtige Position zu einem schwer definierbaren Vorgang zu finden. Walter Jens war für »entschiedene polizeiliche Maßnahmen unter UNO-Hoheit zum Schutz... bedrohten Lebens« und gegen »militärische Eingriffe unter dem Kommando der Nato«. Klaus Vack, hauptamtlicher Friedensaktivist seit den Tagen des Ostermarsches und »Koordinator des Komitees für Grundrechte und Demokratie für humanitäre, friedenspolitische und menschenrechtliche Hilfe im ehemaligen Jugoslawien«, konnte den Begriff »Völkermord« im Zusammenhang mit dem Krieg in Bosnien »nicht akzeptieren«, denn: »Völkermord verbinde ich mit Auschwitz.«

Müssen wieder lange Güterzüge rollen, Gaskammern dampfen und Verbrennungsöfen qualmen, bis für einen deutschen Berufspazifisten der Tatbestand des Völkermords erfüllt ist? Auschwitz – ein Glücksfall der deutschen Geschichte, das Nonplusultra auf der nach oben offenen Skala der angewandten Barbarei? Und ein überaus nützlicher Paravent, hinter dem sich friedenspolitische Maßnahmen vortrefflich koordinieren lassen.

»Wir haben – aus Verzweiflung und Ratlosigkeit – nicht demonstriert gegen den Nato-Einsatz in Bosnien, ebensowenig wie PazifistInnen 1944 gegen die Landung in der Normandie protestiert haben.« Was wollte die ehemalige grüne Abgeordnete Jutta Oesterle-Schwerin damit sagen? Daß PazifistInnen 1944 gegen die Landung der Alliierten in der Normandie hätten protestieren sollen? Das wäre innerhalb der pazifistischen Logik ein durchaus logisches Argument. Schließlich war es bis zu der alliierten Landung an der Atlantik-Küste relativ ruhig. Die Stadt Rouen, Hauptquartier der Wehrmacht in Nordfrankreich, wurde nicht von den Nazis, sondern durch alliierte Bomber zerstört. Und viele Franzosen kamen bei der Befreiung ihres Landes durch »friendly fire« ums Leben.

So gesehen, könnte man dem Berliner Politologen Ekkehart Krippendorff noch folgen, wenn er feststellt: »Militärische Lösungen sind die schlechtestmöglichen und immer kontraproduktiv«, würde er sich nicht zugleich für eine Intervention aussprechen, »aber nicht die der Militärs, sondern die der gesellschaftlichen Kräfte.«

Vor einigen Jahren hat Krippendorff von seinem Lehrstuhl am Otto-Suhr-Institut der FU aus enthüllt, wie das Dritte Reich hätte destabilisiert werden können: Wenn die Juden, statt sich widerstandslos deportieren zu lassen, Sitzstreiks an den Verladerampen durchgeführt hätten. Im Fall Bosnien legte er Vorschläge zur Beendigung des Krieges vor, deren praktischer Gebrauchswert noch größer war. Krippendorff rechnete nach, daß »der Gegenwert einer Tornado-Flugstunde, investiert in Papier und Maschinen, eine Oppositionszeitung für Monate finanzieren« könnte, denn »dieser Krieg kann nur von unten überwunden und beendet werden«. Zum Beispiel, indem die Bundesregierung alle wissenschaftlichen Vereinigungen dazu aufruft, »ihre Kongresse in Zagreb oder Belgrad abzuhalten, und dafür Subventionen zur Verfügung« stellt.

Gewiß doch, ein von der Bundesregierung subventioniertes Symposium deutscher Politologen in Zagreb oder Belgrad zum Thema »Über die Unzulässigkeit militärischer Interventionen« hätte nicht nur die Serben davon abgehalten, die UN-Schutzzonen zu überrennen, es hätte auch den Menschen in Tuzla, Goražde und Srebrenica geholfen, mit ihren Alltagsproblemen fertig zu werden. Professor Krippendorff war von seinen eigenen Vorschlägen zur Intervention gesellschaftlicher Kräfte dermaßen angetan, daß er nicht umhin konnte, eine Erklärung dafür nachzuliefern, warum diese großartigen Ideen unerhört verhallen: »Man sage nicht, die überzeugten Kriegsgegner hätten keine Alternative zur militärischen Intervention anzubieten. Sie haben. Sie werden nur nicht gefragt.«

Man stelle sich einmal vor, 1944 hätte ein französischer oder englischer Gelehrter dazu aufgerufen, wissenschaftliche Kongresse in Berlin oder Wien abzuhalten, um so die »zivilen Kräfte« im Lande zu stärken ... Briten und Franzosen würden sich noch immer vor Lachen ausschütten. Nur in Deutschland werden solche satirischen Angebote ernstgenommen, weil sie gleich zwei elementare Bedürfnisse befriedigen: die Freude am gebührenfreien Gutsein und den Spaß am geselligen Beisammensein bei subventionierten Kongressen.

Wie sich überhaupt deutsche Pazifisten der gebildeten Stände gegenseitig an originellen Einfällen zu überbieten versuchen.

Die Bremer Rechtsgelehrte Sibylle Tönnies bedauert es, daß »die heutigen Juden ... die Schönheit der Wehrlosigkeit nicht mehr erkennen können«, und stellt mit beziehungsgeschärftem WG-Blick fest, der Holocaust sei unter anderem »auch eine traumatische Kränkung der jüdischen Männlichkeit« gewesen.

Echt schade, daß die Juden die »Schönheit der Wehrlosigkeit« nicht mehr pflegen wollen, nachdem sie mit dieser Haltung von den Kreuzzügen bis zu den Nürnberger Gesetzen so gute Erfahrungen gemacht und beispielgebend gewirkt haben.

Bleibt noch die Frage, was die Pazifismus-Fundis antreibt, wo doch ein Blick aus jeder beliebigen Wohnküche sie eines Besseren belehren und die quälende Frage provozieren müßte, wie es heute in Deutschland aussähe, wenn die Alliierten nicht militärisch interveniert hätten.

»Man sollte ihren Pazifismus nicht mit irgendeiner Ethik verwechseln. Er ist ausgebluteter Chauvinismus.« Es wäre falsch, diese Überlegung nur deswegen zu verwerfen, weil sie von Herbert Kremp in der »Welt« angestellt wurde. Tatsächlich wird die Formel »Gerade wir als Deutsche...« nirgendwo öfter benutzt als im pazifistischen Milieu, wo Auschwitz zugleich der Maßstab ist, mit dem Völkermord definiert wird. Eine zwar masochistische, aber dennoch lustvolle Annäherung ans Nationale kann nur in der Form heftigster Abwehr stattfinden, so wie sich Moralwächter mit der Pornographie beschäftigen. Je größer der Abscheu, desto gewaltiger die Erregung.

Worum also geht es den Pazifisten-um-jeden-Preis? Eine militärische Intervention im ehemaligen Jugoslawien zu verhindern? Eine Eskalation der Gewalt zu vermeiden? Um die »Schönheit der Wehrlosigkeit«, die wie die Tugend der Keuschheit zu verschwinden droht?

Nicht unbedingt. Viele derjenigen, die heute pazifistische Positionen vertreten, waren durchaus für den »Sieg im Volkskrieg!«, wenn er in Moçambique oder El Salvador geführt wurde. Da wurde auch nicht nach subventionierten Kongressen gerufen, sondern Geld für Waffenkäufe gesammelt.

189

Jede außenpolitische Debatte in Deutschland ist eine historische Auseinandersetzung mit der eigenen Vergangenheit. Mal reicht der Boden der deutschen Geschichte und Verantwortung bis nach Palästina, mal nur nach Sarajevo, doch immer geht es um die Schmach von 1945, um die aufgezwungene Befreiung, die tatsächlich eine Kapitulation war. Die Verurteilung einer alliierten militärischen Intervention in Bosnien dient vor allem dem Wunsch, die alliierte militärische Intervention, die vor mehr als fünfzig Jahren stattgefunden hat, nachträglich zu delegitimieren. Wenn nur damals die Juden Sitzstreiks unternommen, die PazifizistInnen gegen die Landung in der Normandie demonstriert hätten ...! Wer weiß, vielleicht wäre eine »Intervention gesellschaftlicher Kräfte« in der Lage gewesen, das NS-Regime ohne fremde Hilfe zu beseitigen.

Die Alliierten haben uns nicht nur um die Chance gebracht, uns friedlich selbst zu befreien, sondern auch um die Gelegenheit, anschließend das richtige System in Deutschland zu errichten.

Nicht zum erstenmal agieren »fortschrittliche Kräfte« als die Nachhut der Reaktion. Neu dabei ist nur, daß sie ihren »ausgebluteten Chauvinismus« dem Zeitgeist entsprechend mit pazifistischen Phrasen verkleiden. Es ist nicht die Schönheit der Wehrlosigkeit, der sie verfallen sind, sondern eine Kosten-Nutzen-Moral, die sich zur unterlassenen Hilfeleistung bekennt, um mit reinem Gewissen bei jedem Massaker mitreden zu können.

Geiler als S-Bahn-Surfen

Als die alliierten Flieger im Golfkrieg gezielt Bomben auf Bagdad warfen, hängten Tausende von Deutschen weiße Bettlaken aus den Fenstern. Zehntausende versammelten sich zu Mahnwachen und Gottesdiensten, Millionen bangten um ihr Leben. Nun, als eine alte Ölplattform entsorgt werden sollte, weit draußen in der Nordsee, wohin sich noch kein Neckermann-Kunde verirrt hat, wachte die Nation wieder auf und spielte noch einmal das schöne Lied vom Tod.

Der Boykott des Ölmultis hat sich ganz organisch und spontan entwickelt und zeigte eine gemeinschaftsstiftende Wirkung wie einst der Kampf gegen die Nachrüstung. Erstaunlich, daß niemand von einem »Holocaust auf hoher See« gesprochen hat. Doch war es vermutlich nur eine Frage von Tagen, bis ein engagierter Naturschützer die Parole »Deutsche wehrt euch, tankt nicht bei Shell!« in Umlauf gesetzt und damit den wilden Boykott auf eine ideologisch korrekte Grundlage gestellt hätte. Hätte Shell die »Brent Spar« mitten im Bodensee versenken wollen, wäre die Empörung nicht größer gewesen.

Was ist es, das die Menschen zwischen Flensburg und Berchtesgaden auf die Palme bringt, sie aus dem Häuschen treibt, ihnen die Nachtruhe raubt, wo sie doch ganz gelassen dem Massaker in Grosny und dem Völkermord in Jugoslawien so gelassen zugesehen haben, als würden nicht Menschen, sondern Schaufensterpuppen zerstückelt werden?

Sind Deutsche von Natur aus sensibler, neigen sie leichter zu kollektiver Übelkeit und Erbrechen angesichts verschmutzter Gewässer als andere Nationen?

Wahrscheinlich nicht. Nur bediente Shell mit seinem Spektakel Bedürfnisse, die in Deutschland weiter verbreitet und stärker ausgeprägt sind als anderswo. Da ist zum einen der Drang, Weltgewissen zu spielen, vor allem, wenn es nichts kostet. Das Lösen von Konflikten außerhalb der eigenen Grenzen ist eine deutsche Leidenschaft, die jeden Stammtisch in ein Schattenkabinett verwandelt. Nirgendwo wurde so laut nach einer »Weltfriedenskonferenz« zur Zeit des Golfkriegs gerufen wie in Deutschland, nirgendwo gibt es so viele Gruppen und Initiativen, die sich über die Dritte Welt die Köpfe zerbrechen – während zugleich die Entsendung von ein paar Technikern und Sanitätern in ein Krisengebiet hysterische Reaktionen hervorruft, als gelte es, einer Kompanie der Waffen-SS den Weg nach Polen zu versperren.

Zum anderen wird jedes Angebot dankbar angenommen, das zur Herstellung der »inneren Einheit« beiträgt. Das diffuse Bedürfnis, mit einer Stimme sprechen zu wollen, braucht einen gruppenübergreifenden Anlaß. Im Falle der Startbahn West standen sich Waldfreunde und Charterflieger gegenüber, bei »Brent Spar« zogen alle an einem Strang, vom Kreuzberger Autonomen bis zum Generalsekretär der FDP, der mit einem Statement, die Autos der Parteizentrale würden nicht mehr mit Shell betankt, für fünfzehn Sekunden an Bord der »Tagesschau« den ökoliberalen Signalmaat mimen durfte. So harmonisch kommen Erzfeinde sonst nie zusammen.

Der Anspruch, für ein paar Augenblicke das Weltgewissen zu verkörpern, und die Gelegenheit, kurzfristig die innere Einheit herzustellen, werden ergänzt durch Lust an Abenteuern, wobei als entscheidend gilt, daß sie im Dienst einer guten Sache unternommen werden. Die Greenpeace-Aktivisten sind die Fremdenlegionäre des Umweltschutzes. Weltweit im Einsatz, professionell geführt, technisch und moralisch hoch gerüstet. Wenn einer von ihnen erklärt, er habe keine Angst um sein Leben, dann zeigt er nicht ein Übermaß an infantilem Leichtsinn, sondern jene Eigenart, die in Deutschland als »selbstloser Idealismus« geschätzt und automatisch mit Albert Schweitzer und Mutter Teresa assoziiert wird.

Außerdem: Sich auf hoher See aus einem Hubschrauber auf eine Plattform abzuseilen, das ist noch geiler als Bungee-Jumping, S-Bahn-Surfen und Manta-Rennen in Wattenscheid. Auch die Zuschauer, die das Geschehen, Bier bei Fuß, quasi live daheim verfolgen, haben mehr davon, als wenn sie nur dem »A-Team« bei seinen Operationen zuschauen würden. Es geht schließlich darum, auch morgen und übermorgen herzhaft in ein Fischbrötchen von »Nordsee« beißen zu können, ohne daß der Matjes so schmeckt, wie es aus dem Auspuff riecht.

Singen, schauspielern, Kohle machen

Wenn früher die Frau des Bundespräsidenten, von einem TV-Team begleitet, sich auf den Weg in ein Waisenhaus machte, um elternlose Kinder zu beschenken, dann bedeutete das dreierlei: Weihnachten stand vor der Tür, der Einzelhandel läutete die letzte Runde im Festtagsgeschäft ein, und die saisonbedingte Welle der Nächstenliebe näherte sich ihrem Höhepunkt.

Neuerdings kommen die Zeichen der Zeit anders daher. Kaum naht das Fest der Feste, melden sich Künstler zu Wort und Tat, getrieben von dem Drang, Gutes zu tun. Der Sänger Frank Zander, dessen Image-Problem darin zu bestehen scheint, daß ihn viele für Jürgen Drews halten, spendiert ein Essen für Obdachlose. Die Schauspielerin Marion Kracht, über die es nur zu sagen gibt, daß es über sie nichts zu sagen gibt, reist nach Indien, um dort ein Kind zu besuchen, für das sie eine Patenschaft übernommen hat. Der Sänger Konstantin Wecker gibt ein Konzert, dessen Erlös er der Drogenhilfe überläßt. Schreiend und zappelnd wirkt er dabei noch genervter als sonst, als hätte er in der U-Haft ständig seine eigenen Lieder hören müssen.

Alle diese Unternehmungen wären keine Nachbetrachtung wert, wenn nicht das Fernsehen immer dabei wäre. Die Anwesenheit des Fernsehens kann kein Zufall sein, ebensowenig ist es die Lust an der knallharten Reportage, die einschlägige Magazine auszeichnet. Wer oder was hindert Frank Zander daran, Obdachlose zu speisen, ohne dies Millionen von Zuschauern mitteilen zu müssen? Kann Marion Kracht nicht unbegleitet ihr Patenkind besuchen und nachsehen, ob das Geld, das sie monatlich spendet, genau 42 DM, gut angelegt wird? Hätte Konstantin Wecker nicht wenigstens einen Teil der Tausende, die er, wie er selbst sagte, täglich für Drogen ausgab, gleich der Drogenhilfe überweisen können?

Wir haben da einen Verdacht. Es muß irgendwo eine Agentur von Zynikern geben, die Künstler bei der Imagepflege beraten. Die alte Harald-Juhnke-Nummer ist nicht mehr zu vermarkten. Saufereien, Prügeleien und Sex-Affären sind out, Gutsein ist in. Und da nicht alle Tage ein Schiff nach Mururoa geht und auch bei solchen seltenen Glücksfällen die Zahl der Kabinenplätze begrenzt ist, müssen andere »Events« inszeniert werden. 300 Obdachlose zu speisen kostet, wenn's teuer wird, 3000 DM. Bei der Gelegenheit stellt der Sänger gleich seine neue CD vor: Er bekommt eine Coverage zur besten Sendezeit; seine »neuen Freunde«, die Obdachlosen, machen als Statisten mit; und weil sie den Achtelpromi mal kurz anfassen dürfen, haben sie das Gefühl, daß sich jemand um sie kümmert. Die Patenschaft für ein Kind in Indien kostet rund 500 DM im Jahr. Von den Kosten der Reise an den Ort der guten Tat könnte ein ganzes Dorf ein Jahr lang unterstützt werden. Doch bliebe die Patin zu Haus, käme sie um die Gelegenheit, vor exotischer Kulisse über die Armut zu philosophieren. Und ein gewesener Kokser wird wieder »clean«, indem er die Einnahmen aus einem Konzert der Drogenhilfe überweist.

Zwischen Neujahr und Buß- und Bettag ist wieder Ruhe an der Benefiz-Front. Dann heißt es: singen, schauspielern, Kohle machen, sich in Form bringen für die nächste Offensive der guten Taten, die so gewiß kommen wird wie das Hochwasser am Niederrhein nach der Schneeschmelze. Und das Fernsehen wird wieder dabeisein, wenn die Künstler sich mit den Armen und Leidenden karitativ vereinen.

Ein Hauch von Ehrfurcht

Ein Bischöfliches Ordinariat aus dem süddeutschen Raum bat die Redaktion des »Spiegel« um Veröffentlichung der folgenden Reaktion auf eine Rezension des Buches »Himmlische Lust« von Ruth Wertheimer und Jonathan Mark, die in Heft 10/1996 erschienen war:

H. Broder hat in seiner Rezension zwar in vielen Einzelheiten recht, übersieht und verzerrt aber Wesentliches: Zwei Autoren verantworten dieses Buch, und die Rolle von Jonathan Mark dürfte eher größer gewesen sein als die der Therapeutin R. Westheimer. Die primäre Zielsetzung des Buches ist nicht, dem Leser bei Sexproblemen zu helfen, sondern die positive, lebensbejahende Haltung zur Sexualität in den religiösen Traditionen des Judentums darzustellen. Daß dabei vieles eher oberflächlich mit vielen Zitaten und mit wenig kritischer Reflexion behandelt wird, stimmt, ist aber zumal für deutsche Leser nicht entscheidend: Der erste Satz des Buches stellt dieses in den Horizont der Erinnerung an die im Holocaust weitgehend vernichtete menschliche und religiös-kulturelle Tradition des europäischen Judentums. Für Christen ist dieses Buch zudem empfehlenswert, weil es einen wichtigen Zugang zu den gemeinsamen Wurzeln im Spannungsfeld von Religion und Sexualität erschließt.

Dr. A. B.

Antwort des Autors:

[...]

Es ist Ihr gutes Recht, ein schlechtes, dummes, anmaßendes und überflüssiges Buch gut und wertvoll zu finden. Was mich nur leicht irritiert, ist die Tatsache, daß der Sprecher einer Institution, die über Geburtenkontrolle nicht einmal mit sich reden läßt und sogar in Aids-Zeiten gegen den Gebrauch von Kondomen agitiert, die »positive, lebensbejahende Haltung zur Sexualität« in der jüdischen Tradition bewundert. Wie wäre es, wenn Sie sich dafür einsetzten, daß die katholische Kirche dem jüdischen Beispiel folgt: Schaffen Sie das Zölibat ab – unsere Rabbiner dürfen nicht nur heiraten, sie müssen –; lassen Sie – wie in jüdischen Reformgemeinden – Frauen zum Priesteramt zu; stellen Sie – wie es die meisten Rabbiner tun – die Geburtenkontrolle in das Ermessen der Menschen! Und wenn Sie schon vom »Horizont der Erinnerung« und vom Holocaust sprechen, dann denken Sie auch daran, daß der Antisemitismus nicht 1933 begann, sondern genau dort erzeugt wurde, wo Sie heute nach den »gemeinsamen Wurzeln« suchen.

Stellungnahme von Dr. A. B.
vom Bischöflichen Ordinariat:

[...]

Im Kern habe ich auf Ihre Rezension geschrieben, weil ich es für mindestens heikel halte, ein Buch jüdischer Autoren in einem deutschen Nachrichten-Magazin und damit für eine zu über neunzig Prozent deutsche Öffentlichkeit so zu verreißen. Es wäre anders, wenn Sie Ihre Meinung in einer jüdischen Zeitung, z. B. in Israel, veröffentlicht hätten.

Einen zweiten Aspekt meiner Reaktion möchte ich an Ihrem jetzigen Brief belegen:

Ihr zweiter Satz »Es ist Ihr gutes Recht...« ist scheinbar höflich, in der Aussage empfinde ich ihn jedoch als verletzend und beleidigend. Woher nehmen Sie das Recht, einen Fremden so anzugreifen? Selbst wenn Sie hinsichtlich des Buches recht hätten...

Ebenso undifferenziert und dadurch aggressiv erscheinen mir Ihre folgenden Behauptungen hinsichtlich der Institution, in der ich arbeite: Eine Kirche ist eine Institution (wie andere Institutionen auch), die bestimmte Felder gesellschaftlicher Praxis kollektiv regelt. Sie ist keine »Person«, die eine Meinung hat, kein individuelles Subjekt, dem bestimmte Aussagen zuzuordnen wären. Der Papst »ist« nicht diese Institution, auch nicht der Vatikan, auch nicht die kleine Schicht von Spitzenfunktionären (Bischöfen usw.) in irgendeiner Diözese. (Hier ist der allgemeine Sprachgebrauch, z. B. in den deutschen Medien, sehr ungenau.)

Ich arbeite wie Hunderte, Tausende andere daran, daß in dieser Institution Freiheit, Pluralismus und Menschlichkeit gefördert werden. Über Geburtenkontrolle wird in dieser Kirche geredet. Auf Aids wird von vielen eben nicht nur mit moralisch-asketischen Appellen reagiert. Gegen den Zölibat und für die Zulassung von Frauen zum Priestertum setzen sich viele ein. Viele, gerade aus meiner Generation, bemühen sich darum, die alten Wurzeln des Anti-Judaismus im Christentum aufzudecken und abzuschneiden.

Nichts gegen Ihre in der Sache »rücksichtslose« Kritik, aber genau sollte sie bei einer öffentlichen Äußerung schon sein – und mit einem Hauch von Ehrfurcht vor den jeweils betroffenen Mitmenschen.

Antwort des Autors:

[...]
Es tut mir furchtbar leid, daß ich Sie mit meiner Formulierung »es ist Ihr gutes Recht...« angegriffen, verletzt und be-

leidigt habe. Ich konnte nicht ahnen, daß Sie zwar als Institution »bestimmte Felder gesellschaftlicher Praxis kollektiv« regeln, als individuelles Subjekt aber dermaßen sensibel sind.

Deswegen möchte ich mich korrigieren. Es ist natürlich Ihr gutes Recht, ein schlechtes Buch gut zu finden und persönlich zu mögen. Es ist aber nicht Ihr gutes Recht, Regeln aufzustellen, wie jüdische Autoren mit jüdischen Autoren in der deutschen Öffentlichkeit umzugehen haben. Es scheint Ihrer Aufmerksamkeit entgangen zu sein, daß auf diesem Feld gesellschaftlicher Praxis die Institution, für die Sie tätig sind, über keinerlei Entscheidungsmacht mehr verfügt. Auch hat die Reichsschrifttumskammer ihre Tätigkeit vor über fünfzig Jahren einstellen müssen. Wenn Sie dagegen nur als »individuelles Subjekt« der Ansicht sind, Juden sollten sich nur untereinander miteinander beschäftigen, am besten »in einer jüdischen Zeitung, z. B. in Israel«, dann muß ich Sie darauf aufmerksam machen, daß Israel zwar ein jüdischer Staat, aber kein jüdisches Ghetto ist. Mit wohlmeinenden Philosemiten, wie Sie einer sind, ist man auf die Ratschläge traditioneller Antisemiten (»Juden raus nach Palästina!«) nicht mehr angewiesen.

Mit einem herzlichen Schabbat Schalom aus Berlin

4.5.1996   H. M. Broder

Die Schimmelreiter

Wen wir wählen, bestimmen wir!« sagten sich nicht nur die Österreicher, als sie Kurt Waldheim zum Präsidenten kürten, sondern auch die Mitglieder des Stiftungsrats des Börsenvereins des Deutschen Buchhandels, als sie die weltberühmte, nur in Deutschland weitgehend unbekannte Orientalistin Annemarie Schimmel 1995 mit dem »Friedenspreis« auszeichneten. Auch der Börsenverein ließ sich von den Protesten nicht beirren und hielt an seiner Entscheidung fest. Aus guten Gründen: Zum einen wäre es unmöglich gewesen, auf die Schnelle einen anderen Preisträger zu finden, zum anderen wäre eine Revision dem Eingeständnis gleichgekommen, daß die ursprüngliche Wahl ein Fehlgriff war.

Die »Abwahl« der Kandidatin hätte außerdem noch den falschen Eindruck erweckt, die Argumente ihrer Gegner seien repräsentativ für das politische Klima und die kulturelle Stimmung im Lande. Das Gegenteil trifft zu.

Wer daran den geringsten Zweifel hat, der schaue sich nur das Feuilleton der »FAZ« oder die Esoterik-Abteilung einer beliebigen Großstadt-Buchhandlung an. Die Konjunktur des Obskuren läßt rückblickend sogar Erich von Däniken, Christa Mewes und Franz Alt wie Pioniere der Aufklärung erscheinen.

Für Annemarie Schimmel, die von ihren Anhängern zu einer deutschen Jeanne d'Arc des interkulturellen Dialogs mit dem Islam stilisiert wurde, sprach außerdem, daß sie die deutsche Primärtugend der Treue zu sich verkörperte: Mit fünfzehn hat sie angefangen Arabisch zu lernen. Sie war gerade zwanzig, als sie über »die Stellung des Kalifen und der Kadis am Ausgang der Mamelukenzeit« promovierte. 1941 trat sie als Übersetzerin in die Dienste des Auswärtigen Amtes. Und egal, wem sie diente und worüber sie arbeitete, sie war immer »absolut unpolitisch«, wie sie in einem Interview mit koketter Demut bekannte. Kein Wunder, daß sie von der Verfolgung der Juden, Kommunisten und Homosexuellen im Dritten Reich ebensowenig mitbekam wie von der Verfolgung der Bahai, Kommunisten und Homosexuellen im nachrevolutionären Iran, wo sie immer willkommen war.

Ihr wissenschaftliches Werk, der Verständigung mit dem Islam gewidmet, ist so umfangreich, daß vieles davon unbemerkt geblieben ist. Zum Beispiel das Vorwort zu einem Buch, 1992 erschienen, dessen Autor, ein zum Islam konvertierter Deutscher, den islamischen Gottesstaat, die Scharia, die Polygamie für Männer und die Prügelstrafe für Frauen als Alternativen zu den westlichen Werten darstellte.

Schon drei Jahre zuvor hatte sie in der Einleitung zu ihrem Buch »Und Muhammad ist sein Prophet« mutig – »aus gegebenem Anlaß« – zu einem akuten Fall Stellung bezogen: »Wer im Frühjahr 1989 die Zeitungsveröffentlichungen verfolgte, die sich mit Salman Rushdies ›Satanischen Versen‹ befaßten, bemerkte, daß kaum je der Grund für die Empörung nicht nur Ayatollah Khomeinis und weiter muslimischer Kreise richtig verstanden wurde: Beleidigung des Propheten ist seit Jahrhunderten nach den meisten islamischen Rechtsschulen ein todeswürdiges Verbrechen...«

Seitdem ließ Annemarie Schimmel keine Gelegenheit aus, den Todesfluch gegen Rushdie auf eine rechtfertigende, um Verständis für die Maßnahme werbende Art zu erklären. Im Dezember 1994 sagte sie in einer Sendung des Südwestfunks: »Die Verurteilung versteht sich für einen gläubigen Muslim doch von selbst!... Ich spreche lieber nicht über Salman Rushdie, denn da kommt mir mein Blut zu sehr in Wallung, weil ich absolut gegen ihn bin. Aber wenn er sich bedroht fühlt, nun ja...«

Im Mai 1995 wallte ihr Blut noch immer. Nach der Nominierung für den Friedenspreis sagte sie in den »Tagesthemen«: »Eine Morddrohung ist natürlich immer etwas Gräßliches«, relativierte die Einsicht aber sogleich, immerhin habe Rushdie »auf eine sehr üble Art« die Gefühle gläubiger Moslems verletzt, sie selbst habe »erwachsene Männer« weinen sehen.

In einem Interview mit der »Berliner Wochenpost« verurteilte sie im September 1995 »Terrorakte aller Art, wo immer sie stattfinden«. Doch auf die Frage, warum »bei der Wahl ihrer Freunde deren politische Position keine so große Rolle« spiele, antwortete sie, sie würde sich ihre Freunde »nicht nach politischen Gesichtspunkten« auswählen. »Wenn es ein guter Mensch ist, dann ist es mir völlig egal, zu welcher Partei er gehört.«

Die Frage bezog sich auf Frau Schimmels freundschaftlichen Umgang mit dem pakistanischen Staatschef, General Zia ul-Haq, der seinen Vorgänger, Premierminister Bhutto, mit dem Frau Schimmel ebenfalls befreundet war, hatte hinrichten lassen. Zia ul-Haq hatte sie gebeten, ihm Nachhilfe in »pakistanischer und orientalischer Literatur« zu geben. »Das habe ich einige Male getan. Das ist alles.«

Es war nicht alles. Nachdem Zia ul-Haq nicht an einem schwierigen Gedicht, sondern bei einem Flugzeugabsturz ums Leben kam, schrieb Annemarie Schimmel einen Nachruf auf den pakistanischen Diktator, in dem sie aus ihrer Sympathie für den Mann, der in Pakistan das islamische Recht, die Scharia, durchgesetzt hatte, keinen Hehl machte: »Die Geschichte wird sicher zu einem abgewogenen positiven Urteil« über den General kommen, denn: »Kein anderer Staatsmann der jungen Republik Pakistan hat so lange regiert, und die Konsolidierung der Lage in den letzten Jahren ist ihm zu verdanken. Die beiden Reizworte für westliche, demokratische Liberale, ›Militärherrschaft‹ und ›Islam‹, ha-

ben jedoch leider zu einem Negativbild des Generals beigetragen...«

Je klarer wurde, wie »unpolitisch« Annemarie Schimmel
war, desto fester schlossen sich die Reihen ihrer Anhänger
um sie, auch wenn die »FAZ«, seit Anfang der Affäre auf
Schimmel-Kurs, einräumen mußte, »daß manche ihrer
Äußerungen besser ungesagt geblieben wären«.

Ein anderer großer Orientalist, Peter Scholl-Latour, meinte, die Deutschen sollten achtgeben, »daß bei ihnen nicht
unter dem Vorwand eines wirren ›Menschenrechtsfundamentalismus‹ eine neue ›Reichsschrifttumskammer‹... ent-
steht«. Und das, obwohl kein Kritiker der Friedenspreisträ-
gerin gefordert hatte, sie mit einem Publikationsverbot zu
belegen. Scholl-Latour pries Frau Schimmel »als Friedensstifterin zwischen Ost und West« und brandmarkte ihre Gegner als verbohrte Ignoranten, denen »jeder Sinn für Religion
und Gottesverehrung abhanden gekommen sein muß«. Wie
sonst »könnten sie sich darüber verwundern, daß fromme
Muslime den blasphemischen Schmähungen des indisch-
englischen Autors mit Treue, Wut und ›Weinen‹ begegnen«.
Scholl-Latour dagegen wunderte sich über gar nichts, auch
nicht über das Todesurteil gegen Rushdie, die normalste Sache der Welt. »Die koranische Gesetzgebung sieht für Got-
teslästerung und Glaubensabfall die Todesstrafe vor, und
um die zu bestätigen, bedurfte es gar keiner ›Fatwa‹ des
Ayatollah Khomeini.«

Ganz ähnlich äußerte sich der Schriftsteller Erwin Wickert,
der seine Karriere als Unpolitischer ebenso wie Frau Schimmel in den vierziger Jahren im Auswärtigen Amt begonnen
hatte. »Ja, wohin sind wir denn in Deutschland gekommen!
Fängt die politische Schnüffelei schon wieder an?« fragte er
und zitierte zustimmend eine Kairoer Zeitung, die von einer
Neuauflage der »spanischen Inquisition« geschrieben hatte.

Auch der Direktor des Hamburger Orient-Instituts, Udo
Steinbach, sprach von einer »Hetzjagd« auf Frau Schimmel,
deren Wirken »auf ein gedeihliches Zusammenleben der

islamischen Welt und des Westens zielt«, während der westliche »Menschenrechtsfundamentalismus... nicht verstehen kann oder will, daß er für den Dialog mit der islamischen Welt kaum weniger zerstörerisch ist, als es der Mordaufruf gegen Salman Rushdie war«.

Der Mantel der Barmherzigkeit und des Verständnisses, der über Frau Schimmel ausgebreitet wurde, deckte mehr auf, als er verhüllte. Hinter der Fassade aus multikultureller Toleranz und ost-westlicher Dialogbereitschaft verstecken sich Sympathien fürs Archaische. Der allseits aufgeklärte Mitteleuropäer, der seinen Kindern keine »Negerküsse« kauft und außer sich gerät, wenn eine Ölplattform auf hoher See entsorgt werden soll, er findet an der Todesstrafe nichts auszusetzen, wenn sie in einem bestimmten »kulturellen Kontext« vollzogen wird. So hat Udo Steinbach darauf hingewiesen, Menschenrechte wären »zwar universell, aber nichts Absolutes, aus jedem kulturellen Kontext Herausgelöstes«. Die Würde eines Muslim »wurzelt unlösbar im Religiösen, wer sich unziemlich am Religiösen vergeht, verletzt die Würde des Muslim. Rushdie hat sich gegen dieses Verständnis von Menschenwürde vergangen.«

Was vor der eigenen Haustür als kulturelle Barbarei empfunden würde, entzieht sich der Kritik, wenn es zwischen Rhiad und Abu Dhabi stattfindet. »Wir« wollen uns nicht in die kulturellen Angelegenheiten anderer Völker einmischen. »Wir« kennen weder »falsche« noch »richtige« Verhaltensweisen, sondern nur »andere«. Im Sudan wird Dieben eine Hand abgehackt, in Saudi-Arabien werde Ehebrecherinnen gesteinigt und Drogenhändler geköpft. Auch in Bayern gibt es schließlich seltsame Bräuche, an denen man sich als Norddeutscher nicht beteiligen möchte.

Soviel multikulturelle Einsicht »wurzelt« weder im Religiösen noch in unserer Liebe zu Kuskus, Kebab und Falafel, sie kommt aus einer schlummernden Bewunderung für Systeme, die sich mit prozeduralen Fragen nur ungern belasten. Das hatte doch was, wie der Ayatollah mit dem korrupten Schah-Regime aufgeräumt, wie Saddam den Großmächten die Stirn geboten hat! Die Idee vom guten Diktator, wie sie viele europäische Intellektuelle fasziniert und zu Hymnen auf Hitler und Stalin inspiriert hat, ist langlebiger als es der Nationalsozialismus und der real existierende Sozialismus waren. Das Verständnis für den islamischen Fundamentalismus entspringt derselben Quelle. Es ist die lustvolle Kapitulation vor dem totalitären Faszinosum. Der Nationalsozialismus ist indiskutabel, der reale Sozialismus hat sich selbst erledigt, aber irgendeine einfache, autoritär strukturierte Ideologie, der man sich hingeben möchte, muß es doch noch geben. Allahu akhbar!

Dieser einfache Mechanismus hat auch mit Annemarie Schimmels Werk und Wirkung zu tun. Seit Jahrzehnten versucht die Orientalistin, den Europäern das Wesen des Islam zu vermitteln, doch hat sie bei keiner Gelegenheit ein kritisches Wort über die Praxis der fundamentalistischen Regime und Bewegungen verloren. Die »Friedensstifterin zwischen Ost und West« hat es auch unterlassen, einmal in der anderen Richtung aktiv zu werden, indem sie ihren Gastgebern im Iran oder in Pakistan ein paar Essentials westlicher Menschenrechts-Vorstellungen unterbreitet hätte, und sei es nur aus Spaß, um zu sehen, wie Zia ul-Haq auf den Vorschlag reagiert hätte, mit dem Steinigen von Ehebrecherinnen aufzuhören. Statt dessen plauderte sie in einer offiziösen iranischen Propaganda-Schrift über ihr Vertrauen zu Gott (»Was Er tut, ist das Beste für den Menschen«), und wo sie mal ein Problem lokalisierte, etwa die Stellung der Frau im »Fundamentalismus«, da setzte sie den Fundamentalismus in relativierende Anführungszeichen und gab gleich Entwarnung: Es wäre nicht alles so schlimm, wie es dargestellt würde. »Ich hatte im Iran nie Probleme als Frau.«

Es war richtig und nötig, Annemarie Schimmel mit dem Friedenspreis des Deutschen Buchhandels zu ehren. Sie hat nicht nur zahllose Bücher über den Islam geschrieben, sondern sich auch noch – nebenbei – um deutsche Interessen verdient gemacht. Im April 1995 begleitete sie Bundespräsident Herzog auf seinem ersten Staatsbesuch in ein befreundetes Land. Die Reise ging nach Pakistan, wo der Bundespräsident auf einem Festbankett die »lange Freundschaft« würdigte, die »unsere beiden Völker verbindet«, und die vielen Gemeinsamkeiten betonte, auf die sich die Freundschaft gründet: »Unsere Staaten und Regierungen verbinden gemeinsame Wertvorstellungen. Gemeinsam treten wir ein für die Herrschaft des Rechts über die Gewalt, für Demokratie, parlamentarische Legitimation der Regierungen und die Einhaltung der Menschenrechte...«

Herzogs Worte verhallten nicht ungehört. Nur ein Jahr später, im Juni 1996, beschloß die pakistanische Regierung, die Todesstrafe für Frauen (vor allem wegen »Unzucht«) abzuschaffen. Eine großartige humanitäre Leistung, vor allem wenn man bedenkt, aus welchem »kulturellen Kontext« heraus sie erbracht wurde. Nun muß nur noch die Bundesregierung nachziehen und das Abfackeln von Ausländerheimen zur Ordnungswidrigkeit erklären, um bei der Pflege der »gemeinsamen Wertvorstellungen«, die Pakistan mit der Bundesrepublik verbinden, nicht ins kulturelle Hintertreffen zu geraten.

VOLKSFEST UND VOLKSVERNICHTUNG

»FAZ«-Nasen an der Front

Im Oktober 1898 reiste Kaiser Wilhelm II. samt Kaiserin und großem Hofstaat nach Palästina. Während der Landesvater hoch zu Roß durch das eigens zu diesem Zweck ausgebaute Jaffa-Tor in die Jerusalemer Altstadt einzog, veröffentlichte Frank Wedekind im Münchener »Simplicissimus« ein Spottgedicht auf den Kaiser und dessen Palästinareise:

> Es freuen rings sich die histor'schen Orte
> Seit vielen Wochen schon auf deine Worte,
> Und es vergrößert ihre Sehnsuchtspein
> Der heiße Wunsch, photographiert zu sein...

Daraufhin wurde Wedekind wegen Majestätsbeleidigung angeklagt und im August 1899 zu sieben Monaten Festungshaft verurteilt.

Daß so etwas heute nicht passieren kann, dafür sorgt der Apparat des amtierenden Bundeskanzlers. Zur letzten Nahostreise des Bonner Regenten durften zwei Dutzend handverlesene Journalisten mitkommen, die vor Ort sorgfältig gepflegt, das heißt, einzeln bzw. in kleinen Gruppen von den Mitarbeitern des Kanzlers »gebrieft« wurden. Sie bekamen »vertrauliche« Informationen zugesteckt, die sie für exklusiv und substantiell hielten, ohne zu merken, daß die »vertraulichen Informationen« von der israelischen Presse längst verbreitet worden waren. Dabei wollte die Kanzler-Crew nichts dem Zufall überlassen. Während des gemeinsamen Auftritts von Arafat und Kohl in Jericho wurde der Jerusalem-

207

Korrespondent der »FAZ«, Jörg Bremer, aufgefordert, die erste Frage zu stellen, ein Auftrag, den er treu erfüllte. Bald darauf stand der »FAZ«-Mann neben dem Kanzler »an der Kuchenbar seines Hotels in Jerusalem« und berichtete Exklusives heimwärts, u. a. daß sich »die Sonne mit mattem Glanz auf die Kuppel des Felsendoms« lege, während der Kanzler »ganz privat« sein, »die Kirchen und Menschen« sehen möchte und es dennoch nicht einmal »in Jesu niedrigem Grabhaus in der Grabeskirche schafft«, mit sich allein zu sein.

Vom Schwung der Exklusiv-Informationen mitgerissen, berichtete der zweite Mann der »FAZ«, Udo Ulfkotte, das Treffen zwischen Kanzler Kohl, König Hussein und Premier Rabin habe »in Sichtweite der von Syrien besetzten Golanhöhen« stattgefunden.

Auch in Jericho, beim Treffen von Kohl mit Arafat, war der investigative Reporter ganz nahe dran: »Regierungssprecher Hausmann, der Medienbeauftragte des Bundeskanzlers, Fritzenkötter, und die Leiterin des Persönlichen Büros des Bundeskanzlers, Frau Weber«, so Ulfkotte knallhart, wären »zunächst nicht in den von Sicherheitskräften abgeschirmten Raum des Gesprächs zwischen Kohl und Arafat« hereingelassen worden, »wohl weil die Palästinenser sie nicht erkannten«. – Doofe Palis, wissen nicht einmal, wie der Medienbeauftragte des Bundeskanzlers aussieht!

Beim Wettrennen um den Schmalztopf des Monats wollte auch die »SZ« dabeisein. Stefan Kornelius kabelte mitten aus dem »Spannungsfeld zwischen Rabin und Arafat«, wie der Kanzler mit seinen Gefühlen ringt. »Merkwürdig ruhig, dieser Helmut Kohl, jetzt wo er in der Gedenkhalle von Yad Vashem neben der ewigen Flamme steht«, doch würden, auch wenn der Kanzler schweigt, dessen Gesichtsmuskeln sprechen: »Da mahlt der Kiefer und zuckt die Zunge, da blasen die Backen und rollen die Augen.«

Und das, obwohl der Kanzler in Yad Vashem eine »unwürdige Szene« erfahren mußte: »Eine Vorführung findet hier statt, die Beobachtung einer seltenen Spezies: der deutsche Bundeskanzler in der Gedenkstätte für die Holocaust-Opfer.«

Charter-Passagiere pflegen, sobald die Maschine, in der sie sitzen, aufgesetzt hat, Beifall zu klatschen, dankbar und erleichtert, daß dem Piloten eine sichere Landung gelungen ist. So ähnlich verhalten sich auch deutsche Journalisten im Gefolge des Kanzlers. Nur weil der seine Sache ganz ordentlich gemacht hat und größere Peinlichkeiten ausgeblieben sind, geraten sie außer sich vor Begeisterung. Für das Privileg, mit exklusiven Belanglosigkeiten gefüttert zu werden, jubeln sie das Normale in den Rang des Besonderen hoch.

Da war Frank Wedekind vor hundert Jahren weiter, als er über Wilhelm II. in Palästina spottete:

So sei uns denn noch einmal hoch willkommen
Und laß dir unsere tiefste Ehrfurcht weih'n,
Der du die Schmach vom Heiligen Land genommen,
Von dir bisher noch nicht besucht zu sein ...

Auschwitz für alle!

Himmelfahrt 1995. Über dem Gelände des ehemaligen Konzentrationslagers Auschwitz liegt die Stille millionenfachen Todes. Nichts stört die Friedhofsruhe. Plötzlich werden Motoren gestartet. 120 schwere Zweiräder dröhnen. Ein motorisierter deutscher Verband setzt sich langsam in Bewegung, vom Stammlager in Richtung Auschwitz-Birkenau. Die Fahrer tragen dunkle Lederjacken und darüber an Brust und Rücken weiße Leibchen aus Baumwolle. »Oswiecim – nigdy wiecej!« (Nie wieder Auschwitz!) steht da auf polnisch und darunter auf deutsch: »Nie wieder Faschismus!« Zwischen den Parolen zieht ein Motorradfahrer seine Maschine hoch, das Hinterrad zermalmt ein Hakenkreuz. Nein, es war nicht Steven Spielberg, der hier eine Fortsetzung von Schindlers Liste drehte; der Berliner Motorrad-Club Friedrich Angels führte eine »Friedenssternfahrt nach Auschwitz« durch, Motorradfreunde aus der ganzen Bundesrepublik nahmen an einem »Motorrad-Gedenkkorso mit anschließender Kranzniederlegung an der Rampe in Auschwitz-Birkenau« teil. Jeder Fahrer entzündete eine Kerze, danach verharrte man ein paar Minuten »in stillem Gedenken«. Später am Abend gab es in der »Begegnungsstätte« einen »gemütlichen Abend« mit einer Klezmer-Gruppe aus Krakau, die polnische, jiddische und russische Weisen spielte. »Es wird auch ein Lagerfeuer geben, wir werden Bier trinken, lachen und feiern«, kündigte schon vor der Abreise der Organisator der Sternfahrt, Dieter Masche, in Berlin an.

Vatertag in Auschwitz, deutsche Gemütlichkeit am Rande eines Massengrabs. Menschen, die schon überall waren, erlebten den ultimativen Kick: »Auschwitz«, sagt Dieter Masche, »ist der Höhepunkt unserer antifaschistischen Fahrten.« Diese Exkursion fand in Zusammenarbeit mit der Aktion Sühnezeichen/Friedensdienste statt und wurde, darauf ist Masche besonders stolz, vom Bezirksamt Wedding/Abt. Volksbildung als »Bildungsseminarfahrt« anerkannt. Arbeitnehmer konnten drei Tage »Bildungsurlaub« geltend machen, brauchten also keinen Tag ihres regulären Urlaubs zu opfern.

250 motorisierte Bildungsurlauber wollten mitfahren, 150 konnten mitgenommen werden, so viele, wie es Schlafplätze in der »Begegnungsstätte« gibt. Einige Teilnehmer der Fahrt nahmen auch ihre Kinder mit. Dieter Masche, Jahrgang 1942, gelernter Lehrer, Sprecher der »Friedrich Angels«, die in ihrem Namen »Hell Angels« mit »Friedrich Engels« vereinen und sich als »geschichtsbewußte Motorradfahrerinnen und -fahrer« bezeichnen, machte sich auf den Weg nach Auschwitz, »um meine persönliche Geschichte abzuschließen und die Schuld meines Vaters abzutragen«; der war als »Reichsarbeitsleiter« bei der »Organisation Todt« in den Buna-Werken Monowitz bei Auschwitz beschäftigt und hat bis zu seinem Tod 1974 jede Auskunft über seine Tätigkeit in dem KZ-Betrieb verweigert. Vor allem aber ging es darum, »mit dem Motorrad als Medium Diskussionen über Auschwitz in aller Munde zu bringen« und zu zeigen, »daß Motorradfahrer auch Bewußtsein haben«.

Es war also alles gut gemeint, und außerdem diente es der Volksbildung. »In Auschwitz«, sagt Masche, »hab ich Tränen in den Augen gehabt.«

Wer da nicht ein leichtes Würgen im Hals spürt, dem hilft auch keine Bildungsfahrt zu den Gaskammern. Brumm, brumm!

211

»FAZ«-Nasen am Buffet

Kaum hat die Kandidatin der »Frankfurter Allgemeinen« den Friedenspreis des Deutschen Buchhandels bekommen, geht das Blatt gleich einen Schritt weiter und zeigt, was es unter multikultureller Vielfalt versteht. Ein Mitarbeiter des Feuilletons hat sich auf der Buchmesse umgesehen, an Partys, Empfängen und Buffets teilgenommen und berichtet u. a. von einer Begegnung »mit drei Literatur-Agenten in New York«. Er nennt keine Namen, doch beschreibt er seine Zufallsbekannten recht genau: »Alle drei hatten die gleiche Hakennase, geniale Nasen sozusagen«, es waren »geübte Partygänger«, die sich schon »vor der Eröffnung des Buffets in gute Ausgangsstellungen« brachten, um »tatsächlich die ersten am Buffet« zu sein.

Es kann sein, daß die Beobachtungsgabe des »FAZ«-Mitarbeiters dadurch angeregt wurde, daß er der letzte am Buffet war und sich mit ein paar angenagten Hühnerschenkeln begnügen mußte. So etwas schärft nicht nur die Sinne, es provoziert auch die Frage, warum die anderen schneller waren und mehr abbekamen. Wegen der Hakennasen natürlich! Die sind nicht nur größer und leistungsfähiger, das heißt, sie riechen die Delikatessen, noch bevor sie aufgetischt werden; sie werden vorwiegend von Menschen getragen, die für ein Verhalten bekannt sind, das man zu der Zeit, als Nasenkunde völkisches Pflichtfach war, »jüdische Raffgier« nannte. Damals waren die Hakennasen auch immer als erste dabei, drängten sich überall vor, nicht nur am Buffet, auch in der Wirtschaft, der Medizin und den Medien. Bis sie eines Tages von der Volksgemeinschaft zur Ordnung gerufen und vom Platz gewiesen wurden.

Nun sind die Hakennasen wieder da, und sie reißen am Buffet die besten Stücke an sich. Während unser Mann vom »FAZ«-Feuilleton seine physiologische und physiognomische Unterlegenheit erleben muß. Was für eine Nase mag er haben? Ein kurzes Stupsnäschen wie die Biene Maja, eine Knollennase wie das Loriot-Männchen oder eine Flachnase wie Willy, das Wildschwein? Kann er den Geruch frischer Pastrami von dem eines alten Sauerbratens unterscheiden? Hat er womöglich Polypen, die ihn nicht schlafen lassen? Wir werden es nie erfahren. Doch wenn wir bei der nächsten Buchmesse einem »FAZ«-Reporter begegnen, der mit einem Kübelwagen zum Buffet angerollt kommt, dann ist das unser Mann. Er wird sich nicht noch einmal von drei Hakennasen aus New York um seinen ererbten Platzvorteil bringen lassen.

Die Germanisierung des Holocaust

Ich war ziemlich überrascht, als ich vor Jahren in einer US-Zeitschrift einen Artikel über die »Amerikanisierung des Holocaust« las. Ich war noch mehr überrascht, als ich bald darauf vor Ort erlebte, wie intensiv sich Amerikaner mit dem Holocaust beschäftigen. Es gibt zwei nationale Holocaust-Museen, ein drittes ist in Planung, in fast jeder größeren Stadt steht ein Holocaust Memorial, an Dutzenden von Universitäten kann man das Fach »Holocaust Studies« belegen, wobei nicht klar ist, ob man in dieser Disziplin lernt, wie man einen Holocaust veranstaltet oder wie man ihm entgeht. Allerorten finden »Dinner« und »Luncheons« statt, bei denen Überlebende des Holocaust geehrt werden und wohlhabende Nachgeborene Geld für »Memorials« spenden. Wer von europäischer und amerikanischer Geschichte keine Ahnung hätte, könnte annehmen, der Holocaust an den Juden habe in den USA stattgefunden und die Amerikaner fühlten sich verpflichtet, mit diesem Teil ihrer Vergangenheit fertig zu werden.

Diese Art von historischer Erbschleicherei hat dazu geführt, daß nun im Gegenzug über die »Germanisierung des Holocaust« gesprochen werden muß. Wir kommen nicht umhin, darauf hinzuweisen, daß wir es sind, die das historische Copyright auf diesen Begriff besitzen und es mit niemandem teilen wollen, so wie wir das weltweite Copyright an den Begriffen Kindergarten, Kaffeeklatsch, Weltanschauung, Doppelgänger, Schadenfreude, Poltergeist, Angst und

Ersatz halten. Mit der »Germanisierung des Holocaust« meine ich nicht nur das Copyright an einer Idee, sondern den Prozeß ihrer Verinnerlichung und die Art ihrer Vermarktung. Dadurch, daß die Deutschen ständig an Auschwitz erinnert würden, sagt der Historiker Christian Meier, sei das Vergessen unmöglich gemacht und die Erinnerung an Auschwitz Teil des deutschen Selbstverständnisses geworden.

Das war nicht immer so. In den fünfziger und sechziger Jahren wollten die Deutschen am liebsten nichts vom Holocaust wissen. Der Massenmord an den Juden war ein Kapitel der Vergangenheit, das ebenso im Abgrund der deutschen Geschichte verschwunden war wie das Dritte Reich. Und wo sich doch noch jemand über »jene Jahre« äußerte, geschah dies meist, um Übertreibungen zurechtzurücken, meist mit dem Argument, man dürfe keine Nestbeschmutzung betreiben, und außerdem hätten doch alle Parteien im Krieg schreckliche Verbrechen begangen. Noch in den siebziger Jahren wurde – ganz im Ernst – die These diskutiert, ob die jüdischen Zivilisten, die von den Nazis ermordet worden waren, nicht als »Kombattanten« betrachtet werden müßten, hatte doch Chaim Weizman im Namen des zionistischen Weltkongresses dem britischen Premier Chamberlain im August 1939 geschrieben, die Juden würden an der Seite Großbritanniens und der anderen Demokratien stehen, was man als eine Art von »Kriegserklärung« verstehen könnte, die den Nazis das Recht gab, mit den Juden entsprechend zu verfahren.

Und als im Jahre 1979 im deutschen Fernsehen die US-Serie »Holocaust« gezeigt wurde, reagierten die Deutschen überrascht wie Kinder, denen plötzlich gesagt wird, daß sie von einem anderen Planeten stammen. Die Zeitungen waren voll von Bekenntnissen: Wir haben es nicht gewußt, verteidigten sich die einen; jawohl, wir haben es gewußt, aber nicht wissen wollen, gestanden die anderen. Das war der Anfang einer Beschäftigung mit dem Holocaust über den kleinen Kreis von Experten hinaus, die sich vor allem mit der

Frage aufhielten, ob Hitler persönlich den Befehl zur End-lösung der Judenfrage gegeben habe oder nicht.

Seit Mitte der achtziger Jahre ist die Lage eine völlig ande-re. Die Beschäftigung mit dem Holocaust ist zu einer Art na-tionalem Volkssport geworden, wobei die Revisionisten und die Holocaust-Leugner keine Rolle spielen. Ganz im Gegen-teil. Jeder Zeitungsartikel, jede Radiosendung, jede Fernseh-Dokumentation und jedes Buch, das sich mit diesem Thema beschäftigt, fängt mit der Feststellung an, der Holocaust sei einmalig und einzigartig, mit keinem anderen Massenmord und Genozid in der Geschichte der Menschheit zu verglei-chen. Es gilt ganz generell das elfte Gebot: Du sollst nicht vergleichen! Wer, wie der Schriftsteller Peter Schneider, von »Konzentrationslagern« im ehemaligen Jugoslawien spricht, wer – wie ich es manchmal tue – die DDR punktuell und strukturell mit dem Dritten Reich vergleicht, der wird umge-hend zur Ordnung gerufen: Man dürfe mit solchen Verglei-chen das Dritte Reich nicht verharmlosen!

Wie die Beschäftigung mit dem Holocaust von einem Ana-thema zu einer nationalen Leidenschaft werden konnte, darüber gehen die Theorien auseinander. Eine mögliche Er-klärung wäre: Mitte der achtziger Jahre war die Generation der Täter weitgehend ausgestorben, und eine Generation der etwa Vierzigjährigen konnte es sich leisten, historische Fragen zu stellen, ohne mit der Gegenfrage rechnen zu müs-sen: Wem hat der Steinway-Flügel, den du von deinen Eltern geerbt hast, früher mal gehört?

So kam es innerhalb einer erstaunlich kurzen Zeit zu ei-nem noch erstaunlicheren Paradigmen-Wechsel. Hieß es früher: Laßt uns mit Auschwitz in Ruhe, was haben die Fran-zosen in Algerien angestellt, die Briten in Südafrika, die Holländer in Indonesien, die Italiener in Libyen und die Amerikaner im Wilden Westen, so heißt es heute: Den Holo-caust soll uns erst mal einer nachmachen. Der Philosoph Hermann Lübbe spricht von einem »Sündenstolz der Deut-schen« und meint damit eine Haltung, für die es in der deutschen Geschichte keine Parallele gibt. Das Schweigen aus schlechtem Gewissen wurde von einer kulturellen Überproduktion abgelöst, die aus dem Bewußtsein gespeist wird, etwas Einmaliges, nicht Vergleichbares, Unwiederholbares geleistet zu haben. Mögen andere Völker auf die Erfindung des Striptease, der Thermoskanne und der CD-Platte stolz sein, wir haben den Holocaust!

Natürlich sagt kein vernünftiger Deutscher: Der Holocaust war eine tolle Sache, ich bin stolz, daß er auf unser nationales Konto geht! Aber er sagt: Kein Volk hat eine so schreckliche Geschichte wie wir, und kein Volk hat aus seiner Geschichte so viel gelernt, so klare Schlüsse gezogen wie wir. So kommt es, daß deutsche Pazifisten unter Berufung auf die deutsche Geschichte jedem Völkermord in der Welt lieber zuschauen, als daß sie sich damit einverstanden erklären, daß ein paar deutsche Sanitäter den Opfern helfen; so kommt es, daß man in deutschen Zeitungen immer wieder lesen kann, die Israelis sollten im Umgang mit den Palästinensern nicht die gleichen Fehler begehen, die die Deutschen im Umgang mit den Juden begangen haben. Nicht nur als Schurken, auch als Ratgeber sind die Deutschen nicht zu übertreffen. Denn nur resozialisierte Gewalttäter wissen, was Gewalt ist und wie man ihr begegnen kann.

Ein Jungnazi, der sich aus seinem Milieu löst und seine Erinnerungen aufschreibt, kann sicher sein, daß sein Buch ein Bestseller wird und er von einer Talk-Show zur anderen eingeladen wird. Deutsche, die zum Judentum übertreten, treten den Nachweis von Kompetenz und Identität an, indem sie sofort damit anfangen, Essays über jüdische Identität zu schreiben. Im Frühjahr 1996 erschien in der Bundesrepublik ein Buch, dessen Autor es um nichts weniger als »eine Neubesinnung auf jüdische Identität in Deutschland« ging, weswegen er sich das deutsche »Judenexpertentum« vorknöpfte und das »Gedächtnistheater« beklagte, das von diesen Experten nach 1945 inszeniert wurde: »Die jüdische Gemeinschaft und ihre deutsche Erfindung«. Er regte sich so wahnsinnig über die »Erfindung« der jüdischen Gemeinschaft in der Bundesrepublik auf, daß er es für unnötig hielt, den Lesern seines Buches mitzuteilen, daß er selbst ein »erfundener« Jude war: 1944 im Allgäu geboren, trat er zum Judentum über, um sich fortan der Pflege jüdischer Identität zu widmen, eine Aufgabe, die viel zu ernst und zu anspruchsvoll ist, als daß man sie Von-Geburt-an-Juden überlassen könnte.

Die Germanisierung des Holocaust macht aus einem historischen Schlachtfeld einen Exerzierplatz des gesunden Selbstbewußtseins: Wir verdrängen nicht, wir schämen uns nicht, wir verrechnen nichts. Wir sagen nur: Ist es nicht phantastisch, wie wir zu unseren Sünden stehen?

Natürlich hat die Sache auch ihre guten Seiten. Es stimmt nicht, wie so oft behauptet wird, daß die Deutschen keine Ahnung von ihrer jüngeren Geschichte haben. Sie sind, wie alle Umfragen zeigen, über die Zeit von '33 bis '45 gut informiert. Man kann den deutschen Medien vieles zum Vorwurf machen, nur eines nicht: daß sie eine Auseinandersetzung mit der Geschichte, vor allem mit dem Dritten Reich und dem Holocaust, scheuen. Je länger das Dritte Reich zurückliegt, um so mehr Jobs wirft es ab. Scharen von Historikern, Forschern und Rechercheuren zerlegen es in kleine Stücke, analysieren jedes noch so marginale Detail. Unmengen von Erziehern, Journalisten und Künstlern nehmen die Bruchstücke auf, setzen sie neu zusammen und bringen sie als Lernprogramme, Artikel und Kunstwerke auf den Markt. Man könnte sagen: Fünfzig Jahre nach seinem Untergang ist das Dritte Reich eine gigantische ABM-Maßnahme, von der zahllose kleine Sub-Unternehmer profitieren. Die Beispiele dafür sind nicht nur anschaulich, sondern auch unterhaltsam.

Seit 1988 strebt eine Berliner Bürgerinitiative aus Prominenten unter der Führung der Journalistin Lea Rosh den Bau eines zentralen Mahnmals für die ermordeten Juden Europas an. Nachdem die Bundesrepublik in der Mitte von Berlins Mitte, zwischen Brandenburger Tor und Potsdamer Platz, ein Grundstück von 20 000 Quadratmeter Fläche zur

Verfügung gestellt hatte, wurde 1994 ein Wettbewerb ausgeschrieben, an dem sich rund 2000 bildende Künstler und Architekten beteiligten. Es wurden 528 Modelle eingereicht, die alle in einer Ausstellung präsentiert wurden. Wir werden darauf noch zurückkommen. Hier nur soviel: Eine eindrucksvollere Sammlung an Kitsch, Banalität und ins Gigantische gesteigertem Unsinn hat man in Deutschland seit der Olympiade 1936 nicht mehr erlebt. Dennoch war diese Wucht an pathologischer Selbstdarstellung aufschlußreich. Sie machte nicht nur klar, daß es unmöglich ist, den Holocaust mit einem Mahnmal zu beantworten, sondern auch und vor allem, welche Langzeitschäden der Holocaust in den Seelen der Deutschen angerichtet hat. Die Mischung aus Größenwahn und Weinerlichkeit, aus guten Absichten und schlechten Ideen war einfach überwältigend.

Bei der Eröffnung der Ausstellung sagte der Präsident der Jury, Professor Walter Jens, in Berlin solle ein Denkmal entstehen, das die »Gemeinschaft der Toten, die entwürdigt und exekutiert worden sind ..., lebendig sein läßt«. – Ein Kunststück, das noch niemandem zuvor gelungen war.

Von den 528 eingereichten Modellen wurden siebzehn prämiiert. Es gab, da sich die Jury nicht einigen konnte, zwei erste Preise. Nach weiteren Diskussionen wurde entschieden, welcher Entwurf realisiert werden solle: eine etwa 100 auf 100 Meter große, 25 000 Tonnen schwere, schräg aus dem Boden aufsteigende graue Betonplatte, auf der nach und nach – *work in progress* – die Namen der ermordeten Juden eingraviert werden sollten. Damit sollte, so Lea Rosh, deren »Schicksal individualisiert« werden; es käme darauf an, »die Ermordeten noch einmal mit Namen zurückzuholen«. Auf den Einwand, das fußballfeldgroße Mahnmal zeuge von Gigantomanie, erwiderte sie, der Holocaust sei ein gigantisches Verbrechen gewesen, also müsse seiner mit einem entsprechend gigantischen Mahnmal gedacht werden. Ein Argument, das nicht ganz falsch, aber auch nicht ganz richtig ist. Wie gigantisch müßte ein Mahnmal sein, das dem

Ausmaß des Holocaust entsprechen soll. Sind 100 auf 100 Meter genug? Oder sollten es 1000 auf 1000 Meter sein? Und wie wäre es, wenn man ganz Berlin mit einer riesigen Platte zudecken würde?

Aber solche Fragen wurden in der allgemeinen Euphorie, daß Berlin endlich ein zentrales Holocaust-Mahnmal bekommen würde, nicht gestellt. Nur ein wacher Berliner Bürger gab in einem Leserbrief zu bedenken, die Veranstalter und Teilnehmer des Wettbewerbs hätten »die tatsächlichen Ausmaße des Judenmordes immer noch nicht erfaßt oder können offenbar nicht rechnen«, denn, so der Berliner Bürger, würde man jeden Namen auf einer Fläche von 25 auf 4 Zentimeter eingravieren, müßte die Platte eine Seitenlänge von 245 auf 245 Meter und eine Fläche von 60 000 Quadratmetern haben, also sechsmal so groß wie vorgesehen sein. Und außerdem wären hundert Graveure 35 Jahre mit dem Eingravieren der Namen beschäftigt, wenn man pro Namen mit einer Stunde Arbeit rechnet.

So schien im Sommer 1995 alles paletti. Die Platte würde 20 bis 30 Millionen DM kosten, die Bundesregierung und das Land Berlin wollten sich an den Kosten beteiligen, der Löwenanteil sollte durch Spenden aufgebracht werden.

Da passierte etwas, womit niemand gerechnet hatte. Der Bundeskanzler, der bis dahin geschwiegen hatte, nahm sich der Sache an. Er sagt: Nein, so ein Mahnmal wollen wir nicht, und brachte das ganze Projekt per *ordre de mufti* zum Stillstand. Es war, als hätte ein Bürgermeister ein Fest, auf das sich schon alle gefreut hatten, im letzten Moment abgesagt. Wie kann er nur, fragten die Befürworter des Projekts, wo wir schon so weit waren, daß die Bauarbeiten hätten beginnen können? Der Berliner Kultursenator machte sich Sorgen um das Ansehen Deutschlands in der Welt, falls das Mahnmal nicht gebaut werde. Der Vorsitzende der Jury sprach von einer »nationalen Schande«, Lea Rosh sagte, ihr täten vor allem die toten Juden leid, die weiter auf das Mahnmal warten müßten.

Kanzler Kohl gab als Begründung für seine Entscheidung

an, daß er den preisgekrönten Entwurf für »unpassend monumental« halte, und forderte eine erneute öffentliche Diskussion, um »einen breiten Konsens aller Beteiligten zu erzielen«. Seitdem findet in Deutschland ein Streit statt, der das Wort des amerikanischen Historikers James Young bestätigt: daß Diskussionen um ein Denkmal das eigentliche Denkmal sind. Was insofern praktisch ist, als einerseits viel Geld gespart wird und andererseits ein therapeutischer Prozeß stattfindet, den kein Mahnmal auslosen könnte. Überall finden Diskussionen, Foren, Symposien über die Rolle der Kunst im öffentlichen Raum statt.

Bei einer solchen Diskussion gab der Vorsitzende der CDU-Fraktion im Berliner Parlament zu, daß es sich bei dem geplanten Mahnmal um einen »typischen politischen Kompromiß« gehandelt habe, die Politik sei nicht mehr frei gewesen, niemand habe sich getraut, gegen das Mahnmal zu sein. Auch die historische Kommission beim Vorstand der SPD sprach sich plötzlich gegen das Mahnmal aus, was schon deswegen überraschend war, weil bis dahin niemand wußte, daß es beim SPD-Vorstand eine historische Kommission gibt. Der SPD-Abgeordnete Peter Conradi, der bis zum Kanzler-Wort ebenfalls geschwiegen hatte, erklärte: »Wir brauchen eine neue Debatte, einen neuen Standort, einen neuen Wettbewerb«, es ginge nicht an, daß über das nationale Holocaust-Mahnmal »hinter verschlossenen Türen« verhandelt werde. Ein bekannter österreichischer Künstler, der an dem Wettbewerb nicht teilgenommen hatte, sprach von einem »schwachsinnigen« Vorhaben und schlug »als Symbol deutsch-jüdischer Aussöhnung« die Aufstellung von »Gartenzwergen mit Schläfenlocken« vor. Und während der Zentralrat der Juden erklärte, daß ein solches Mahnmal in Deutschland unverzichtbar sei, und die SPD-Fraktion im Bundestag die Bundesregierung aufforderte, das Parlament über die Planungen für das Holocaust-Mahnmal zu informieren, machte ein Berliner Kulturredakteur seine Leser darauf aufmerksam, daß ganz Berlin längst ein großer

»Gedächtnisraum« und mit rund vierzig Erinnerungsstätten ausreichend versorgt sei. In einer anderen Zeitung schlug ein anderer Experte vor, die ganze Debatte zu beenden, was dazu führte, daß ihm andere Experten widersprachen und damit die Debatte weitergeführt wurde.

Immer mehr Menschen melden sich zu Wort und sagen, warum das Mahnmal gebaut werden muß, warum es nicht gebaut werden soll, warum es zu groß ist bzw. nicht groß genug sein kann. Wie bei einem »Jeder-kann-mitmachen«-Abend in einer Dorf-Disco gibt es keine Mindestqualifikation für die Teilnahme an der Debatte. Der letzte Ministerpräsident der DDR, Lothar de Maizière (IM Czerny), bringt sich mit einem Statement in Erinnerung, es sei besser, ein Schicksal exemplarisch darzustellen, als Millionen Namen von Opfern aufzulisten. Stefan Zweig sei im Exil an gebrochenem Herzen gestorben ... Derweil droht der Potsdamer Professor Julius H. Schoeps, er werde »mit dem Datenschutz argumentieren« und eine einstweilige Verfügung für den Fall erwirken, daß die Namen seiner Angehörigen auf die Platte eingraviert werden.

Die Diskussion um das Holocaust-Mahnmal wird mit derselben Ernsthaftigkeit geführt, mit der vor sechzig Jahren der Holocaust geplant und durchgeführt wurde, nur daß es sich im Unterschied zu damals um eine öffentliche Veranstaltung handelt, an der alle teilnehmen dürfen, die teilnehmen möchten, eben die späte »Germanisierung des Holocaust«. Bedauerlich dabei ist nur, daß ein paar Experten für den Umgang mit toten Juden an dieser vitalen Debatte nicht teilnehmen. Der leitende Oberstaatsanwalt Helmut Münzberg zum Beispiel, der im Jahre 1967 gegen den ehemaligen SS-Obersturmführer Arnold Strippel wegen vielfachen Mordes ermittelte. Strippel hatte kurz vor Kriegsende zwanzig jüdische Kinder, die zu medizinischen Experimenten im KZ Neuengamme gebraucht worden waren, in einer Hamburger Schule aufhängen lassen. Das Ermittlungsverfahren gegen den SS-Mann, der 1994 unbehelligt verstarb, wurde im

Jahre 1967 von Münzberg mit der Begründung eingestellt; die Kindermorde seien »nicht grausam« gewesen, denn den Kindern sei »über die Vernichtung ihres Lebens hinaus kein weiteres Übel zugefügt worden«.

Wäre es da nicht eine geile Idee, den leitenden Oberstaatsanwalt Münzberg als Ehrengast zu der Grundsteinlegung für das Holocaust-Mahnmal einzuladen? Und wäre es nicht eine noch geilere Idee, in die monumentale Grabplatte den Satz hineinzuschlagen: »Zur Erinnerung an die toten Juden, denen über die Vernichtung ihres Lebens hinaus kein weiteres Übel zugefügt wurde.« Kein anderer Satz der deutschen Nachkriegsgeschichte eignet sich besser, die faktischen Versäumnisse bei der Verfolgung der Täter mit dem Wunsch nach selbstverordneter Absolution zu verbinden.

Leider muß man annehmen, daß das Mahnmal – allen Zusicherungen zum Trotz – nicht gebaut wird. Denn inzwischen wurde ein gewisser Ersatz geschaffen, der praktisch und preiswert zugleich ist.

Im Mai 1995 gab die Präsidentin des Bundestages, Rita Süssmuth, während einer Israel-Reise bekannt, in der Bundesrepublik werde demnächst ein Holocaust-Gedenktag eingeführt werden. Man habe den 27. Januar im Auge, den Tag, an dem Auschwitz befreit wurde, nota bene: von der sowjetischen Armee. Bald darauf stimmten die Ministerpräsidenten der Länder dem Vorschlag des Parlamentspräsidiums zu, und der 27. Januar wurde zu einem Gedenktag erklärt, wobei ungeklärt blieb, ob an dem Tag der »Opfer der Gewaltherrschaft des Nationalsozialismus« oder der »Opfer der nationalsozialistischen Gewaltherrschaft« gedacht werden sollte, ein kleiner, aber durchaus wichtiger Unterschied. Im ersten Fall wäre auch der deutschen Vertriebenen und der deutschen Opfer der alliierten Bombardements gedacht worden, im zweiten Fall nur der unmittelbaren Opfer der Nazis, also der Juden, Zigeuner, Schwulen etc. Man wollte damit jedem, der sich als Opfer fühlt, die Möglichkeit geben, bei dem Gedenken mitzumachen.

Die Feier für »die Opfer des Nationalsozialismus« – auf diese allgemeinkonkrete Formel hatte man sich schließlich geeinigt – mußte außerdem vom 27. auf den 19. Januar vorverlegt werden. Nicht nur fiel der 27. Januar im Jahre 1996 auf einen Samstag, was eine Teilnahme jüdischer Gäste an der offiziellen Feier verhindert hätte; Bundespräsident Herzog hatte zudem seit langem eine Reise nach Uganda geplant, die er weder absagen noch verschieben, noch unterbrechen wollte. So hielt der Bundespräsident schon am 19. Januar im Bundestag eine Rede, in der er den Sinn des Feiertags erklärte: »Das Erinnern darf nicht aufhören, denn ohne Erinnerung gibt es weder Überwindung des Bösen noch Lehren für die Zukunft.« Wenigstens einmal im Jahr sollten die Bürger »über das Geschehene nachdenken und vor allem über die Folgerungen, die daraus zu ziehen sind«, sagte der Bundespräsident und machte sich auf den Weg nach Afrika, um den Bürgern Ugandas die Vorzüge der Demokratie zu erklären. Bundestagspräsidentin Süssmuth erklärte, der Gedenktag solle »Vorsorge gegen das Vergessen« sein, »ein Stachel in unserem Bewußtsein«. Der bayerische Ministerpräsident Stoiber gab die sensationelle Neuigkeit bekannt, »in deutschem Namen« seien ungeheuerliche Verbrechen begangen worden, in deutschem Namen, auf deutsche Rechnung also, nicht etwa von Deutschen; die Jugendministerin Claudia Nolte rief die Jugendlichen auf, das Gespräch mit den Überlebenden zu suchen, der SPD-Parteivorsitzende Oskar Lafontaine nannte den 27. Januar »einen Haltepunkt, an dem immer wieder Bilanz zu ziehen ist, wie wir Deutschen mit der Zeit der NS-Diktatur umgehen«. Überall in der Republik fanden Gedenkfeiern statt, deren Teilnehmer ihre Abscheu vor den Verbrechen der Nazis artikulierten und feierlich gelobten, nie wieder einen Holocaust zuzulassen. Und um nichts verkehrt zu machen, wurden prominente Experten für das richtige Gedenken gefragt, wie ein solcher Tag begangen werden müßte: Die »tageszeitung« interviewte den israelischen Schriftsteller Uri Avnery über

»Routine und Erinnerung«, der »Tagesspiegel« sprach mit dem südafrikanischen Bischof Desmond Tutu über die Versöhnung zwischen Tätern und Opfern, die »Frankfurter Rundschau« druckte ein Gespräch mit dem Friedensnobelpreisträger Elie Wiesel, der von einer »bedeutsamen Kursänderung« sprach: »So viele Jahre hat man sich in Deutschland nur bemüht, zu vergessen. Man hat das, was geschehen ist, beiseite geschoben, es ignoriert, sich abgewandt. Nun ist es wichtig, daß man sich der Vergangenheit stellt.«

Auch Elie Wiesel, der den Begriff Holocaust geprägt haben soll, fragte nicht, wie es denn kommt, daß die Deutschen, quasi über Nacht, von einem Extrem ins andere fallen, von einem lauen »Laßt uns mit dem Kram in Ruhe« in ein lautes: »Wir können nicht genug davon kriegen!« Ihm genügte die Kursänderung. Anhänger der Theorie von einer Volksseele mögen eine Erklärung für das Phänomen im Wesen der Deutschen finden, die zu manisch-depressivem Verhalten neigen. Schon Churchill sagte, man habe die Deutschen entweder an der Kehle oder zu Füßen. Eine solche populärpsychologische Erklärung wäre schön, aber nicht ausreichend. Warum also haben die Deutschen vom Holocaust so lange nichts wissen wollen, ihn ignoriert und beiseite geschoben? Und warum inszenieren sie nun einen Erinnerungs-Marathon für die ganze Nation?

Es geht nicht nur um das zentrale Holocaust-Mahnmal in Berlin und den Holocaust-Gedenktag am 27. Januar. In Berlin gibt es inzwischen ein halbes Dutzend Mahnmale zur Erinnerung an die Bücherverbrennung, an die Ermordung und die Deportation der Juden. Eine Ausstellung unter dem Titel »Totenstill« mit Fotos aus ehemaligen deutschen Konzentrationslagern wurde zuerst in Berlin, später auch in anderen Städten gezeigt. Eine Ausstellung zum Thema »After Auschwitz«, an der sich zwanzig Künstler aus zwölf Ländern beteiligten, wurde nach Potsdam geholt. Kernstück dieser Ausstellung war eine Rauminstallation aus Koffern namens »Klagemauer«, einer der Koffer stammte aus der Asservatenkammer von Auschwitz. Das Deutsche Historische Museum in Berlin erwarb eine Plastik des polnischen Bildhauers Mieczysław Stobierski, ein Modell im Maßstab 1 : 15 des Krematoriums II in Auschwitz-Birkenau mit 3000 Gipsfiguren. Auf dem Prinz-Albrecht-Gelände, wo die Gestapo ihre Zentrale hatte, wird ein Ausstellungs-, Dokumentations- und Begegnungszentrum gebaut, ein »Denk- und Lernort«.

Doch nicht nur in der Hauptstadt, auch in der Provinz tut sich einiges. In Frankfurt wurde mit großem Aufwand das »Lern- und Dokumentationszentrum des Holocaust« eingerichtet. In Darmstadt wird an einem Projekt zur kompletten Erfassung der Häftlinge des Lagers Auschwitz gearbeitet. In der evangelischen Akademie Loccum fand eine Expertentagung über »Denkmale auf dem Gelände ehemaliger Konzentrationslager« statt. In Wandlitz bei Berlin, wo es keine Juden gibt, soll ein »jüdisches Kultur- und Begegnungszentrum« entstehen. Der Dichter und Sänger Wolf Biermann wurde in den Bundestag nach Bonn eingeladen, um den Abgeordneten des Hohen Hauses den »Gesang vom ausgerotteten jüdischen Volk« des von den Nazis ermordeten jüdischen Dichters Jitzhak Katzenelson vorzutragen.

Ist es nicht phantastisch, wie allgegenwärtig die Erinnerung an den Holocaust ist? Wie sie überall, in der Politik, in der Kultur, sogar in der Freizeitgestaltung spürbar ist.

Man muß zugeben, daß die Deutschen überaus sensibel mit ihrer Vergangenheit umgehen. Und je länger diese Vergangenheit zurückliegt, um so sensibler gestaltet sich der Umgang mit ihr. Mittlerweile geht es nicht mehr um den Holocaust und seine Opfer, sondern um eine Übung, die »Pädagogik der Vermittlung« genannt wird. In der »tageszeitung« erschien ein Interview mit einem führenden Holocaust-Forscher über die Belastungen und die psychischen Probleme, die eine solche Beschäftigung mit sich bringt. Während für die Juden 1945 alles vorbei war, leiden die Holocaust-Forscher noch immer. Bald werden *sie* die eigentlichen Leidtragenden der Geschichte sein. Es ist nicht nur wahr, daß die Katastrophen von gestern den Stoff für die Doktorarbeiten von morgen liefern, es trifft auch zu, daß der Holocaust geradezu ein Glücksfall der deutschen Geschichte war; nicht auszudenken, was geworden wäre, wenn die Briten oder die Franzosen ihn ausgeführt hätten. So aber erleben wir beinah täglich, wie sehr der Holocaust das Verhalten der Menschen in Deutschland bestimmt.

Die deutsche Fluggesellschaft »Eurowings« tauscht ihre Kennung NS mit einer australischen Fluggesellschaft gegen die Kennung EW, weil NS mit »vielen negativen Erinnerungen behaftet ist«. Zwei bei einem Brandanschlag zerstörte Baracken im ehemaligen KZ Sachsenhausen werden wieder originalgetreu rekonstruiert, was zwar vollkommen absurd ist, aber dem Bedürfnis nach gruseliger Authentizität dient, ebenso wie der Auschwitz-Koffer in der Potsdamer Kunstausstellung. Die Bundesrepublik unterstützt die Restaurationsarbeiten im Lager Auschwitz mit ein paar Millionen jährlich, was nur folgerichtig ist: Wenn die Deutschen schon das Lager gebaut haben, sollen sie auch für die Unterhaltskosten aufkommen.

Ich frage mich nur: Haben die Exerzitien und Rituale vor dem Hintergrund des Holocaust irgendeinen Effekt auf das Verhalten gegenüber lebenden Menschen, Juden wie Nichtjuden? Wie klappt die »Vorsorge gegen das Vergessen«, wenn es darauf ankommt? Und wie funktioniert der »Stachel in unserem Bewußtsein«, wenn es darum geht, nicht Tote zu beklagen, denen ein Mahnmal versagt wird, sondern Menschen zu helfen, die sich selber nicht helfen können?

Während der symbolische Widerstand gegen Hitler und die Nazis von Tag zu Tag stärker wird, nimmt die Gleichgültigkeit gegenüber den letzten noch lebenden Opfern der Nazis im gleichen Ausmaß zu.

Seit 1986 wird in Bonn über die Einrichtung einer Stiftung diskutiert, aus deren Fonds Verfolgte »entschädigt« werden sollen, die keine »Wiedergutmachung« erhalten haben: Homosexuelle, Zigeuner, Zwangssterilisierte. Ganz offensichtlich verlassen sich die Politiker darauf, daß sich dieses Problem mit der Zeit von allein erledigt.

Die Militärjustiz der Nazis hat über 100 000 Deserteure und Wehrkraftzersetzer zu hohen Zuchthausstrafen verurteilt, mehr als 20 000 wurden hingerichtet. Die Urteile sind nie aufgehoben worden, die Deserteure gelten noch heute als zu Recht verurteilte Verbrecher. 300 von ihnen sind noch am Leben und kämpfen darum, rehabilitiert zu werden. Vergeblich! Die Mehrheit der Abgeordneten im Bundestag weigert sich, einem Gesetz zuzustimmen, mit dem die Ehre und die Rechte der Deserteure wiederhergestellt würden. Mit der Rehabilitierung der Deserteure, heißt es, würden diejenigen Soldaten der Wehrmacht entehrt, »die bis zum Schluß gekämpft haben«. So sieht in der Praxis die »Vorsorge gegen das Vergessen« aus.

Der Widerstand gegen Hitler wird immer dann hervorgeholt, wenn aus Gründen der nationalen PR das andere, das bessere Deutschland beschworen werden soll. Doch die Wirklichkeit sieht anders aus. Sogar der christliche Widerstandskämpfer Dietrich Bonhoeffer, der am 9. April 1945 durch ein SS-»Gericht« zum Tode verurteilt und hingerichtet wurde, ist bis heute nicht rehabilitiert, obwohl er Schulkindern als moralisches Beispiel vorgeführt wird. 1956 sprach der Bundesgerichtshof im Zusammenhang mit dem Todesurteil gegen Bonhoeffer vom »Recht des Staates auf Selbstbehauptung«, das man »auch dem nationalsozialistischen Staat nicht ohne weiteres ... absprechen« könnte.

Vor diesem Hintergrund sind die feierlichen Bekundungen deutscher Politiker zu Ehren der Opfer des Holocaust nichts als zynische Exerzitien, einzig dazu angetan, ihren Verbreitern ein gutes Gefühl und der Bundesrepublik ein besseres Image zu verschaffen. Und die Germanisierung des Holocaust ist ein gelungener Versuch, historische Schuld in moralisches Kapital zu verwandeln, dessen Zinsen die Ausgaben für die Entschädigung der Opfer um ein Vielfaches übertreffen.

Wir basteln uns ein Mahnmal

Wenn es um Juden geht, scheuen deutsche Institutionen bekanntlich weder Mühen noch Kosten. Egal, ob das Judentum ausgerottet oder hinterher der Ermordeten gedacht werden soll, das Ziel wird mit Ausdauer, Beharrlichkeit und einem Sinn fürs Gigantische angestrebt. Diese Tugenden zeichnen auch jene »Initiative engagierter Bürger« unter Führung der Journalistin Lea Rosh aus, die sich die Errichtung des bereits erwähnten »Denkmals für die ermordeten Juden Europas« vorgenommen und die Ergebnisse des dazu ausgeschriebenen Wettbewerbs der deutschen Öffentlichkeit zugänglich gemacht hat: 528 Modelle aus Holz, Metall, Glas und Pappmaché. Bei der Eröffnung der Ausstellung sprach der für Bau- und Wohnungswesen zuständige Senator, Wolfgang Nagel, vom »wichtigsten Wettbewerb in Deutschland seit 1945«.

Ganz sicher war es der bizarrste. Obwohl der Vorsitzende der Preis-Jury, der Tübinger Professor Walter Jens, versicherte, es wäre unmöglich, »dem Massenmord mit einer ästhetischen Lösung nachzukommen«, ließen sich die Organisatoren des Wettbewerbs nicht entmutigen und traten zum Beweis des Gegenteils an. Da soll ein Denkmal gebaut werden, das seinesgleichen in der Welt nicht hat, einmalig und einzigartig wie der Holocaust, an den es erinnern soll. Die triumphalen Großbauten, die Albert Speer nach dem Endsieg in der Hauptstadt bauen wollte, nehmen sich dagegen wie Projekte der *minimal art* aus.

Das vom Bund zur Verfügung gestellte Gelände hat einen Marktwert von etwa 200 Millionen DM, der auch durch den Umstand nicht gemindert wird, daß auf diesem Terrain früher die Reichskanzlei von Adolf Hitler stand. »Am Ort der Täter soll der Opfer gedacht werden«, beschlossen die Initiatoren des Denkmals, als käme es ihnen fünfzig Jahre nach dem Ende des Dritten Reiches darauf an, den Nazis zu beweisen, daß sie den Krieg wirklich verloren haben.

Auch die beiden preisgekrönten Entwürfe waren eine Demonstration des Genius loci. Da ist einmal eine »Stahlskulptur aus überdimensionalen Doppel-T-Trägern, die ein Quadrat bilden, welches an den Ecken auf vier Betonblöcken aufliegt«. Die Seitenlänge des Quadrats zählt 85 Meter. »Es ist ein monumentaler Entwurf, der im Stadtraum unübersehbar präsent ist, zugleich aber durch seine Konstruktion leicht und unaufdringlich wirkt«, heißt es in der Preisbegründung der Jury. Der zweite preisgekrönte Entwurf – eine schräge Stahlplatte von 100 mal 100 Meter Kantenlänge (ein Fußballplatz ist nur 70 mal 100 Meter groß) – ist weder leicht noch unaufdringlich, dafür hat er »einen besonders starken Bezug zum Thema« und vermittelt »auf faszinierende Weise Beklommenheit«. Die Kosten der gigantischen Grabplatte werden auf 20 bis 30 Millionen DM geschätzt. Dagegen ist die leichte und unaufdringliche Stahlskulptur gradezu ein Schnäppchen, sie soll nur 16 Millionen DM kosten.

Die über 500 Zeichnungen und Modelle, die ausgerechnet im ehemaligen Staatsratsgebäude der DDR besichtigt werden konnten, waren nicht nur die größte Bastelausstellung aller Zeiten, sondern auch eine Fundgrube für Völkerkundler, Psychologen und Verhaltensforscher. Vertreter dieser Disziplinen können sich nun ein Bild über den Zustand einer verwirrten Nation machen, die den Opfern ihrer Geschichte ein Mahnmal setzen will, um mit sich selbst ins reine zu kommen. Als besonders aufschlußreich erwiesen sich die Entwürfe, die auf der Strecke geblieben waren: ein 18 Meter hoher schwarzer Stahlofen, »Tag und Nacht befeuert«; ein 40 Meter hoher Turm in Form eines Sechsecks von 32 Meter Durchmesser (»Dieser Raum ist Gefäß für das Blut der sechs Millionen ermordeter Juden...«); eine »Leerstelle« von 80 Meter Länge, 60 Meter Breite und 50 Meter Tiefe. Diese Super-Grube würde, falls gebaut, über 100 Millionen DM kosten. »Es sind Maßnahmen erforderlich, die nicht in einem auf 15 Millionen DM begrenzten Finanzrahmen zu realisieren sind«, heißt es in der Objektbeschreibung in einer Sprache, die seltsam vertraut klingt, »15 Millionen DM sind gerade 2,50 DM pro Ermordeten, wenn man allein der Opfer des Holocaust gedenkt...«

Solche Berechnungen sind schon mal angestellt worden, nur daß es damals nicht um die Ermordeten, sondern die zu Ermordenden ging. Wer bei diesem Wettbewerb die Nase vorn haben wollte, tat gut daran, seine Kalkulationen mit prätentiösen Banalitäten zu garnieren. Entwurf Nr. 1385 erklärt sich etwa folgendermaßen: »Die persönliche Beschäftigung mit dem Judenmord führt an die Grenzen des intellektuell Begreifbaren und emotional Erfahrbaren. Es ist das Erlebnis einer ›Grenzsituation‹, die den einzelnen existentiell anrührt und ihm die Unbedingtheit seiner Existenz bewußt macht.« Wie Kinder aus einem Lego-Kasten schöpften die Mahnmal-Designer aus dem vollen einer Jargon-Kiste, deren einzelne Elemente immer neu miteinander kombiniert werden. »Der europäische Judenmord markiert zugleich eine kollektive ›Grenzsituation‹ des deutschen Volkes. Das Denkmal für die ermordeten Juden kann dazu beitragen, die doppelte ›Grenzsituation‹ im individuellen und kollektiven Erfahrungsschatz zu verankern. Es öffnet die Chance, im Land der Täter die selbstergreifende Beschäftigung mit dem Unbegreiflichen und Unfaßbaren neu in Gang zu setzen...«

Man hätte an dieser Stelle gern eine Weile angehalten, um darüber nachzudenken, welche Variante der Onanie mit der »selbstergreifenden Beschäftigung« gemeint gewesen sein könnte und wieso das deutsche Volk in eine »Grenzsituation« geraten ist, obwohl es doch den Juden an den Kragen ging. Aber für solche Überlegungen blieb keine Zeit angesichts der atemberaubenden Analyse des Holocaust im Anschluß an die Objektbeschreibung: »Es handelte sich nicht nur objektiv um Völkermord, sondern auch subjektiv um sechs Millionen einzelne Morde an menschlichen Geschöpfen mit je einzigartiger Persönlichkeit.« Diese sensationelle Einsicht sollte durch einen 76 auf 76 Meter großen Innenhof konkretisiert werden, »der mit sechs Millionen weißer Glasscherben bedeckt ist«. Beim Projekt Nr. 1409 würde »der gesamte Platz anthropomorph gewissermaßen als Schädeldecke gesehen«, jeder einzelne Name aller bekannten Opfer sollte »unauslöschbar in die granitene Gehirnrinde eines Menschheitsgedächtnisses eingeritzt werden«. Während beim Projekt Nr. 1017, einem 100 Meter langen und 20 Meter hohen »Architekturkörper«, an ein untergegangenes Schiff erinnernd, jeder Besucher »den Namen eines ermordeten Juden« auf eine Tafel im Eingangsbereich schreiben müßte. Projekt Nr. 1306 (»Das Denkmal als Prozeß«) wies »Generationen von Deutschen« eine Aufgabe zu: »Über eine unendlich lange Zeit gegen das Vergessen anzuarbeiten«. Zu diesem Zweck sollten in 441 jeweils 15 Meter hohe Steinsäulen die Namen der sechs Millionen »geschlagen« werden.

Jeder Therapeut, der mit Verhaltensgestörten arbeitet, weiß um die beruhigende Wirkung von Bastelarbeiten. Auch schwer erziehbare Jugendliche können durch manuelle Tätigkeiten positiv beeinflußt werden. Ähnliches scheint für größere Kollektive zu gelten, die plötzlich von Furcht vor sich selber befallen werden und nach einem symbolischen Ausweg aus einer »Grenzsituation« suchen. Die »selbstergreifende Beschäftigung mit dem Unbegreiflichen und Unfaßbaren« führt nicht zu einem Mehr an Erkenntnis, sondern nur zu einem Weniger an schlechtem Gewissen, weil man ja so redlich versucht, sich dem Unbegreiflichen und Unfaßbaren zu nähern. Stolz weist Lea Rosh darauf hin, daß es sich um »ein Projekt von unten, ein Denkmal der Bürgerinnen und Bürger«, handelt und daß zum ersten Mal »der Staat sich der Idee einer Bürgerinitiative angeschlossen und sie zu seiner eigenen Sache gemacht hat«. Dabei zeigen die Bürger, daß sie zu ebenso originellen Vorschlägen in der Lage sind, wie es der Staat war, als er die Voraussetzungen für das Wirken der Denkmal-Initiativen schuf. Eine Künstlergruppe möchte ein Mahnmal aus Kämmen bauen, die von den Besuchern eingesammelt werden. Das Projekt wird »auf fünf bis zehn Jahre geschätzt« und erfordert »vier bis fünf ständige Mitarbeiter«, fur die ABM-Stellen »denkbar wären«.

Die Gruppe »Zwölf Millionen Augen« will auf dem Gelände »ein großes Gebäude mit dem Umriß Europas« errichten. In das Dach sollen zwölf Millionen augengroße Löcher gebohrt werden. Die Gruppe »Denkmal und Platz für Trauerarbeit« hat einen Davidstern von 120 Meter Durchmesser entworfen, der in einem runden Wasserbecken schwimmt und auf dessen »begehbarer Oberfläche symbolische Strukturen aufgestellt« würden, u. a. ein gespaltenes Herz. Im Untergeschoß befinden sich drei »Trauerarbeitsplätze« für Ausstellungen, multikulturelle Ereignisse und multimediale Vorführungen. Das Denkmal sieht wie eine gigantische Bonbonniere aus und soll im Falle der Realisierung 33 Millionen DM kosten. Beinah noch origineller ist das einem Riesenrad nachgebaute Mahnmal, an dem statt Gondeln sechzehn Güterwaggons hängen. »Es bewegt sich bewußt provokativ im Spannungsfeld zwischen Hoffen und Hoffnungslosigkeit, zwischen Volksfest und Volksvernichtung.« Ein anderer Provokateur möchte das Brandenburger Tor abreißen, die Steine pulverisieren und den Staub auf dem für das Mahnmal vorgesehenen Gelände zerstreuen, »so wie die Asche der Ermordeten zerstreut wurde«.

Solche Vorschläge erledigen sich nicht dadurch, daß sie unter »ferner liefen« abgelegt wurden. In ihnen kommt, wenn auch ästhetisch unbeholfen, die gleiche Mentalität zum Ausdruck, die auch die prämiierten Entwürfe auszeichnet: Alles ist erlaubt, wenn es nur dem guten Zweck dient, die Größe des Verbrechens symbolisch abzubilden. So wurde von der Jury ein Entwurf lobend erwähnt, der jedem Super-Gau widerstehen würde: ein 4000 (viertausend!) Tonnen schwerer Eisenblock in einem Salzsee, der erst in 40 000 (vierzigtausend!) Jahren erste Korrosionsschäden zeigen wird. Dermaßen langfristige Voraussagen mochten nicht einmal die Verwalter des Tausendjährigen Reiches riskieren.

Es scheint, als wollten die Organisatoren und Teilnehmer des Wettbewerbs um das Denkmal für die ermordeten Juden Europas sagen: »Den Holocaust macht uns keiner nach, seine Bewältigung auch nicht!« Und weil zu einer selbstbewußten Nation viele Wege führen, haben die Hoch- und Deutschmeister der organisierten Trauerarbeit unter der Führung von Lea Rosh und Walter Jens ihr Projekt zu einer gemeinschaftsstiftenden Aufgabe erklärt. Länder, Städte und Gemeinden, Stiftungen, Parteien, Gewerkschaften, Wirtschaftsunternehmen und Kirchen sollen angesprochen, »Prominente aus verschiedenen Bereichen als Multiplikatoren und Sammler in die Aktion eingebunden werden«. Das ZDF hat kostenlos einen Spot zum Spendenaufruf produziert, den 21 Sender kostenlos ausstrahlen wollen, Bertelsmann bot sich an, kostenlos fünf Millionen Prospekte zu drucken, das nötige Papier wurde von großen Firmen kostenlos geliefert. Zeitungen und Zeitschriften stellten kostenlos Anzeigenraum zur Verfügung, die Landesbank Berlin hat kostenlos eine Million Überweisungsaufträge gedruckt und in der ganzen Republik kostenlos an Banken und Sparkassen verteilt. Daniel Barenboim hat sich bereit erklärt, kostenlos bei einer Benefiz-Gala mit der Staatskapelle Berlin in der Deutschen Staatsoper mitzuwirken. Leider mußte das Ereignis kurzfristig und kostenlos »aus organisatorischen Gründen« abgesagt werden. Seit den Tagen der Winterhilfe hat es ein solches Projekt, bei dem das ganze deutsche Volk zum Mitmachen aufgerufen wird, nicht mehr gegeben.

Und die sechs Millionen ermordeter Juden, denen das Denkmal gelten soll, können in dem Bewußtsein ruhen, daß ihr Tod zwar vergebens, aber nicht ganz umsonst war.

Noch'n Wettbewerb

Kaum hatten wir den Schock des Berliner Wettbewerbs für ein Mahnmal zur Erinnerung an den Holocaust überstanden, mußten wir uns schon wieder mit einem Preisausschreiben und seinen Ergebnissen beschäftigen. Das wurde diesmal in Bonn ausgerichtet, damit die alte Bundeshauptstadt zeigen konnte, daß sie mit der neuen Schritt halten werde.

500 Werbeagenturen aus dem ganzen Bundesgebiet beteiligten sich an der Suche nach einem Slogan, mit dem der Bundesverband deutscher Zeitungsverleger für seine Kampagne »Miteinander reden« werben wollte. Eine fünfköpfige Jury prämiierte als besten Spruch einen Reim aus acht Worten:

> Mit Jürgen, mit Luden,
> mit Türken und Juden.

Nun sind wir, was Originalität und Kreativität angeht, von der Werbung einiges gewöhnt: die Schriftstellerin, die für Tampons das Wort ergreift, die Nonne, die einen Leihwagen mit einer Kreditkarte mietet, die Affen, die für eine Automarke singen. Dieser Satz aber: »Mit Jürgen, mit Luden, mit Türken und Juden«, hat eine überraschend einfache Struktur und dennoch eine große Überzeugungskraft. Endlich sagt uns jemand klipp und klar, mit wem wir reden sollten, mit Jürgen, mit Luden, mit Türken und mit Juden. Das ist nicht nur eine Auf-, es ist auch eine Herausforderung.

Einen Türken ins Gespräch zu verwickeln dürfte nicht allzu schwer sein. Wir müßten uns nur dazu bequemen, einen der vielen Kulturvereine zu besuchen, vor denen bärtige Männer hocken und Tee aus kleinen Gläsern schlürfen. Auch einen Juden zu finden ist nicht unmöglich, obwohl deren Bestand in diesem Land arg reduziert wurde. Notfalls stehen uns ersatzweise Lea Rosh und Markus Wolf zur Verfügung. Doch wo stehen Luden, Zuhälter, zu einem Gespräch bereit? Woran erkennen wir sie? Und wer ist Jürgen? Ist es der Politiker Jürgen Möllemann, der Weltreisende Jürgen Wischnewski oder der Schauspieler Jürgen Prochnow? Und was sollen wir tun, wenn Jürgen mit uns nicht reden möchte, weil er sich lieber mit Luden, Türken und Juden unterhält? So macht uns die Aufforderung ein wenig ratlos.

Gern würden wir den Bundesverband der Zeitungsverleger um Aufklärung bitten, wenn der nicht inzwischen gekniffen und den preisgekrönten Slogan zurückgezogen hätte. Er sei gut gemeint, aber nicht gut gewesen.

Bye, Bye, Jürgen, beim nächsten Wettbewerb zur deutschen Geschichte bekommst du wieder eine Chance!

UND DER SCHMÄH ZUM SCHLUSS

Der Club des toten Dichters

Im Jahre 1921 kam Erich Fried in Wien zur Welt. 1938 mußte er seine Heimatstadt verlassen, nachdem ein österreichischer Nationalsozialist seinen Vater zu Tode geprügelt hatte. Der junge Fried ging nach London, wo er für die BBC antikommunistische Kommentare schrieb, bevor er ein Dichter wurde, den vor allem deutsche Linke heftig verehrten. Nach seinem Tod, 1988, wurde Fried nach Wien heimgeholt, als Namensgeber der Wiener »Internationalen Gesellschaft für Literatur und Sprache«. Seitdem wird der tote Poet auch in seiner Geburtsstadt geschätzt und gewürdigt. Zweimal im Jahr kommt ein erlauchter Kreis älterer bis betagter Herrschaften zusammen, um in Erinnerung an Erich Fried ein paar schöne Tage an der Donau zu verbringen. Der Club des toten Dichters hat eine Geschäftsstelle, einen Vorstand, ein Präsidium, ein Kuratorium, einen Generalsekretär; er organisiert einmal im Jahr ein Symposion, verleiht jährlich den Erich-Fried-Preis und gibt für sich und seine Aktivitäten rund zwei Millionen Schilling aus, die von der österreichischen Regierung zusammen mit der Stadt Wien bereitgestellt werden.

Der Anstoß zur Gründung der Erich-Fried-Gesellschaft kam vom Hamburger Kurt Groenewold, einem umgänglichen und tüchtigen Rechtsanwalt, der die Interessen seiner Mandanten noch über deren Tod hinaus vertritt. Groenewold ist nicht nur Frieds Testamentsvollstrecker und Nachlaßverwalter, er war mit dem Dichter auch eng befreundet.

Nach dem Tod von Fried bot er der Wiener Nationalbibliothek dessen Nachlaß an. Die Wiener zahlten an die Fried-Erben sieben Millionen Schilling und bekamen dafür mehr als 300 Kisten mit Fried-Materialien. Frieds Witwe und seine sechs Kinder waren damit versorgt. Doch Groenewold war das nicht genug. Er wollte »einen Preis und eine Stiftung auf den Namen von Fried« ins Leben rufen. Groenewold fuhr nach Wien, wo er den Agenten Michael Lewin traf, der schon zu Frieds Lebzeiten den Dichter betreut hatte. Zu dessen 65. Geburtstag brachte Lewin eine große Veranstaltung zuwege, an der, wie Groenewold noch immer voller Anerkennung betont, »sogar zwei österreichische Bundeskanzler teilnahmen«.

Zu dieser Zeit war Fried schon schwer krank, und auch der österreichischen Republik ging es nicht gut. Die Waldheim-Affäre hatte dem Ansehen des Landes geschadet. Die regierenden Sozialisten überlegten, wie sie den Image-Schaden beheben könnten. »Und da haben sie Fried als alten Mann sozusagen entdeckt«, sagt Groenewold, »er war für die Rolle des guten Österreichers wunderbar geeignet, weil er im Gegensatz zu Waldheim nicht die Kontinuität, sondern den Bruch in der Geschichte repräsentierte, weil er Jude war und weil er sich trotz allem als österreichischer Schriftsteller bezeichnete.«

Nach seinem Tod taugte Fried als Österreichs moralisches Feigenblatt noch besser als zu Lebzeiten. Groenewold rannte in Wien offene Türen ein. Schon bei der Trauerfeier für Fried, erinnert er sich, habe ihm die damalige Unterrichtsministerin Hilde Hawlicek bedeutet, »die Regierung sähe es gern, wenn wir eine Fried-Gesellschaft gründen würden, die sie dann unterstützen möchte«. Und so geschah es.

Am 22. November 1989, dem ersten Todestag von Erich Fried, wurde in Wien die Internationale Erich-Fried-Gesellschaft für Literatur und Sprache gegründet. Das Bundesministerium für Unterricht, Kunst und Sport verpflichtete sich, »den Grundbetrieb der Gesellschaft« zu sichern, die Republik Österreich stiftete den »Erich-Fried-Preis für Literatur und Sprache« im Wert von 200 000 Schilling, das Kulturamt der Stadt Wien versprach, alljährlich zum Todestag von Erich Fried ein Symposion durchzuführen. Gründungspräsident der Gesellschaft wurde, auf Vermittlung von Michael Lewin, der Tübinger Germanist Hans Mayer. Der wiederum warb seinen Freund Walter Jens an, und über den, so Groenewold, »kamen Leute wie Heiner Müller, Christa Wolf, Stephan Hermlin mit an Bord«. Bald schon konnte das neunzehnköpfige Präsidium der Erich-Fried-Gesellschaft stolz verkünden: »Das Präsidium vereinigt zahlreiche der prominentesten deutschsprachigen Schriftsteller und international bekannte Germanisten...«

Beim ersten Symposion der Erich-Fried-Gesellschaft im November 1990 zum Thema »Die Schriftsteller und die Restauration« gaben vor allem ein prominenter Schriftsteller und ein bekannter Germanist den Ton an: »Idee: Hans Mayer; Planung: Walter Jens und Hans Mayer«. Erst im Mai hatte Mayer als Juror den Erich-Fried-Preis an Christoph Hein verliehen und selbst die Erich-Fried-Ehrung für sein Lebenswerk in Empfang genommen. Nun, im November 1990, wurde im Foyer der Nationalbibliothek im Rahmen des Symposions die Ausstellung »Literarische Welt – Hans Mayer« zu Ehren des ersten Präsidenten der Erich-Fried-Gesellschaft eröffnet. Außerdem bekam Mayer für sein »Eintreten für die österreichische Literatur« das »Ehrenzeichen für Wissenschaft und Kunst«, während Jens der »Österreichische Staatspreis für Kulturpublizistik« verliehen wurde. Der Rhetor aus dem Schwabenland moderierte Diskussionen (»Ende der Humanität – Ende des Gespräches«) und hielt auch den Festvortrag bei der Abschlußveranstaltung über Sigmund Freud.

»Ein großer Erfolg«, jubelte die sozialistische »Arbeiterzeitung« und sparte nicht mit Superlativen: »fulminanter Vortrag« (von Jens), »fulminanter Beitrag zum Thema...« (von Adolf Muschg), »faszinierendste Lesung seit Frieds Tod...«,

»interessanteste Lyrik-Diskussion der letzten Jahre«, »brillant eingeleitet und moderiert...« (von Jens), »fulminantes Schlußwort...« (von Mayer). Wien und die österreichische Kultur, befand das regierungsnahe Blatt, hätten »einen gewaltigen Impuls erfahren«.

Dabei war es, gleich bei der Eröffnung des Symposions, zu einer fulminanten Peinlichkeit gekommen. Die Kulturstadträtin Ursula Pasterk stellte in ihrem Vortrag über »Literatur zwischen Restauration und Provokation« die rhetorische Frage: »...wie Erich Fried auf die Ereignisse und neuen Konstellationen reagiert, was er zu der praktisch mit Fall der Mauer einsetzenden Verfolgung von Künstlern und Intellektuellen gesagt hätte...« Den darauf folgenden Protesten begegnete die Stadträtin, wie in solchen Fällen üblich: Das Zitat sei aus dem Zusammenhang gerissen worden, um sie »in ein falsches Licht zu rücken«, immerhin habe sie über Ernst Bloch promoviert, der »seine Bücher in der DDR zurücklassen mußte«.

Hatte sich die Wiener Kulturstadträtin damit als eine Kennerin der Verhältnisse in der DDR vor und nach dem Fall der Mauer ausgewiesen, legte Hans Mayer die intellektuellen Parameter der aktuellen Debatte fest: »Diesmal müssen die Begriffe neu definiert werden: Was ist restaurativ, was ist provokativ, was ist links und was ist rechts«, nachdem er schon Monate vor dem Symposion die Ortswahl folgendermaßen begründet hatte: »Die Zusammenführung der kreativen und rezeptiven Kräfte ist heute nur in Wien möglich.«

Und so wurde in Wien zusammengeführt, was in der Bundesrepublik nicht zueinander finden konnte. Jens klagte über die »Bereitschaft in den deutschen Feuilletons, zu treten und nachzutreten«. Christa Wolf beschwerte sich über die »Demontage aller Werte der ehemaligen DDR«, warnte vor einer »Dämonisierung« der DDR und einer »Monstrosisierung« ihrer Einwohner. Indes Stephan Hermlin von der Harmonie der vergangenen Tage und seinem guten Verhältnis zur SED schwärmte: »Man ließ mich so sein, wie ich war und bin..., ein bürgerliches Element, ... man dachte im tiefsten Grund der Seele das gleiche ...«

Doch der verklärte Blick zurück in die Idylle realsozialistischer Tage kam in Wien nicht gut an. Mit Ausnahme der regierungsnahen »Arbeiterzeitung« und der kommunistischen »Volksstimme« ordneten die Wiener Zeitungen das erste Erich-Fried-Symposion als eine deutsche Skurrilität auf fremdem Boden ein. »Ost-Berlin in Wien«, schrieb die konservative »Presse«, während der liberale »Standard« sich darüber wunderte, »daß nicht ein einziger Schriftsteller dabei war, der schon vor der Wende die DDR verlassen hatte«. Dennoch hatten die Berichterstatter einigen Spaß an den kulturellen Exerzitien im Lande des Kaiserschmarrn. »Ab und zu wird es auch ein bißchen lustig, zum Beispiel, wenn Ernst Jandl zu Wort kommt oder sich Alfred Hrdlicka ein Schnäpschen einschenkt«, notierte der Reporter des »Standard«. »Dichterfürsten aus einem Land, das es nicht mehr gibt, versammeln sich im Namen eines Dichters, den es ebenfalls nicht mehr gibt«, räsonierte der Kommentator der »Presse«, und: »Nirgendwo lieber hört und bezahlt man heute Wehklagegesänge über die ›Restauration‹ der bürgerlichen Gesellschaft in Ostdeutschland als hier, wo man sozialistische Kunst gelernt hat, ohne eine sozialistische Gesellschaft zu überleben ...«

Die gleiche Art von Entschlossenheit, sich in einer virtuellen Wirklichkeit eine Nische einzurichten, demonstrierte Walter Jens, als er am Ende des ersten Erich-Fried-Symposions in einem Interview gegen den »Rausch der Wiedervereinigung«, die soeben stattgefunden hatte, das Wort ergriff. Eine Wiedervereinigung Deutschlands sei, so Jens, »unmöglich, weil es das alte Deutschland nicht mehr gibt – das hat in Auschwitz Selbstmord begangen«.

Die Frage, wer wirklich in Auschwitz zu Tode gekommen ist, hätte auch für eines der folgenden Symposien der Erich-Fried-Gesellschaft getaugt, wenn die Organisatoren sich nicht für andere relevante Themen entschieden hätten:

»Herrschaft–Gewalt–Toleranz« (1991), »Wir und die anderen« (1992), »Ausklang der Utopien« (1993), »Wieviel Heimat braucht der Mensch« (1994), knifflige Denksportaufgaben, die in den sozialwissenschaftlichen Proseminaren der Gesamthochschule Oldenburg bereits ausführlich behandelt worden sind.

Entsprechend der vom Präsidium ausgegebenen Losung »Das Zentrum der Gesellschaft ist das Präsidium« wurde ein in sich geschlossenes System der personellen Fluktuation entwickelt, das an das alte arbeitsteilige Rollenspiel von ZK, Politbüro und Regierung in den Volksdemokratien erinnert. Bis auf die Kassiererin gehören alle Mitglieder des Vorstands (Vorsitzender: RA Groenewold) dem inzwischen auf 33 Köpfe angeschwollenen Präsidium an. Das dreiköpfige Kuratorium (Vorsitzender: RA Groenewold), das die Juroren ernennt, die den Erich-Fried-Preis vergeben, findet sich ebenfalls im Präsidium wieder. Die bis jetzt sechs Juroren und damit zugleich Träger der Erich-Fried-Ehrung, die mit dem Erich-Fried-Preis vergeben wird, tauchen ebenfalls als Präsiden auf. Damit nicht genug: Von den sechs Empfängern des Erich-Fried-Preises wurden drei ins Präsidium berufen, zuletzt der fünfzigjährige Dichter Robert Schindel, ein Wiener Ortsguru, dessen Zuwahl inoffiziell damit begründet wurde, daß man das Durchschnittsalter der Präsiden unter siebzig Jahre drücken wolle. Präsidentin des Präsidiums ist zur Zeit Inge Jens, deren Ehemann Walter Jens zu den Gründern der Gesellschaft gehört und ebenfalls im Präsidium sitzt. Es hat seine innere Logik, daß bei der Durchsicht der »Chronik der bisherigen Geschichte der Erich-Fried-Gesellschaft« bestimmte Namen immer wieder in wechselnden Konstellationen auftauchen. Mal leitet Inge Jens eine Diskussion, an der Walter Jens teilnimmt, mal hält Hans Mayer einen Vortrag, zu dem Walter Jens die Einführung gibt, mal beteiligt sich Walter Jens an einer Diskussion, die von Hans Mayer eingeleitet wird. Der Höhepunkt der Abwechslung ist erreicht, wenn sich Alfred Hrdlicka und sein Manager Michael

Lewin, zugleich Generalsekretär der Gesellschaft, zu einem öffentlichen Gespräch über »Erich Fried heute« zusammensetzen.

Damit man aber nicht ganz unter sich bleibt, werden zu den Symposien auch Gäste eingeladen: Horst-Eberhard Richter und Hans Küng, Durs Grünbein und Cees Nooteboom, Lord Weidenfeld und Josef Haslinger. Und wenn im Anschluß an die Verleihung des Erich-Fried-Preises an Robert Schindel durch Walter Jens (im Mai) nämlicher Walter Jens das österreichische Ehrenzeichen für Wissenschaft und Kunst von Minister Scholten verliehen bekommt, das Hans Mayer ein Jahr zuvor bereits bekommen hat, dann freuen sich alle Teilnehmer der Feier schon auf ein Wiedersehen (im November), wenn die Ausstellung »Walter Jens – Dokumente & Fotografien« eröffnet wird – mit Grußworten von Michael Lewin und Alfred Hrdlicka, versteht sich.

Die »Chronik der bisherigen Geschichte der Erich-Fried-Gesellschaft« vermerkt auch solch wichtige Ereignisse wie die »Herbsttagung des Präsidiums im Teesalon der Wiener Oper, Bundeskanzler Vranitzky und Staatsoperndirektor Holender besuchen das Präsidium«, »Besuch des Präsidiums bei Bundeskanzler Vranitzky in der Hofburg« und »Veranstaltung für Hans Mayer im Akademietheater mit zahlreichen Mitgliedern des Präsidiums«. Kommen bei solchen Anlässen die Spitzen der Gesellschaft in fröhlich-entspannter Atmosphäre zusammen, so leidet der akademische Teil des Programms an einer gewissen Betulichkeit. »Als hätten professionelle Konfliktverhüter Regie geführt«, fühlte sich der Reporter der »FAZ« »an die Generalversammlung einer imaginären Loge zur Eintracht« erinnert und war »schon dankbar, wenn sich Ernst Jandl über ein ihn irritierendes Komma im Text eines Kollegen sanft erregte...«

Zwischen dem Teesalon der Wiener Oper und dem Amtszimmer von Bundeskanzler Vranitzky finden die Teilnehmer und Gäste der Symposien und Preisverleihungen die Muße, über sich und die Welt nachzudenken. Dabei kommen sie zu überraschenden Einsichten. Auf die harmlose Frage nach der Krise der ostdeutschen Literatur antwortete Hans Mayer mit einer prinzipiellen Klarstellung: »Die Frage, was jetzt die DDR-Autoren machen, wo die Utopien gescheitert sind, ist sicher falsch gestellt. Schon, weil es nicht die Utopien waren, die da gescheitert sind.«

Ähnlich sieht es auch Mayers Jugendfreund, der Schriftsteller Stephan Hermlin. Beim Symposion der Erich-Fried-Gesellschaft im November 1994 machte er den Vorschlag, den Club des toten Dichters zur Kernzelle einer neuen »Volksfront gegen Rechts« auszubauen. »Da haben alle die Augen weit aufgerissen«, erinnert sich Kurt Groenewold. Aber keiner hat was gesagt. Und niemand hat gelacht.

Die ganze Sache ist so komisch, wie es eine Wiener Posse, die mit deutschen »Exilanten« aufgeführt wird, nur sein kann. In Wien halten Minister und Stadträte noch immer vor Ehrfurcht den Atem an, wenn »Autoren und Wissenschaftler« in die Stadt kommen, »deren Rang und Bedeutung durch zahlreiche Preise und sonstige Auszeichnungen ausgewiesen ist«, auch wenn sie sich die Preise und Auszeichnungen gegenseitig verleihen. Da werden die autoritären Eitelkeiten emeritierter Größen des Kulturbetriebs aufmerksam bedient, da wird den Zelebritäten noch der Respekt gezollt, auf den sie einen quasi naturrechtlichen Anspruch haben. Da lassen sich die Kulturverwalter den Spaß, Wien für ein paar Tage zur »Literaturhauptstadt« (»Arbeiterzeitung«) zu ernennen, einiges kosten: rund 1,1 Millionen Schilling für den Unterhalt der Erich-Fried-Gesellschaft, 200 000 Schilling für den Erich-Fried-Preis und fast 600 000 für das alljährliche Symposion. Ein erheblicher Teil des Geldes wird, laut Groenewold, dafür ausgegeben, Mitglieder des Präsidiums zweimal im Jahr – zur Preisverleihung im Frühjahr und zum Symposion im Herbst – nach Wien zu bringen und standesgemäß zu versorgen. »Es geht nicht anders«, sagt ein Mitglied des Präsidiums, »wenn Sie große Namen haben wollen, müssen Sie den Leuten etwas bieten, zumindest einen Aufenthalt im

Hotel Sacher«, wobei die Präsiden, wie Groenewold betont, »für ihre Mahlzeiten selbst aufkommen«.

Am 2. April 1995 bekam die Ostberliner Autorin Elke Erb den Erich-Fried-Preis verliehen. Sie wurde von Friederike Mayröcker ausgewählt, die ihrerseits die »Erich-Fried-Ehrung«, eine von Alfred Hrdlicka gestaltete Mini-Plastik, entgegennahm. Friederike Mayröcker hielt auch die Laudatio auf Elke Erb. Die Damen kannten sich bereits. Beim vierten Erich-Fried-Symposion 1993 wurde Friederike Mayröcker von Elke Erb »eingeführt«.

So wurde es wieder eine Familienfeier. Und wie es sich für eine ordentliche Familienfeier gehört, war auch ein schwarzes Schaf dabei: Michael Lewin, langjähriger Generalsekretär der Erich-Fried-Gesellschaft, gewesener Betreuer von Erich Fried, langjähriger Adlatus von Alfred Hrdlicka.

Kurz zuvor stand Lewin in Wien vor dem Landesgericht. Er war angeklagt, 187 000 Schilling veruntreut zu haben: Tantiemen, die dem Psychiater und Erfolgsautor Erwin Ringel zustanden, den Lewin eine Weile betreut hatte. Der Manager wurde vom Vorwurf der Veruntreuung freigesprochen, das Gericht folgte Lewins Einlassung, das Geld wäre »irrtümlich« auf seinem Konto gelandet, ohne daß er es gemerkt hätte. Allerdings wurde Lewin zu drei Monaten Haft auf Bewährung wegen »fahrlässiger Krida« verurteilt, einer recht populären Besonderheit des österreichischen Geschäftslebens: Herbeiführung der eigenen Zahlungsunfähigkeit. Das Gericht stellte fest, Lewin wäre eigentlich schon seit 1990 zahlungsunfähig und aufgrund von »Exekutionen und Konkursanträgen« nicht geschäftsfähig. Doch hat dies niemand gemerkt. Auch nicht der Vorstand und das Präsidium der Erich-Fried-Gesellschaft, obwohl die Gesellschaft ihren Sitz in Lewins Wohnung hat, wofür sie dem »Generalsekretär« eine Büropauschale und ein Salär von monatlich 40 000 Schilling überwies, im Jahr 480 000 Schilling, rund die Hälfte der vom zuständigen Unterrichtsministerium bezahlten »Grundsubvention« für den Unterhalt der Gesellschaft.

Wer am späten Nachmittag eine der drei Telefonnummern der Erich-Fried-Gesellschaft anruft, dem teilt ein Anrufbeantworter mit, er habe die »Theateragentur Kursidem, das Künstlermanagement Lewin und die Internationale Erich-Fried-Gesellschaft« erreicht. Tagsüber meldet sich eine Frauenstimme, als »Erich-Fried-Gesellschaft« auf Nummer eins, als »Theateragentur« auf Nummer zwei und drei.

Michael Lewin, »ein Genie im Organisieren« (Kurt Groenewold), trat als Generalsekretär der Erich-Fried-Gesellschaft im Herbst 1993, nach vierjähriger Amtszeit, zurück. Bald darauf wurde er in das Präsidium der Gesellschaft gewählt – »wegen seiner großen Verdienste um die Erich-Fried-Gesellschaft«, wie es Rechtsanwalt Kurt Groenewold, Mitglied des Präsidiums, Vorsitzender des Vorstands und des Kuratoriums der ehrenwerten Vereinigung, vortrefflich formuliert.

Der Eurostalinist

Wieder tritt ein großer Österreicher an, die Deutschen Mores zu lehren. Am 24. November 1994 erschien in der Zeitung »Neues Deutschland«, die vor kurzem noch das Organ der SED war und heute das Organ der PDS ist, ein »Offener Brief an Wolf Biermann« von Alfred Hrdlicka. In diesem Dokument lesen wir unter anderem: »Ich wünsche Dir die Nürnberger Gesetze an den Hals, Du angepaßter Trottel!«

Warum wünscht ein erklärtermaßen linker, antifaschistischer österreichischer Künstler, der das andere, das bessere Österreich verkörpert, einem deutschen Künstler, dessen jüdischer Vater von den Nazis ermordet wurde, die Nürnberger Gesetze »an den Hals«, fünfzig Jahre nachdem eben diese Gesetze außer Kraft gesetzt worden sind? Der äußere Anlaß hat mit den Nachwehen der Wiedervereinigung zu tun. Biermann hatte sich in einem dpa-Gespräch überaus abfällig über das Zugpferd der PDS, Gregor Gysi, und den Alterspräsidenten des Bundestages, Stefan Heym, geäußert, der für die PDS in den Bundestag gewählt wurde. Gysi, der von seinen ehemaligen Mandanten beschuldigt wird, mit der Stasi zusammengearbeitet zu haben, nannte er »einen Verbrecher«, Heym, der aus Angst um seine Westreisen Robert Havemann nicht helfen wollte, als dieser von der Stasi drangsaliert wurde, einen »Feigling«. Das war nicht gerade fein, aber wer Biermann kennt, der weiß, daß er eine klare Sprache spricht und am Ende mit seinen derben Werturteilen – wie im Falle von Sascha »Arschloch« Anderson – recht behält. Daraufhin sprang Hrdlicka mit einem »Offenen Brief« Gysi und Heym zur Seite und Biermann ins Genick.

Nun gibt es keinen Grund, warum sich ein österreichischer Bürger nicht in eine deutsche Debatte einmischen sollte, zumal wenn es sich um einen Künstler handelt, der sich selbst als einen »Eurostalinisten« bezeichnet und damit sein Wirkungsgebiet geographisch klar umrissen hat. Es gibt auch keinen Grund, warum man Biermann nicht widersprechen sollte, und sei es nur, um die Debatte zu beleben. Die Frage ist nur, warum es Hrdlicka nicht gereicht hat, Biermann als »Arschkriecher, Trottel, angepaßten Trottel, Opportunisten, Schwachkopf, Volltrottel« zu bezeichnen, warum er nicht umhin konnte, Biermann zuzurufen: »Ich wünsche Dir die Nürnberger Gesetze an den Hals...!«

Hrdlicka weiß, daß mit den Nürnberger Gesetzen der größte Massenmord der neueren Geschichte seinen Anfang nahm. Er weiß auch, daß die »Gesetze« keine waren, sondern nur eine legalistische Umschreibung für staatlichen Terror. Und er weiß um die Folgen dieser Gesetze im judenfreien Deutschland und judenfreien Österreich, wo neben vielen anderen Monumenten der Heuchelei auch ein Mahnmal zur Erinnerung an die ermordeten Juden steht, das Hrdlicka gestaltet hat. Was hat den fortschrittlichen Künstler Hrdlicka, der mit jedem Hammerschlag ein antifaschistisches Bekenntnis ablegt, dazu gebracht, dem Sturmbannführer in sich freien Lauf zu lassen?

Die Frage wäre müßig und keiner Erörterung wert, wenn Hrdlicka nur für Hrdlicka stünde und nicht für ein ganzes Milieu, das mit seiner eigenen Lebenslüge konfrontiert wird und damit nicht fertig wird. Hrdlicka und Genossen haben den Zusammenbruch des totalitären Staatssozialismus unbeschadet überstanden, das alte System ist dahin, doch seine westlichen Protagonisten machen weiter, als wäre nichts passiert. Die Sympathien vieler linker Künstler fürs Totalitäre lassen sich leicht erklären: In einem solchen System wären sie, wie die geschätzten Kollegen in der DDR und der SU, vom Staat unterhalten worden, während sie in dem von ihnen so verachteten Kapitalismus um Marktanteile kämpfen mußten, was viele verbitterte, auch wenn sie mit Aufträgen, Preisen und Ehrungen bedacht wurden. Sie sehnten sich nach der starken, fördernden Hand des Staates und waren deswegen so glühende Anhänger des Realsozialismus, wo noch der mittelmäßigste Künstler vom Staat ausgehalten wurde, solange er sich keine eigenen Gedanken erlaubte. Dabei verwechselten viele Haltung mit Pose, wie Hrdlicka, dem die Proteste einiger Spießer reichten, um sich selbst a) vom hohen künstlerischen Gehalt seiner Arbeiten und b) von ihrem antifaschistischen Gebrauchswert zu überzeugen. Und so, wie er den fortschrittlichen Künstler spielte, spielt er den vitalen Berserker, ein blödes Klischee durch ein zweites ergänzend.

Hrdlickas Haß auf Biermann hat noch einen sehr realen Grund. Auch Biermann hat an den Sozialismus geglaubt und noch nach seinem Rausschmiß aus der DDR dem ersten deutschen Arbeiter- und Bauernstaat die Treue gehalten. Doch hat sich Biermann von seiner Lebenslüge verabschiedet und öffentlich darüber nachgedacht, wie und warum er ihr verfallen konnte. Für einen verbohrten Dogmatiker wie Hrdlicka ist das eine unerträgliche Provokation, weswegen er Biermann vorwirft, er würde sich »an die Mächtigen, an die Herrschenden« anbiedern, was Hrdlicka selber zu gern täte, wenn es nur die richtigen Mächtigen, die richtigen Herrschenden wären.

Würde Jörg Haider oder Franz Schönhuber irgend jemandem »die Nürnberger Rassengesetze an den Hals« wünschen, gäbe es einen Aufschrei der Empörung im ganzen Land. Im Falle von Hrdlicka hat sich niemand aufgeregt. Denn hier hat sich ein fortschrittlicher Künstler in einer linken Zeitung geäußert, die sich immerzu auf ihre »antifaschistische Tradition« beruft, die ungefähr so antifaschistisch ist, wie die DDR demokratisch war. Ein totalitärer Kopf hat sich in einem totalitären Organ ausgekotzt. Hrdlickas »Ich wünsche Dir die Nürnberger Rassengesetze an den Hals!« unterscheidet sich um kein Milligramm von dem »Dich haben sie vergessen zu vergasen!«, das besoffene Neonazis grölen, wenn sie einen »Itzik« auf der Straße sehen. Die linken Antifaschisten sind so lange Antifaschisten, wie sie sich von keinem Juden provoziert fühlen. Danach lassen sie das Anti fallen und finden zu sich selbst zurück.

Wir wünschen Alfred Hrdlicka nichts »an den Hals«. Nur sein Mahnmal für die verfolgten Wiener Juden sollte sofort abgeräumt werden. Sie sind genug verhöhnt worden und brauchen sich nicht von einem linken Nazi post mortem weiter verhöhnen zu lassen.

Doch das wäre für Wien und die Wiener eine zu einfache Lösung gewesen. Man ist ja Opfer und Täter zugleich, wurde von Nazis überfallen, hat sich aber mit vielen Fachkräften am Projekt der Endlösung beteiligt und deswegen ein Recht auf Ambivalenz erworben. Zudem möchten die Wiener den Anblick eines in Metall gegossenen, die Straße schrubbenden Juden nicht missen, auch wenn sie die Skulptur als signierte Tischminiatur in einer Kunst-Galerie erwerben können. So verfiel man auf eine Lösung, die so wienerisch ist wie der Fiaker, der Stephansdom und das Café Demel zusammengenommen: Hrdlickas »Denkmal gegen Krieg und Faschismus« bleibt, wo es ist, auf dem Albertina-Platz hinter der Staatsoper, und ein zweites Mahnmal muß her, eines »für die jüdischen Opfer des Naziregimes in Österreich 1938–1945«, am Judenplatz, nur ein paar Gehminuten von Hrdlickas Ensemble. Ein Wettbewerb wurde ausgeschrieben und im April 1996 der Sieger gekürt: die britische Bildhauerin Rachel Whiteread mit ihrer »namenlosen Bibliothek«. Der Quader aus Stahlbeton, sieben mal zehn Meter groß und vier Meter hoch, soll schon zum Jahrestag der Kristallnacht im November 1996 eingeweiht werden.

Und dann werden die Wiener Tauben gleich zwei Mahnmale haben, die sie im Tiefflug zuscheißen können.

Das letzte Gefecht

Wir sind noch einmal mit dem Schrecken davongekommen. Die deutsche Fußballmannschaft wurde knapp, aber verdient Europameister. Stefan Heym hat sein Bundestagsmandat vor Ablauf der Legislaturperiode zurückgegeben. Axel Schulz wurde nicht Weltmeister. Der Bundestag hat das Ladenschlußgesetz reformiert, es bleibt aber vorerst alles, wie es war. Alice Schwarzer hat Gräfin Dönhoff ein Denkmal gesetzt, andersrum wär's noch schlimmer. Mit dem Bau des Berliner Mahnmals soll frühestens 1999 begonnen werden. Werner Schneyder hat verbindlich versprochen, nie wieder als Kabarettist aufzutreten. Hans Herrmann Tiedje kümmert sich um Alexander Schalck-Golodkowski und verschont die Kioske mit seinen Produkten. Ingo Hasselbach hält sich an einem sicheren Ort versteckt. Antje Vollmer und Friedrich Schorlemmer haben in diesem Jahr keinen Preis erhalten, ihr gemeinsamer Aufruf »Pastoren in die Produktion« fand nur im östlichen Mecklenburg-Vorpommern eine bescheidene Resonanz. Gerhard Schröder hat sich schneller als erwartet von der jahrelangen Tofu-Tortur erholt. Und Lufthansa-Chef Jürgen Weber hat alle Gerüchte dementiert, die LH wolle mit ihrer Betriebszentrale in ein Billiglohn-Land umziehen: »Wir können schließlich nicht den innerdeutschen Flugverkehr nach China verlagern.«

Wir können also beruhigt aufatmen, die Tagesgeschäfte den von uns gewählten Repräsentanten überlassen und uns den eigentlich wichtigen Dingen des Lebens widmen. Zum

Beispiel der Frage, warum nur so wenige Menschen Amok laufen. Wie kommt es, daß nur ganz selten ein Bürger oder eine Bürgerin auf dem Postamt, im Supermarkt, auf der Autobahn oder in der Bahn durchdreht, etwa so wie Michael Douglas in dem Film »Falling down«, als er seinen Wagen mitten im Stau stehenläßt, anschließend einen Lebensmittelladen demoliert, weil dessen Besitzer einen Wucherpreis für eine Dose Coca-Cola verlangt, und ein Hamburger-Restaurant zusammenknallt, weil man ihm nach 11 Uhr kein Frühstück mehr servieren will. Ich mag der Gewalt nicht das Wort reden, aber es kommt immer öfter vor, daß ich mein Abitur gegen eine solide Ausbildung im Kickboxen eintauschen möchte.

So während einer Zugfahrt von Hamm in Westfalen nach Berlin. Ich hatte eine Intercity-Karte der 1. Klasse gelöst und eine ganze Tasche mit Unterlagen bei mir, die ich auf der Fahrt durcharbeiten wollte. Doch statt des regulären Intercity, der irgendwo mit Motorschaden auf der Strecke liegengeblieben war, kam ein Ersatzzug in Hamm an – vier kläglich Waggons der 2. Klasse, total überfüllt mit genervten Reisenden. Ich quetschte mich dazu und überlegte, wieviel Schmerzensgeld mir die Deutsche Bahn AG für diese Art der Beförderung anbieten würde. Noch bevor ich mit meinen Überlegungen fertig war, kamen zwei Fahrkartenkontrolleure vorbei, um zu überpüfen, ob sich niemand ohne Karte, sozusagen aus purer Lust am Reisen, in den Zug geschmuggelt hatte. Ich schwöre es, beim letzten Mitropa-Brötchen: Während die Reisenden in den Gängen standen und einige versuchten, einen Platz in der Gepäckablage zu finden, kontrollierten die Kontrolleure seelenruhig die Fahrausweise.

Statt Getränke, Schokoriegel und Erfrischungstücher zu verteilen und um Vergebung für die Unfähigkeit der Bahn zu bitten, eine dem Preis angemessene Leistung anzubieten, machten sie Dienst nach Vorschrift. In Berlin angekommen, ließ ich mir den Differenzbetrag zwischen dem Ticket 1. Klasse, das ich gekauft hatte, und dem Ticket 2. Klasse, das für diese Art von Transport ausreichend gewesen wäre, erstatten. Diese Prozedur dauerte eine Viertelstunde, und am Ende hatte ich das Gefühl, als müßte ich der Deutschen Bahn AG dafür dankbar sein, daß sie mir keinen Erlebniszuschlag berechnet hat.

Niemand haftet für Pannen dieser Art. Es macht der Bundesbahn nichts aus, den Reisenden eine Reise zu vermiesen. Mit dem Kauf eines Tickets wird offenbar ein Vertrag abgeschlossen, der die Deutsche Bahn AG nur verpflichtet, guten Willen zu zeigen und die Radlager zu ölen. Doch wehe, wenn einer auf der Strecke zwischen Hückeswagen und Gummersbach beim Schwarzfahren erwischt wird! Dann trifft ihn die ganze Härte der Allgemeinen Beförderungsbedingungen, dann merkt er, was für einen großen Wert die Deutsche Bahn AG auf korrektes Verhalten legt – der Reisenden, nicht ihr eigenes.

Solche Geschichten passieren täglich, überall, en gros und en detail. Mal sind Hunderte von Passagieren betroffen, mal nur wenige. Eine Maschine der Lufthansa, die um 9.45 Uhr von Berlin-Tegel nach Paris fliegen sollte, flog mit über drei Stunden Verspätung ab. Es gab keinen Maschinenschaden, der Flughafen war nicht gesperrt, es war alles in bester Ordnung, nur kam die Maschine aus Brüssel angeflogen, über Tegel lag leichter Nebel, und der Pilot hatte – aufgepaßt! –, der Pilot hatte keine Lizenz für Schlechtwetterlandungen. Also mußte die Maschine so lange über Berlin kreisen, bis sich das Wetter der Lizenz des Piloten für Schönwetterlandungen angepaßt hatte.

Nachdem mich der Stationsleiter über den Grund der Verspätung aufgeklärt hatte, fragte ich ihn, ob es nicht eine gute Idee wäre, Piloten zu beschäftigen, die bei jedem Wetter starten und landen könnten. Dies, erfuhr ich daraufhin, würde zu einer Verteuerung der Tarife führen, und das könnte doch nicht in meinem Interesse sein.

Ich brauchte einige Tage, um mich von der lähmenden Wirkung dieser Auskunft zu erholen. Nicht nur, daß die Lufthansa auf internationalen Strecken Piloten beschäftigt, die nur bei Sonnenschein landen können – sie tut dies in meinem Interesse, um keine höheren Tarife berechnen zu müssen! Ich schrieb der Lufthansa-Zentrale in Köln einen Brief, in dem ich vorschlug, das Unternehmen sollte vom Flug- zum Busbetrieb übergehen und dabei darauf achten, nur Fahrer zu beschäftigen, die den Führerschein Klasse 2 haben und nicht reisekrank werden. Ein Mitarbeiter der Lufthansa bedankte sich für meine Anregung, bat mich wegen der mir entstandenen »Unannehmlichkeiten« um Entschuldigung und machte mir einen Vorschlag zur Güte: Ich sollte doch nach Frankfurt in das Lufthansa-Ausbildungszentrum kommen, um im LH-Flugsimulator »einen Simulator-Flug zu machen«, dies würde mir helfen, »das persönliche Gefühl zu bekommen, wie es im Cockpit heutzutage aussieht und wie Pilotenausbildung abläuft«.

Ich war so frei, das einfallsreiche und großzügige Angebot nicht anzunehmen. Da steigt einer in einem teuren Hotel ab, wird schlecht bedient und bekommt schlechtes Essen vorgesetzt, beschwert sich daraufhin bei der Hoteldirektion, und als Entschädigung bietet man ihm einen Besuch in der Hotelküche an, wo die Jungköche ausgebildet werden. Was würde der Gast in einem solchen Fall tun? Den Hoteldirektor fragen, ob er sie noch alle hat... Es reichte nicht, daß die Lufthansa mir einen Tag versaut hatte – nach drei Stunden auf dem Flughafen Tegel weiß man genau, warum die Berliner sogar nach Mallorca lieber mit dem Bus fahren –, ich sollte noch einen Tag opfern, nach Frankfurt eilen und mir dort in einem Flugsimulator die Seele aus dem Leib kotzen, nur um das Gefühl zu erleben, wie es im Cockpit heutzutage aussieht.

Wie es im Cockpit aussieht, interessiert mich so sehr wie die Frage, welche Unterwäsche Horst Tappert trägt, wenn er als Kommissar unterwegs ist. Das einzige, was mich interessiert, ist, daß ich ordentlich befördert und nicht für blöd verkauft werde, wenn mal was schiefgeht.

Womit wir bei der Telekom angekommen wären, denn wo von der Bundesbahn und von der Lufthansa die Rede ist, da kann man von der Telekom nicht schweigen. Sie ist sozusagen im Bunde der Dritte, wenn es darum geht, Preise für Inkompetenz, Unfreundlichkeit und Kundenverachtung zu verteilen. Vor kurzem wurde mein Berliner Telefonanschluß versehentlich abgemeldet. So was kann schon mal vorkommen, dachte ich und rief die zuständige Telekom-Stelle in Berlin an. Das heißt, ich versuchte sie anzurufen. Der Telekom-Anschluß 2 59 50 war entweder besetzt oder einfach tot. Nach über einer Stunde hatte ich ein Freizeichen, dann meldete sich eine automatische Stimme, die mich um etwas Geduld bat. Dieses Zwischenspiel dauerte etwa eine Viertelstunde, schließlich meldete sich ein Mensch aus Fleisch und Blut, der umgehend versprach, mich mit der zuständigen Nebenstelle zu verbinden. Diesmal wartete ich nur zehn Minuten. Die Sachbearbeiterin wußte gleich Bescheid. Alle Berliner Anschlüsse, die mit 823 anfangen, würden jetzt in Leer/Ostfriesland bearbeitet. »Wo?« fragte ich, sicher, mich verhört zu haben. In Leer/Ostfriesland, wiederholte die Sachbearbeiterin, als wäre es die natürlichste Sache der Welt, daß Berliner Telefonnummern in Friesland bearbeitet werden. Das wäre so, gab ich zu bedenken, als müßten die Einwohner von Schöneberg ihre Brötchen in Pankow kaufen. Das wäre eben so, sagte die Sachbearbeiterin, ohne auf meine wunderbare Metapher einzugehen.

Ich rief also bei der Telekom in Leer/Ostfriesland an, fand dort den Sachbearbeiter, der tatsächlich meinen Anschluß bearbeitete. Er sagte: »Das kriegen wir gleich wieder hin.« Ich könnte die alte Nummer wieder haben oder eine neue, ganz wie ich möchte. Der Mann war freundlich und kompetent, nach einer Woche hatte ich meinen Anschluß wieder. Welche Erleichterung für einen Vieltelefonierer! Ich werde nie wieder Witze über Ostfriesen machen.

Nun hoffe ich, daß alle Berliner Telefonnummern zur Bearbeitung nach Ostfriesland, in die Eifel und in das Altmühltal abgegeben werden. Verglichen mit den Zuständen bei der Berliner Telekom, wäre das ein Fortschritt, zumindest so lange, bis ausländische Telefongesellschaften wie die amerikanische AT&T auf dem deutschen Markt aktiv werden. Und während ich mal wieder vergeblich versuche, die Auskunft zu erreichen, frage ich mich, warum wir uns all das bieten lassen. Die Mauer ist weg, das Politbüro ist dahin, in Südafrika wurde die Apartheid abgeschafft, und Vergewaltigung in der Ehe soll demnächst bestraft werden. Nur die Deutsche Bahn AG, die Lufthansa und die Telekom treiben weiter ihr Unwesen, als würde die Zeit stillstehen.

Es liegt an uns, diesem Terror ein Ende zu setzen. Die Befreiung Deutschlands vom Totalitarismus ist noch nicht abgeschlossen.